Handbuch der Gitarre und Laute

Konrad Ragossnig

Handbuch der Gitarre und Laute

3., aktualisierte und überarbeitete Ausgabe

Mainz · London · Madrid · New York · Paris · Prag · Tokyo · Toronto

Studienbuch Musik

Für meine Frau Wiebke,
dem Andenken meines Freundes Norbert Artner
und meinem Lehrer Prof. Karl Scheit gewidmet

Bestellnummer: ED 8725
3., aktualisierte und überarbeitete Ausgabe 2003
© 2003 Schott Musik International, Mainz
© 1978 Schott Musik International, Mainz
Umschlagbild: Wassili A. Tropinin, Der Gitarrenspieler (1839),
Foto: akg-images
Zeichnungen: Siegfried Tragatschnig
Printed in Germany · BSS 50718
ISBN 3-7957-8725-4

Inhalt

Kapitel I
Die Laute

Kapitel II
Die Gitarre

Kapitel III
Verzierungen

Kapitel IV
Über das Nagel- und Kuppenspiel

Kapitel V
Musikalische Formen der Lauten- und Gitarrenmusik
des 16. bis 18. Jahrhunderts

Kapitel VI
Die Gitarre im Unterricht

Kapitel VII
Bibliographie

Kapitel VIII
Bildteil

Vorwort

Das vorliegende »Handbuch der Gitarre und Laute« ist als Lern- und Nach-schlagewerk für Studierende und Lehrende an Musikschulen, Konservatorien und Hochschulen gedacht, das sowohl über die einzelnen Fachbereiche – wie Herkunft und Entwicklungsgeschichte der Instrumente und Notation, Instrumentalisten und Komponisten vom 16. Jahrhundert bis zur Gegenwart, musikalische Formen der Gitarren- und Lautenmusik, Verzierungstabellen – wie auch über deren wichtigste Literatur Aufschluss gibt und mit seinem beigefügten Lehrplan eine spürbare Lücke innerhalb der didaktischen Literatur des Gitarrenunterrichtes schließen soll.

Wie sich Musik in der bildenden Kunst spiegelt, ist nicht nur eine wertvolle Quelle zur Geschichte und Soziologie der Musik, sondern auch zur Formenge-schichte der Musikinstrumente, jenem interessanten Grenzgebiet zwischen beiden Künsten, das in zahlreichen Abbildungen zu beleuchten versucht wurde. Was ich sonst noch über das Werk und seine Tendenz zu sagen hätte, fasse ich in die Worte zusammen, in die Ernst Gottlieb Baron seine »Untersuchung des Instruments der Lauten« (Nürnberg, 1727) ausklingen lässt: »Ein perfecter Musicus, der sich schon mit vielen anderen Dingen helffen kan, wird ohnedem mehr sein Judicium als alle Reguln gebrauchen. Alle Kleinigkeiten bey so wichtigem Wercke, worzu so viel erfordert wird, anzuführen, wäre fast unmöglich, und müste wohl ein gantz besonderer Tractat davon verfertiget werden. Das meiste kommt auf die Praxin an, womit man die gantze Theorie bevestigen muß, die ich auch einem jeden, der zu studieren Lust hat, gebührender massen recommandire. So viel ist es nun, was mir vor diesesmahl von diesem besonderen, scharfsinnigen und schönen Instrument hat beyfallen wollen. Ich vor meine Person bitte nicht mehr, als daß der geneigte Leser und alle rechtschaffene und vernünfftige Liebhaber mit dieser meiner guten Intention vor diesesmahl zu frieden seyn mögen; solte mir mehrers in Sinn kommen, was zur Cultur dieses Instruments nöthig wäre, so werde nicht unterlas-sen solches mit gehöriger Ordnung weiter auszuführen, jetzo aber mir vorsetzen meiner Arbeit zu machen ein vergnügtes Ende.«

Basel, im Januar 1978   Konrad Ragossnig

Vorwort zur 3. Ausgabe

Der Anregung des Verlages Schott Musik International folgend, wird rund fünf-undzwanzig Jahre nach der Erstveröffentlichung des Handbuches eine aktuali-sierte und überarbeitete Ausgabe größeren Umfanges vorgelegt.

Die Neufassung folgt zwar dem ursprünglichen Aufbau der Ausgabe von 1978, doch wurden neue Sachverhalte und erweiterte Kenntnis in zahlreichen Abschnitten einbezogen. Dazu gehörte, dass alle Informationen hinsichtlich der Übungs- und Konzertliteratur mit Verlagshinweisen, der Komponisten- und Inter-pretenverzeichnisse mit Angaben der Lebensdaten sowie der Auflistung von aktu-ellen Fachzeitschriften und Instrumentenbaumeistern samt Internet-Informatio-nen auf den neuesten Stand gebracht wurden.

Das Kapitel *Verzierungen* wurde ebenso gründlich überarbeitet, wie der biblio-graphische Teil eine umfangreiche Ergänzung erfuhr.

Besonderen Dank schulde ich Herrn Dr. Rainer Mohrs, der den Anstoß zur Überarbeitung des Handbuches gab, sowie Herrn Thomas Frenzel und dem Verlag Schott für die Sorgfalt, mit der sie mich in allen redaktionellen Belangen meiner Arbeit unterstützt haben.

Wien, im Mai 2003 Konrad Ragossnig

Kapitel I
Die Laute

Ursprung und Entwicklung

Die Laute zählt zu den ältesten Musikinstrumenten der Menschheit. In der Gestalt des *Tanbûr* (Abb. 1) – mit langem Hals und kleinem eiförmigem Kokosnuss-, Schildkröten- und in der Folge mit Holzkorpus – ist die erste Entwicklungsform der Laute auf babylonisch-assyrischen Denkmälern bereits im 2. Jahtausend v. Chr. nachweisbar. Die Darstellung verschiedener Formen und eine Vielfalt der Proportionen erlauben die Annahme einer vorhergegangenen Entwicklungszeit der Laute und lassen eine gleichzeitige Erfindung durch verschiedene vorderasiatische Völker vermuten. Schließt man bei der Suche nach dem Ursprung der Laute das Instrumentarium des alten China in die Betrachtung mit ein, so lässt sich der geographische Raum bis in den Fernen Osten erweitern. In der Form der höfischen *P'i-p'a* ist aus dem chinesischen Altertum (Tschou-Dynastie, ca. ab 1050 v. Chr.) eine so genannte »Damenlaute« (C. Sachs) mit birnenförmigem Holzkorpus bekannt, die um 900 n. Chr. nach Japan gebracht wurde. Dieser chinesischen P'i-p'a entstammt durch geringfügige Veränderungen die japanische *Biwa*.

Die Araber übernahmen, vervollkommneten und verbreiteten den drei- bis viersaitigen *Tanbûr*, woraus sich in den ersten nachchristlichen Jahrhunderten der fünfsaitige *Ud*[1] (Abb. 4) entwickelte, die Laute der islamischen Völker, die dem Instrument auf seinem Weg ins Abendland den Namen gab: deutsch »Laute«, englisch »Lute«, französisch »Luth«, italienisch »Liuto«, spanisch »Laud«, portugiesisch »Alaude« vom arabischen »al-ud«, unter Beibehaltung des Artikels. (Al-'ud = Holz, also Holzinstrument). Die lateinische Bezeichnung *Testudo* weist auf den ursprünglichen Schildkrötenkorpus hin.

Durch die wirtschaftliche und politische Berührung des Orients und des Okzidents gelangte die arabische Laute im Gefolge der Mauren und Sarazenen in der ersten Hälfte des 8. Jahrhunderts nach Spanien und Sizilien und breitete sich in den folgenden Jahrhunderten über Europa aus. Jahrhundertelang spielte die Laute nicht nur im Kultur- und Gesellschaftsleben der europäischen Völker eine hervorragende Rolle, ähnlich wie später das Klavier; sie war auch für den Entwicklungsgang der abendländischen Musikkunst von vielfältiger Bedeutung.

Über das Lautenspiel vom Altertum bis zum Mittelalter sind wir in erster Linie durch bildliche Darstellungen informiert. Daraus geht hervor, dass die Laute bis

---

[1] Der Ud wird heute noch, zumeist bundlos und mit Plektrum, im Orient gespielt. Die bedeutendsten Ausbildungszentren für Udspieler sind heute Bagdad und Kairo.

in das 16. Jahrhundert mehr Ensemble- als Soloinstrument war. Häufig wurde sie zusammen mit hohen Melodieinstrumenten (Flöte, Geige), mit anderen Zupfinstrumenten (Harfe) und mit tieferen Violen und Orgelinstrumenten (Regal, Portativ) verwendet. Ikonographische Studien ergeben, dass bis ca. 1400 die Benützung eines Plektrums (Federkiels) vorherrschte. Daraus darf auf eine unpolyphone Spielweise geschlossen werden: Akkordik oder Homophonie (Verdoppeln der Melodie im Einklang oder in der Oktave, vielleicht mit geringfügigen Verzierungen). Erst zu Beginn des 16. Jahrhunderts ging man zum Fingeranschlag über. *Arnolt Schlick* (1512) und *Hans Judenkünig* (1523) sind die ersten, die die Bedeutung dieser technischen Neuerung (das »Zwicken«) hervorheben. Es bedeutet zugleich den Anfang des polyphonen Solospiels, was nicht zuletzt am Überhandnehmen von bildlichen Einzeldarstellungen lautenspielender Figuren in der Malerei um 1600 zu verfolgen ist, die den Wandel in Haltung und Technik der rechten Hand deutlich wiedergeben (Abb. 57, 21, 23).

Vier Kompositionsgattungen bildeten das Lautenrepertoire der Renaissance:

1. Kompositionsgattungen einleitender Art (Präludium, Ricercare, Tiento, Fantasia).
2. Tanzsätze, die gewöhnlich zu Suiten zusammengefasst waren (Tanz – Nachtanz; Pavan – Galliard; Basse danse – Recoupe – Tourdion; Pavana – Saltarello – Piva [Spingardo]; Passamezzo – Padoana – Saltarello) und durch ihre rhythmisch-thematische Verwandtschaft den Vergleich zur zukünftigen, klassischen Suite (Allemande – Courante – Sarabande – Gigue) nahelegen.
3. Bearbeitungen (Intavolierungen) vokaler Sätze (Motetten, Madrigale, Canzonen, Villanellen sowie mehrstimmige Messekompositionen).
4. Lieder mit Lautenbegleitung (Frottola, Romance, Villancico, Ayre, Chanson, Air de Cour).

Die Übertragungen von Vokalwerken auf die Laute sind für uns heute von großem Wert, da sie manchen Aufschluss über die Bearbeitungspraxis jener Zeit geben. Intavolierungen mehrstimmiger Vokalmusik von *Orlando di Lasso, Paul Hofhaimer, Heinrich Isaac, Josquin Desprez* u. a. durch Lautenisten des 16. Jahrhunderts bilden einen wesentlichen Bestandteil der frühen Lautenmusik. Aus der Bearbeitungsweise vokaler Modelle hat sich aber im 16. Jahrhundert bald ein eigener Lautenstil herauskristallisiert, der als erster wirklich durchgebildeter Instrumentalstil auf die Entwicklung eines spezifischen Klavierstils eingewirkt hat und schließlich zur Formung der klassischen Suite bei Chambonnières, L. Couperin und Froberger beitrug.

Wer waren nun die Träger dieser Lautenkunst? Als zumeist Heimat- und Besitzlose gehörten sie im Mittelalter dem Stand der fahrenden »spilleute«, »joculatores« (»jongleurs«) oder »minstrels« an, deren soziale und rechtliche Stellung allerorten eine sehr niedere war. In der Renaissance konnten die »lawten-schlaher« den Makel der Ehr- und Rechtlosigkeit vornehmlich dadurch abstreifen, dass sie in höfische Dienste eintraten. Selbst wenig begüterte Adelige hielten sich meist aus Repräsentationsgründen eigene »menestrels«. Könige und Herzöge benötigten zu ihrer privaten Unterhaltung Sänger und Musikanten.

Mit der Begründung größerer höfischer Instrumentalensembles, in denen die Lautenisten bis ins 18. Jahrhundert hinein ihren festen Platz haben sollten, hat sich auch die soziale Stellung des Musikers allgemein gehoben.

Während der Renaissance erfuhr das Virtuosentum einen ersten, beachtlichen Aufschwung. International berühmte Sänger und Instrumentalisten fanden an vielen Fürstenhöfen in ganz Europa als reich beschenkte Gäste Aufnahme. Der Musik liebende Papst Leo X. gedachte, dem Lautenspieler *Gian Maria* 1513 sogar die Verwaltung der Stadt Verruchio zu übertragen.

Das Lautenspiel war aber durchaus nicht allein dem Stand der Berufsmusiker vorbehalten. Als Kaiser Maximilian I. um 1500 in seinem Buch »Theuerdank« das Bild des ritterlichen Menschen aufzeichnete, zählte die Musik zum Studium eines jeden Gebildeten, und wie der Kaiser selbst, so übten sich alle Vornehmen in der Kunst des Lautenspiels. Bis zum 17. Jahrhundert war die Laute schließlich zum Lieblingsinstrument aller Stände geworden. Von einem Edelmann erwartete man, dass er sich zur Rezitation und zum Gesang zur Laute begleitete, im Bürgerhaus, in der Schenke und auf der Schauspielbühne wurde zur Laute getanzt und gesungen. Selbst die Barbiere boten ihren wartenden Kunden Gamben, Lauten und Blockflöten zur musikalischen Kurzweil an.

Wie die gefeierten Meister ihre Werke einem sachkundigen Publikum vortrugen, so versuchte sich der Laie im schlichten Solospiel oder im akkordischen Aussetzen populärer Lied- und Tanzweisen. Von der Improvisation bis zur gelehrten Komposition bildete so die Gattung bis zur Mitte des 18. Jahrhunderts eine ungebrochene, musikalisch-soziologisch vielfach geschichtete Welt. Aber weder ihre allgemeine Wertschätzung noch die Universalität ihrer Verwendungsmöglichkeiten als Solo-, Begleit-, Harmonie- oder Orchesterinstrument konnte das wachsende Desinteresse gegen Ende der Barockzeit bis hin zum nahezu völligen Verdrängen der Laute aus der Musikübung verhindern. Durch ihre Vielzahl der Saiten – und dadurch in ihrer Technik erschwert –, in der Umständlichkeit des Reinstimmens und in der allmählich als altmodisch empfundenen Art ihrer Notierung in Tabulaturschrift wurde die Laute in der jahrhundertealten Funktion als *das* Hausinstrument für die Darstellung der Polyphonie vom Cembalo und vom Hammerklavier abgelöst. Erst zweihundert Jahre später begann im Zuge der historisierenden Aufführungspraxis die Wiederentdeckung der Laute, die nicht zuletzt von der Renaissance der Gitarre profitierte.

Richard G. Campbell[2] definiert als Laute »im weitesten Sinne alle, aus einem hohlen, mit einem Stiel versehenen Schallkörper bestehenden Chordophone, deren Saiten über Korpus und Stiel derart gespannt sind, dass sie durch Andrücken an den Stiel verkürzt werden können und dadurch Töne von verschiedener Tonhöhe zu erzeugen geeignet sind«. Damit steht der Lautentypus in der Instrumentensystematik als übergeordneter Begriff über allen Saiteninstrumenten, mit Ausnahme von Harfe, Leier und Trumscheit, deren Saiten entweder nur einen Ton in gleicher Tonhöhe hervorbringen oder nach einem völlig anderen Prinzip verkürzt werden.

Wenn man in Frankreich unter dem »Luthier« den Instrumentenbauer schlechthin versteht, bezeugt dies u. a. auch die tatsächliche, zentrale Bedeutung, die die Laute im Umkreis der Saiteninstrumente besitzt.

Die vorliegende Arbeit will sich vor allem mit den Halslauten beschäftigen, von denen sich einerseits die Schalenhalslauten (*abendländische Laute*), andererseits die Kastenhalslauten (*Gitarreninstrumente*) ableiten.

Eine Tabelle soll die Übersicht einer Einordnung der in dieser Arbeit behandelten oder erwähnten Lauteninstrumente – ohne Berücksichtigung der Spießlauten – erleichtern:

Halslauten

Schalenhalslauten	Kastenhalslauten
Laute	*Gitarre*
Angelica	Chitarra battente
Chitarrone	Cister (Cittern, Citôle)
Colascione	Ghiterna (Ghitterne, Gittern)
Guitarra morisca (Guitarra saracenica)	Guitare d'amour (Arpeggione)
Mandora	Guitarra latina
P'i-p'a (Biwa)	Orpharion
Sâz (Baglama)	Pandora (Bandora, Bandoer)
Sitâr	Quinterna
Tanbûr	Samisen
Tanburica	Vihuela
Târ	
Theorbe	
Ud (Al-'ud)	

---

[2] R. G. Campbell, Zur Typologie der Schalenhalslaute, a.a.O.

Der aus mehreren Holzspänen halbbirnenförmig zusammengesetzte Korpus der *abendländischen Laute* besitzt eine ebene Decke, die in der Mitte eine größere Schallöffnung mit Schnitzwerk aufweist. Der breite Hals hat Darmbünde, der nach rückwärts abgeknickte Wirbelkasten seitenständige Wirbel (Abb. 5). Zahl und Art der Besaitung änderte sich nach Zeit und Landschaft. Ähnlich den Streich- und Blasinstrumenten wurden auch die Lauten in verschiedenen Stimmlagen gebaut: als *Diskant-, Alt-, Tenor- und Basslauten. Michael Praetorius* gibt im »Syntagma musicum« II (1618) an, wie die höchste Saite der verschiedenen Lauten im Zusammenspiel gestimmt sein soll:

1. »Klein Octavlaut« d" oder c"
2. »Klein Discant Laut« h"
3. »Discant Laut« a'
4. »Recht Chorist- oder Alt Laute« g'
5. »Tenor Laute« e'
6. »Der Bass« d'
7. »Die Groß Octav Bass Laut« g

Von den Basslauten leiten sich die *Erzlauten* ab: man unterschied die paduanische *Theorbe* (Abb. 7) mit verlängertem (statt geknicktem) Hals und mit zwei Wirbelkästen vom schlankeren, jedoch längeren römischen *Chitarrone* (Abb. 8).

Beide Instrumente spielten in der Frühzeit der Generalbasspraxis (*Monteverdi, Caccini*) und bis in die Zeit *Händels*, der die Theorbe in zweien seiner Opern (»Giulio Cesare«, »Partenope«) und im Oratorium »La Resurrezione« verwendete, eine wichtige Rolle. Nach *Michael Praetorius* entsprach die Stimmung der sechs oberen Chöre von Chitarrone und Theorbe der der Altlaute in G (G–c–f–a–d'–g'), Quint- und Quartsaite wurden jedoch um eine Oktave tiefer eingestimmt. Für beide Instrumente ist auch die Stimmung in A nachweisbar.

Unter *theorbierter Laute* oder *Theorbenlaute* – synonym mit *Liuto attiorbato* und *Arciliuto (Archlute)* – hat man einen Lautentyp zu verstehen, der mit zwei Wirbelkasten ausgestattet ist, von denen der eine, wie bei der Knickhalslaute, nach rückwärts abgewinkelt ist, der andere jedoch gerade verläuft, wie bei der Theorbe (Abb. 6).

Als *Angelica (Angélique)* (Abb. 9) bezeichnete man im 17. Jahrhundert eine Theorbenlaute, deren 16 bis 17 Einzelsaiten diatonisch gestimmt waren (C–e'). Zu den wenig erhaltenen Tabulaturen für dieses Instrument, das sich eigentlich nie durchgesetzt hat und bald von der Cister verdrängt wurde, gehört als bedeutendste Drucksammlung Jacob Krembergs »Musicalische Gemüths-Ergötzung Oder Arien Welche … Auff der Lauthe, Angelique, Viola di Gamba und Chitarra können gespielet werden«, Dresden 1689.

Der *Colascione* (Abb. 20) ist ein Lauteninstrument in Tanbûrform mit unge-wöhnlich langem Griffbrett, über dem zwei bis sechs Metall- oder Darmsaiten gespannt waren. Nach Mattheson wurde der Colascione noch in der ersten Hälfte des 18. Jahrhunderts als Continuoinstrument verwendet.

Die *Besaitung* der Lauteninstrumente unterlag Schwankungen. In der Regel war der »Chanterelle« eine Einzelsaite, den übrigen Chören waren Doppelsaiten zuge-ordnet, wobei der zweite und dritte Chor im Einklang gestimmt war; alle anderen Chöre darunter verfügten über Doppelsaiten im Oktavabstand. Zu Beginn des 16. Jahrhunderts besaßen die Lauten 6 Chöre (also 11 Saiten) in der Stimmung: Quart–Quart–Terz–Quart–Quart, ursprünglich in A, später in G. Bis zum Ende des 16. Jahrhunderts wurde die Besaitung auf 10 Chöre, nach 1635 auf 11 bis 13 Chöre erweitert *(Barocklaute* in so genannter d-Moll-Stimmung)[3]. Um die Mitte des 17. Jahrhunderts wurde es üblich, dem ersten und zweiten »Chor« einsaitigen Bezug zu geben.

Von der 2. Hälfte des 16. Jahrhunderts an weisen verschiedene Quellen auf Experimente in der Besaitung hin, durch die man der Laute neue Klangbereiche erschließen wollte, Versuche, die wir später bei den französischen Lautenisten des 17. Jahrhunderts in noch deutlicherem Maße wiederfinden[4].

Adrián Le Roy erwähnt 1574, dass manche italienische Lautenisten die Saiten im Einklang und nicht in Oktaven einstimmen[5]. *Michele Carrara* verdoppelt alle acht Chöre seiner Laute im Einklang[6]. Während *Marin Mersenne* für den 5. und 6. Chor Oktavbegleitsaiten verlangt[7], empfiehlt *John Dowland* für den 6. Chor Saiten von gleicher Dicke[8]; die Gewohnheiten, eine dünnere und dickere Saite zusammen aufzuziehen, hätten erfahrene Musiker aufgegeben. »Man muß daher annehmen, dass Dowland auch die Chöre 5 und 4 im Einklang verdoppelt.«[9] *Gabriel Bataille* gebraucht in seinen »Airs de différents autheurs« (Paris 1608–1618) für c–f–a–d' Einklangsaiten, für den sechsten bis neunten Chor Oktavbegleitsaiten[10].

Das *Saitenmaterial* war für die oberen Chöre und für die Bassoktaven aus Darm, während man vom 5. oder 6. Chor abwärts umsponnene Saiten verwendete[11]. Der Chitarrone besaß einen Drahtsaitenbezug aus Stahl oder Messing.

---

3   J. S. Bachs Lautenkompositionen verlangen zum Teil ein 14-chöriges Instrument, das jedoch im 18. Jahrhundert nicht nachweisbar ist.
4   Vgl. S. 21ff.
5   A briefe and plaine instruction, London 1574.
6   Regola ferma e vera di nuove corretta per l'intavolatura di liuto, Rom 1585.
7   Harmonie universelle, II, Paris 1637; Traité des instruments, II, S. 86f.
8   Necessarie observations in: R. Dowland, Varietie of Lute-Lessons, London, 1610.
9   H. Radke, Beiträge zur Erforschung der Lautentabulaturen des 16.–18. Jahrhunderts, a.a.O.
10   J. Wolf, Notationskunde II, a.a.O.
11   H. Neemann, Lautenmusik des 17. /18. Jahrhunderts, a.a.O.

Die Notation

Die gesamte Lautenmusik vom 16. bis zum Ende des 18. Jahrhunderts wurde mit wenigen Ausnahmen – darunter Bachs Lautenwerke – in Tabulaturschrift aufgezeichnet, einer Griffzeichenschrift, die in vier Typen im Gebrauch war. Nach ihrer jeweiligen Heimat unterschied man eine *deutsche, französische, italienische* und *spanische* Tabulatur; letztere wurde nur für die Vihuela und ausschließlich von *Luis Milán* benutzt. Den Ursprung des Liniensystems der Romanen vermutet Oswald Körte in der arabischen Lautenpraxis, die zur Bundbezeichnung sowohl Buchstaben des Alphabets als auch Zahlen verwendete[12].

1. Romanische Tabulaturen

Die Linien stellen die sechs Saiten dar (unterste Linie = unterste Saite: *französische* und *spanische Tabulatur;* unterste Linie = oberste Saite: *italienische Tabulatur*)[13].

Während sich die französische Tabulatur für die Tonfortschreitung am Griffbrett der Kleinbuchstaben des lateinischen Alphabets bedient, die auf oder über die den jeweiligen Saiten entsprechenden Linien gesetzt werden (a = leere Saite, b = 1. Bund, c = 2. Bund, d = 3. Bund usw.), verwenden die italienische und spanische Tabulatur in gleicher Anwendung Zahlen (0 = leere Saite, 1 = 1. Bund, 2 = 2. Bund, 3 = 3. Bund usw.).

Die Renaissance-Stimmung

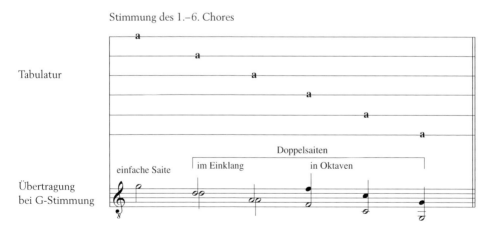

Stimmung des 1.–6. Chores

Tabulatur

Doppelsaiten

einfache Saite im Einklang in Oktaven

Übertragung
bei G-Stimmung

---

12 O. Körte, Laute und Lautenmusik bis zur Mitte des 16. Jh., a.a.O.
13 Vgl. Abb. 12–17.

Tabulatur

	Italienische	Chanterelle	Französische	Spanische
Contrabbasso (Basso)	0		a	0
Bordone	2		a	0
Tenore	2		r	2
Mezzana	2		r	2
Sottana	0		r	2
Canto (franz. Chanterelle)	0	Bourdon	a	0

Übertragung bei E-Stimmung

Der rhythmische Ablauf der Melodie bzw. des Lautensatzes wird durch über dem Griffbild stehende Rhythmuszeichen angegeben, die solange gelten, bis sie durch andere abgelöst werden. Im Übrigen weist die Schreibweise in den verschiedenen Quellen geringfügige Abweichungen auf, wie etwa die fortlaufende Rhythmisierung des Tonablaufes sowie Abänderungen in der rhythmischen Zeichengebung.

Als metrische Zeichen gelten:

Italienische und spanische Tabulatur

An Stelle der vollständigen Noten, wie sie die spanische Tabulatur (Milán) verwendet, benutzt die italienische und französische Tabulatur vielfach die nur aus Stiel und Fahne zusammengesetzten Symbole, jedoch können auch beide Typen nebeneinander verfolgt werden:

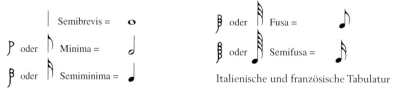

Italienische und französische Tabulatur

Die Rhythmus-Symbole konnten auch untereinander verbunden sein: ℿ = ♫ ♫ ♫♫

Die Longa (𝄂) wird nicht verwendet, die Brevis sehr selten (L. Milán), da das Erklingen einer Saite nicht länger als eine Semibrevis dauert.

Rhythmische Zeichen ohne Verbindung mit Buchstaben gelten für die Pausen.

Wegen besserer Vergleichbarkeit der Notenbeispiele mit den Tabulaturschriftzeichen und ihrer sinnbildlichen Bedeutung setzen die Übertragungen in moderner Notenschrift bis einschließlich Seite 21 eine von E ausgehende Lautenstimmung voraus, ohne Rücksicht auf die jeweiligen Originalstimmlagen in A oder G.

Die ursprünglichen Notenwerte sind in der modernen Notation – sofern nicht durch einen Hinweis gekennzeichnet – auf die Hälfte verkürzt.

Beispiel einer italienischen Tabulatur

Francesco da Milano – Toccata (1536)

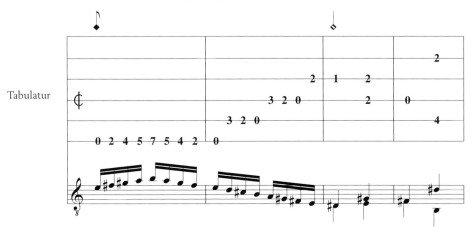

Beispiel einer spanischen Tabulatur

Luis Milán – Pavane (1535/36)

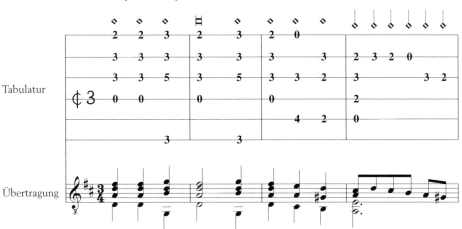

Wegen des Tripeltaktes wurden die Werte in der Übertragung auf ein Viertel verkürzt.

Beispiele französischer Tabulaturen

Pierre Attaingnant – Galliarde P. B. (1529) auf Fünfliniensystem

Tabulatur

Übertragung
(unverkürzte
Notenwerte)

Das Fünfliniensystem, bei dem der 6. Chor auf einer kleinen Hilfslinie dargestellt wurde, war in Frankreich bis 1584 in Verwendung. Danach setzte sich das Sechsliniensystem der italienischen Tabulaturen durch, zuerst bei *Emanuel Adriaenssen* (1584). Geht die Laute über die Sechschörigkeit hinaus, so werden die Bünde der neben dem Griffbrett freischwebenden Bordunsaiten unterhalb, bei der italienischen Tabulatur oberhalb des Liniensystems durch Zahlen oder Buchstaben zur Darstellung gebracht. Das folgende Schema erläutert die Stimmung und Tabulatur-Notation der Laute in G-Stimmung mit vier Bordunsaiten im französischen System:

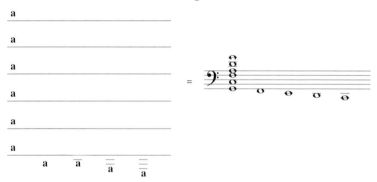

Die Hilfslinien über den Buchstaben können auch schräg gestellt sein, a͞, a͞, a͞. Werden statt der Buchstaben Zahlen verwendet, so ergeben 7, 8, 9, 10 (auch a, 8, 9, X) die Symbole zur Aufzeichnung von vier Bordunsaiten[14].

---

[14] Abweichungen in der Notierung tiefer Basschöre bei J. van den Hove 1612, J.-B. Besard 1603/1617, R. Dowland 1610, L. de Moy 1631 und M. Galilei 1620, die J. Wolf (Notationskunde II, S. 83ff., a.a.O.) nicht mitteilt, sind bei H. Radke, Beiträge zur Erforschung der Lautentabulaturen des 16.–18. Jahrhunderts, Musikforschung XVI, 1963, angegeben (S. 36ff.), a.a.O.

John Dowland – The King of Denmark's Gaillard (1610)

Alternative Stimmung des 8. Chores $\overline{a}$ = D (bzw. H in der vorliegenden Stimmung). Auch der 7. Chor wurde häufig nach D herabgestimmt, der 9. Chor $\overline{\overline{a}}$ nach C.

Beispiel einer französischen Tabulatur für zehnchörige Laute

Jean-Baptiste Besard – Ballet (1617)

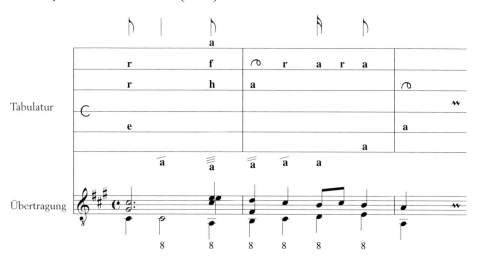

Die Laute der so genannten neufranzösischen bzw. neudeutschen Periode, die sich von der Mitte des 17. bis zum Ende des 18. Jahrhunderts erstreckt, war in d-Moll gestimmt. Die Saitenzahl erhöhte sich nach der Tiefe hin, so dass die Laute fortan in der Regel mit 13 Chören bespannt war, die insgesamt aber nur 24 Saiten ergaben, da die beiden ersten Chöre einsaitigen Bezug hatten.

Stimmung der Barocklaute

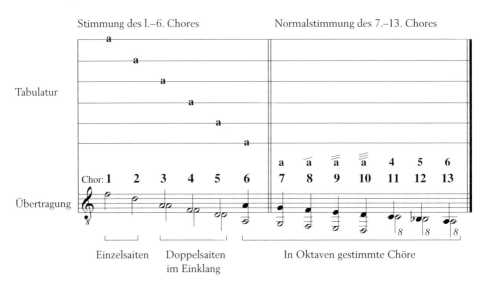

Stimmung des 1.–6. Chores						Normalstimmung des 7.–13. Chores

Schematische Darstellung der Töne am Griffbrett

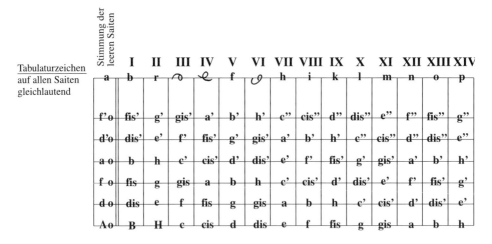

Tabulaturzeichen auf allen Saiten gleichlautend / Stimmung der leeren Saiten	I	II	III	IV	V	VI	VII	VIII	IX	X	XI	XII	XIII	XIV
a	b	r	⌒	℮	f	℘	h	i	k	l	m	n	o	p
f' o	fis'	g'	gis'	a'	b'	h'	c''	cis''	d''	dis''	e''	f''	fis''	g''
d' o	dis'	e'	f'	fis'	g'	gis'	a'	b'	h'	c''	cis''	d''	dis''	e''
a o	b	h	c'	cis'	d'	dis'	e'	f'	fis'	g'	gis'	a'	b'	h'
f o	fis	g	gis	a	b	h	c'	cis'	d'	dis'	e'	f'	fis'	g'
d o	dis	e	f	fis	g	gis	a	b	h	c'	cis'	d'	dis'	e'
A o	B	H	c	cis	d	dis	e	f	fis	g	gis	a	b	h

Um die Buchstaben c und e nicht zu verwechseln, wurde im 17. Jahrhundert oft auch r für c verwendet, für das reguläre d, e und g die stilisierten Schreibungen ꚍ, ℮ und ꚃ.

Beispiel einer französischen Tabulatur für dreizehnchörige Barocklaute

Ferdinand Seidel – Menuett (1757)

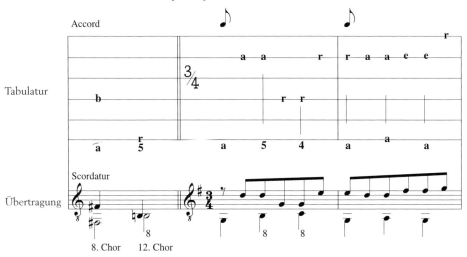

Mit der Bezeichnung »Accord« (»Accordatura«, »à corde avallée«) wurde am Anfang der Tabulatur die vom Komponisten gewünschte Saitenstimmung angegeben, wenn sie sich von der üblichen unterschied.

Abgesehen von einigen Umstimmungen einzelner Chöre bereits im 16. Jahrhundert[15] wurden im 17. und 18. Jahrhundert unzählige abweichende (»Luth à cordes avalées«) und neue (»accords nouveaux«)[16] Lautenstimmungen ausprobiert:

1) Luth à cordes avalées

A. Francisque, 1600   J.-B. Besard, 1603

15 H. Neusidler 1544 (Der Juden Tantz: A/A–e/e'–e/gis'–h/h'–e'/e'–a'), Stimmung nach Michel Podolski, vgl. P. Päffgen, Laute und Lautenspiel, a.a.O., W. Heckel 1556 (Drei Tänze im »Leyrer Zug«: A–d–fis–a–d'–g'), M. de Barberiis 1549: F–B–f–a–d'–g'; G–d–g–a–d'–g' und G–c–f–a–e'–a'. Unter *Abzug* (»Laute in Abzug«) verstand man im 16. Jahrhundert den um eine Sekunde, bei siebenchörigen Lauten oft um eine Quarte herabgestimmten tiefsten Chor.

16 Zum Unterschied der alten Renaissance-Stimmung in G oder A, die man als altmodisch mit »vieil ton« oder »accord ordinaire« bezeichnete, wenngleich diese bis 1650 in Gebrauch war (Il Liuto di Bernardo Gianoncelli, Venedig 1650).

2) »Accords nouveaux«

Auch als sich schon die d-Moll-Stimmung A–d–f–a–d'–f' als Normalstimmung durchgesetzt hatte, wurden abweichende Stimmungen gelegentlich vorgeschrieben[17]:

P. Gaultier, 1638 u.a.

ebenso von G aus

P. Ballard, 1631; M. Mersenne, 1637; P. Gaultier, 1638 u.a.

ebenso von G aus

M. Mersenne, 1637; P. Ballard, 1638; P. Gaultier, 1638 u.a.

ebenso von G aus

P. Ballard, 1631/1638; M. Mersenne, 1637; P. Gaultier, 1638 u.a.

ebenso von G aus

P. Gaultier, 1638

ebenso von Ges aus

---

[17] H. Radke, Beiträge zur Erforschung der Lautentabulaturen des 16.–18. Jahrhunderts, Musikforschung XVI, 1963. Vgl. auch S. 58.

E. G. Baron, Sonata à Liuto solo Dis-Dur; J. S. Bach, Partita al Liuto c-Moll

E. Reusner d. J., 1667, Suiten XII–XV; 1676, Suiten I–IV u. a.

Der französische Lautenist *Dufaut* probiert in den Tabulaturdrucken von 1631 und 1638 (Ballard) außer der d-Moll-Stimmung folgende drei Scordaturen aus:

2. Die deutsche Tabulatur

ist linienlos und verwendet zur Griffbezeichnung Zahlen und Buchstaben[18]. Sie bezeichnet jede Kreuzungsstelle am Griffbrett durch ein eigenes Zeichen. Der grundlegende Unterschied zur französischen Tabulatur besteht darin, dass im deutschen System die Buchstaben den Bünden folgend quer über das Griffbrett gesetzt sind, während sie in der französischen Tabulaturschrift jeder Saite in Längsrichtung folgen.

Das deutsche Alphabet hatte damals nur 23 Buchstaben (je einen für i, j und u, v, w). Für den 5. Bund der beiden obersten Saiten mussten dadurch zwei besondere Zeichen hinzugefügt werden:

 und

[18] Vgl. Abb. 11a.

Diese beiden Symbole wurden »et« und »con« genannt, gemäß den damals gebräuchlichen Abkürzungen für die in alten Alphabeten häufig angehängten lateinischen Silben[19]. Vom sechsten Bunde aufwärts wird das Alphabet der Reihe nach wiederholt: entweder in verdoppelten Buchstaben (aa, bb, cc usw.) oder mit einem darübergesetzten Querstrich (ā b̄ c̄ usw.). Die leeren Saitenpaare vom zweiten bis fünften Chor wurden mit den Zahlen 1 bis 5 nummeriert, während der tiefste Chor, der so genannte »Großbrummer«, verschiedenartig notiert wurde.

Diagramm der deutschen Tabulatur

mit unterschiedlicher Bezeichnung des Großbrummers in den verschiedenen Lautenbüchern:

Leere Saiten	I	II	III	IV	V	VI	VII	VIII	IX	
5	e	k	p	v	9	ē	k̄	p̄	v̄	Quint- oder Kleinsaite
4	d	i	o	t	2	d̄	ī	ō	t̄	Sangsaite (Quartsaite)
3	c	h	n	s	z	c̄	h̄	n̄	s̄	Mittelsaite
2	b	g	m	r	y	b̄	ḡ	m̄	r̄	Kleinbrummer
1	a	f	l	q	x	ā	f̄	l̄	q̄	Mittelbrummer
I.	A	B	C	D	E	F	G	H		Großbrummer
II.	†	A	B	C	D	E	F	G	H	
III.	†	A	F	L	Q	X	AA	FF		
IV.	†	ā	f̄	l̄	q̄	x̄	aā	ff̄	ll̄	
V.	1̄	2̄	3̄	4̄	5̄	6̄	7̄	8̄	9̄	

I. Hans Judenkünig, »Ain schone kunstliche underweisung« (Wien, 1523)

II. Hans Neusidler, »Ein new künstlich Lautenbuch« (Nürnberg, 1544, sowie in anderen Lautendrucken Neusidlers)

---

[19] Wilhelm Tappert schreibt dazu im Vorwort zu: Sang und Klang aus alter Zeit, Berlin 1906: »Marcus Tullius *Tiro*, um 94 v. Chr. geboren … war anfänglich Ciceros Sklave, dann wegen seiner Geschicklichkeit und Gelehrsamkeit dessen Mitarbeiter. Er hat die altrömische Kurzschrift, die *tironischen* Noten erfunden. Ehedem wurden« von Tiros stenographischen Zeichen mehrere allgemein gebraucht; das *et* und die Vorsilbe *con* benützten die deutschen Lautenisten in ihrer Tabulatur, die lateinische Endung *us* – als tironische Note einer kleinen 9 (Neun) ähnlich – war sehr beliebt in Worten wie *Deus, Dominus, Sanctus, Clavibus* etc., sogar im Französischen begegnet man ihr häufig: no⁹, vo⁹, to⁹ (= nous, vous, tous).« Offenbar wurde für die Endung us wie für die Vorsilbe *con* dasselbe tironische Stenogrammzeichen 9 verwendet. Als eine Weiterführung dieser tironischen Noten war es im Buchdrucker- und Buchbindergewerbe des 16. Jahrhunderts üblich, umfangreichere Druckwerke, für deren Heftlagen- oder Seitenbezeichnungen das Alphabet nicht ausreichte, *et* und *con* einzusetzen.

III. Sebastian Virdung, »Musica getutscht und aussgezogen…« (Basel, 1511)
Arnolt Schlick, »Tabulaturen etlicher Lobgesang und Lidlein uff die Orgeln und Lauten« (Mainz, 1512)
IV. Wolff Heckel, »Discant Lauttenbuch« (Strassburg, 1552)
V. Hans Gerle, »Eyn Newes sehr Kunstlichs Lauttenbuch« (Nürnberg, 1552)
Sebastian Ochsenkun, »Tabulaturbuch auff die Lautten« (Heidelberg, 1558).

Die deutsche Tabulatur taucht 1511 bei *Sebastian Virdung* auf und schließt in Druckwerken bereits 1592 mit *Matthaeus Waisselius*. Zu den letzten *deutschen handschriftlichen* Lautentabulaturen zählt der Sammelband des *Nicolaus Schmall von Lebendorf*, »Lautten Tabulatur Buech«, 1613 (Prag?) sowie ein Codex mit 460 Stücken, den die Musikbibliothek der Stadt Leipzig unter dem Titel »Deutsche Lautentabulatur von 1619« verwahrt. Die Tatsache, dass die deutsche Notierungsweise offenbar für eine fünfchörige Laute bestimmt war[20], wie sie im 14. und 15. Jahrhundert üblich war, lässt vermuten, dass die deutsche Lautennotation die älteste unter allen Lautentabulaturen war; ihre Grundzüge sind zweifellos älteren Ursprungs als die ersten uns erhaltenen Dokumente. Allmählich saugt die französische Tabulatur alle anderen Griffschriften auf und verschwindet dann um 1800 mit der Laute selbst.

Bereits zu Ende des 17. Jahrhunderts fehlt es nicht an Versuchen, die Tabulatur-Notation zugunsten der üblichen Notation aufzugeben. *Perrine* (gest. nach 1698 in Paris) veröffentlichte als erster Lautenist in Frankreich 1680 ein »Livre de musique pour le Lut…«, das sich der modernen Notation bediente. Seine »Pièces de luth en musique« (Paris um 1680) enthalten ausschließlich Kompositionen von Ennemond und Denis Gaultier in Klavier-Notation. Schließlich erscheinen von *Robert de Visée* im Zwei-Schlüssel-System die »Pièces de théorbe et de luth, mises en partition, dessus et basse« (Paris 1716).

Johann Sebastian Bach notiert seine Kompositionen für die Laute ausnahmslos im Zwei-Schlüssel-System, für die Forschung bislang einer der gewichtigsten Gründe, das Bachsche Lautenwerk nur teilweise zu authentisieren.

---

[20] Die Tabulaturzeichen für den sechsten (tiefsten) Chor wurden erst hinzugefügt, nachdem sich die Besaitung der Laute zur Sechschörigkeit erweitert hatte.

Spielzeichen in Lautentabulaturen

In den Quellen des 16. bis 18. Jahrhunderts hat nicht selten ein und dasselbe Zeichen unterschiedliche Bedeutung; andererseits wurde die Ausführung ein und desselben Ornaments oft durch verschiedene Zeichen gefordert.

1. Fingersatzbezeichnungen

a) Linke Hand

Zeigefinger	•	1 Punkt	meistens neben den Tabulatur-
Mittelfinger	• •	2 Punkte	zeichen stehend, da Punkte unter
Ringfinger	• • • oder ∴	3 Punkte	den Spielzeichen
Kleiner Finger	• • • • oder ∷	4 Punkte	für die rechte Hand gelten

Doch dienen neben den Punkten auch die Ziffern 1–4 zur Fingersatzbezeichnung der linken Hand (Th. Mace, Ch. Mouton, E. G. Baron u.a.).

Weiterklingen des Basses

Tabulaturübertragungen setzen die Renaissance-Lautenstimmung voraus (E–A–d–fis–h–e'), auch dort, wo Fingersatzbezeichnungen und Verzierungen für die Barocklaute gültig sind. Vgl. S. 19.

Ein Sternchen (✗) oder Doppelkreuz (✳) hinter dem Spielzeichen fordert das Aushalten eines Tones über den Einsatz eines folgenden hinaus.

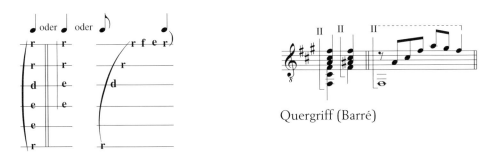

Quergriff (Barré)

Der Quergriff kann auch mit einem Sternchen ✳ bezeichnet sein.

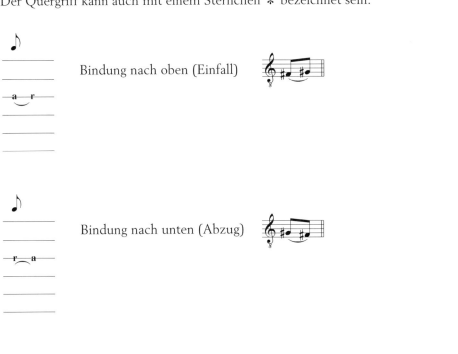

Bindung nach oben (Einfall)

Bindung nach unten (Abzug)

Doppeleinfall und Doppelabzug

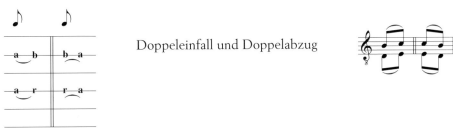

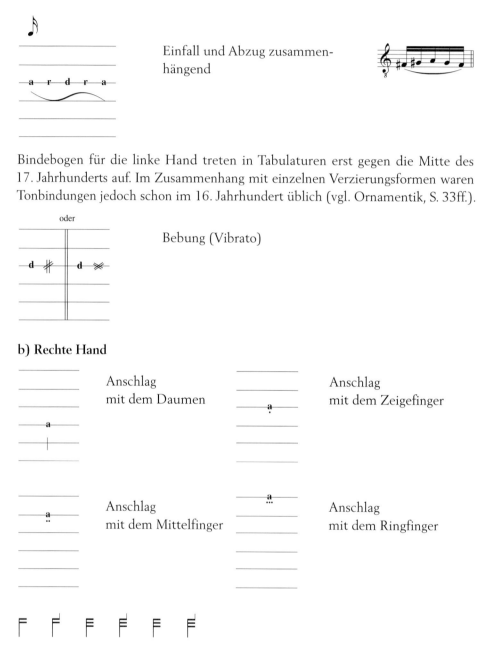

Einfall und Abzug zusammenhängend

Bindebogen für die linke Hand treten in Tabulaturen erst gegen die Mitte des 17. Jahrhunderts auf. Im Zusammenhang mit einzelnen Verzierungsformen waren Tonbindungen jedoch schon im 16. Jahrhundert üblich (vgl. Ornamentik, S. 33ff.).

Bebung (Vibrato)

b) Rechte Hand

Anschlag
mit dem Daumen

Anschlag
mit dem Zeigefinger

Anschlag
mit dem Mittelfinger

Anschlag
mit dem Ringfinger

In *deutschen* Tabulaturen (H. Judenkünig) wurde der Anschlag mit dem Zeigefinger durch einen Sporn am oberen Querstrich der rhythmischen Wertzeichen (Semiminima, Fusa) markiert. Hans Neusidler setzt einen Punkt für den Zeigefingeranschlag *über* das Griffzeichen.

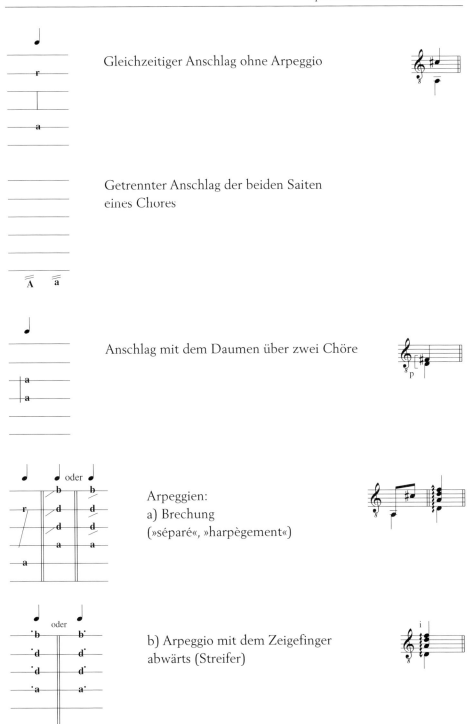

Gleichzeitiger Anschlag ohne Arpeggio

Getrennter Anschlag der beiden Saiten
eines Chores

Anschlag mit dem Daumen über zwei Chöre

Arpeggien:
a) Brechung
(»séparé«, »harpègement«)

b) Arpeggio mit dem Zeigefinger
abwärts (Streifer)

31

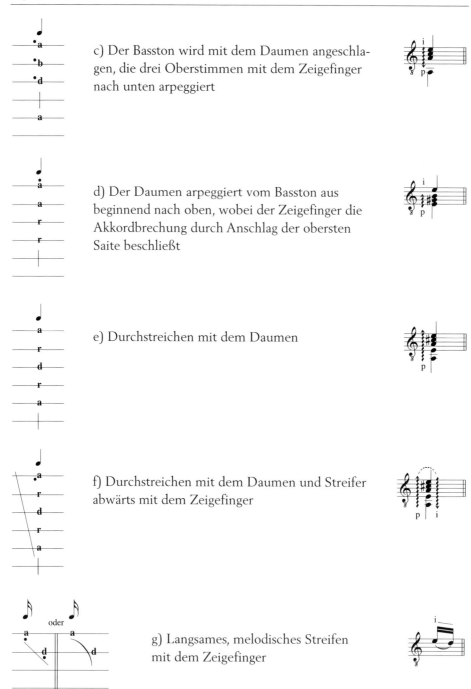

c) Der Basston wird mit dem Daumen angeschlagen, die drei Oberstimmen mit dem Zeigefinger nach unten arpeggiert

d) Der Daumen arpeggiert vom Basston aus beginnend nach oben, wobei der Zeigefinger die Akkordbrechung durch Anschlag der obersten Saite beschließt

e) Durchstreichen mit dem Daumen

f) Durchstreichen mit dem Daumen und Streifer abwärts mit dem Zeigefinger

g) Langsames, melodisches Streifen mit dem Zeigefinger

2. Ornamentik

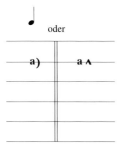

Vorschlag von oben (Abzug, »accent«)

Vorschlag von unten
(Einfall; »accent plaintif« bei Mersenne)

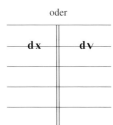

Triller (»tremblement«)

Mordent (»martellement«)

kann aber auch als gespielt werden (Perrine)

Fortlaufender Triller

33

Aus den Verzierungstabellen von Thomas Mace's »Musick's monument«, London 1676:

Triller mit oberer Hilfsnote (»shake«)

Triller mit unterer Hilfsnote (»beate«)

Vorschlag mit der Obersekunde (»back-fall«)

Vorschlag mit kleiner Untersekunde (»half-fall«)

»whole-fall«   »slur«   »slide«

Bindungen von drei
auf- oder absteigenden Tönen (Schleifer)

34

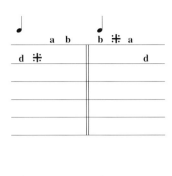

»elevation«

»relish«

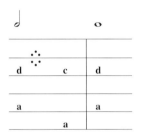

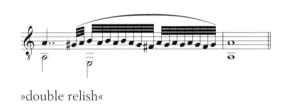

»double relish«

3. Repetitionszeichen

Eine Punktreihe am Anfang oder innerhalb eines Taktes verlangt die Wiederholung von dieser Stelle ab bis zum Schluss. Manchmal findet man zusätzlich die Zeichen **R** (= Repetition) oder **ᛋ** angegeben.

35

Lautenisten und Komponisten vom 16. Jahrhundert bis zur Gegenwart

1. Renaissance – Frühbarock

Die Renaissance ist zweifellos diejenige unter den abendländischen Kunstepochen, die auf die Dauer den europäischen Geist am tiefsten und nachhaltigsten bestimmt und gelenkt hat. Die Grundlagen nicht nur des künstlerischen, sondern des gesamten geistig-sittlichen Lebens bis in unser Jahrhundert hinein sind durch die Renaissance gelegt worden.

Im Vollgefühl eines anbrechenden »goldenen Zeitalters« begannen die bildenden Künstler, die Dichter und die Musiker, sich selbst als »Schaffende«, ihre Kunst als eine schöpferische Tätigkeit und nicht mehr als ein bloßes Nachvollziehen gegebener Muster zu begreifen. Niemals vorher ist der Einzelne in dem Maße als geschichtliche Erscheinung, als individueller Gestalter gesehen worden. Damit steht die Renaissance im vollen Gegensatz zum Lebensgefühl des Mittelalters; und dieses Lebensgefühl hat auf allen Gebieten der Kunst, auch in der Musik, grundlegend Neues geschaffen, dessen Nachwirkung bis in die Gegenwart nicht erloschen ist.

In der Renaissance erfolgte die nun allgemeine Unterscheidung zwischen der Musik für den verfeinerten Geschmack der Fürsten und Herren, der Kenner und Liebhaber auf der einen und der Musik für den Tagesbedarf des gemeinen Volkes, der »misera plebs«, auf der anderen Seite. Mit dem Hervortreten der Niederländer beginnt überraschend schnell eine lebhafte Tätigkeit auf allen Gebieten der mehrstimmigen Musik, in Italien, Deutschland, England, Spanien, Frankreich, von Schottland bis Sizilien, von Andalusien bis Polen, kurz in ganz Europa. Träger dieser Musikpflege waren die Höfe und Fürsten, der Adel und die gebildeten Stände, das Bürgertum und die Städte, die Kathedralen und Klöster. Der Musikverbrauch war enorm. Im Zusammenhang mit dieser Erweiterung des musikalischen Wirkungsbereiches steht die gewaltige Ausdehnung des Instrumentenbaus in allen europäischen Ländern, steht der rasche Aufschwung, den der Notendruck unmittelbar nach der Erfindung durch den Venezianer Ottaviano Petrucci kurz nach 1500 erlebt hat.

Die zunehmenden Ansprüche an die Qualität der musikalischen Ausführung haben das erstmalige Aufkommen eines Standes von Berufsmusikern aller Art und Virtuosen zur Folge gehabt. Ikonographische Quellen zeigen uns die Musiker nicht nur als Einzelspieler mit Blas-, Streich-, Zupf- und Schlaginstrumenten, sondern auch im Zusammenspiel. Innerhalb des reichhaltigen und äußerst farbigen Instrumentariums der Renaissance bezog die Laute bald eine dominante Stellung. Als Solo- und Ensembleinstrument war sie Trägerin mehrstimmiger Kompositionen,

Vermittlerin gehobener Tanz- und Gebrauchsmusik sowie bevorzugtes Begleitinstrument für Gesang und Hausmusik. Sie überragte alle anderen Instrumente
an Vollkommenheit, so dass sie im 16. Jahrhundert den stolzen Titel einer »regina
omnium instrumentorum musicorum« (Königin aller Musikinstrumente) trug.

Die Laute ist im 16. und 17. Jahrhundert das Modeinstrument schlechthin,
von Malern und Dichtern in zahlreichen Werken verherrlicht und gepriesen. So
schreibt Michel Montaigne in seinem italienischen Tagebuch vom Lautenspiel
der Bauern, Baldassare Castiglione entwirft im »Il cortegiano« (1528) das Bild des
idealen Hofmannes, von dem er die Beherrschung des Instruments verlangt.

Das Mittelalter und die frühe Renaissance haben uns keine aufgezeichnete
Lautenmusik hinterlassen. Die ersten schriftlichen Überlieferungen fallen mit der
Erfindung der Notendrucktechnik mit beweglichen Typen zu Beginn des 16. Jahr-
hunderts zusammen. Durch die nun relativ preisgünstige Herstellung von Spielmaterial erfuhr die Lautenliteratur eine ungemein schnelle Verbreitung in ganz
Europa, zumal sich neben Petrucci in Venedig bald auch in anderen Städten
Drucker und Musikverleger etablierten: Pierre Attaingnant in Paris, Pierre Phalèse
in Löwen und Tilman Susato in Antwerpen. Für die Aufzeichnung der Lautenmusik bediente man sich einer besonderen Griffschrift, der Tabulatur, die nicht die
Tonhöhe angibt, sondern die anzuschlagende Saite und die Stelle (Bund), die auf
dem Griffbrett zu greifen ist. Der Rhythmus wird in besonderen Wertzeichen über
der eigentlichen Griffschrift angegeben (vgl. S. 18ff.).

Diese Notierungsweise war nach Ländern verschieden: man unterscheidet die
deutsche, die italienische (welche mit der spanischen verwandt ist) und die französische Tabulaturschrift, die auch in England, Polen und Ungarn Verwendung fand
und sich schließlich gegenüber den anderen Griffschriften allgemein durchsetzen
und am längsten behaupten konnte, bis zum Niedergang der Lautenkunst im letzten Viertel des 18. Jahrhunderts.

Wichtiger als die Gemeinsamkeiten und Unterschiede in der Notation sind
die des Repertoires. Es ist zu unterscheiden zwischen Bearbeitungen und Übertragungen (Intavolierungen) mehrstimmiger Vokalmusik, selbständigen Instrumental-
kompositionen und Bearbeitungen von Tänzen und Tanzmelodien. Damit war die
Grundlage für die erste Hochblüte reiner Instrumentalmusik geschaffen. Dass dabei
die Art der Notierung die Kompositionstechnik beeinflusst hat, liegt auf der Hand.

Aus dem unterschiedlichen Schwierigkeitsgrad der Stücke – in Sammlungen
oft in progressiver Reihung geordnet – sowie aus den zahlreichen Spielanleitungen
geht hervor, dass der Virtuose nicht nur für seinen eigenen Gebrauch schuf, sondern
dass vor allem auch der Dilettant, der Liebhaber angesprochen werden sollte.

Das Repertoire ist in allen Ländern im Wesentlichen gleich, obschon nationale
und landschaftliche Gebundenheiten zutage treten. So in Tänzen »alla espag-

nuola«, »tedesca«, »italiana«, »inglese«, »francese« und »polonese«, in der Pavana »alla ferrarese« und »alla venetiana«, im italienischen »Ricercare«, in den spanischen »Diferencias« und »Villancicos«, im deutschen »Priambel« und »Gassenhawer«, im französischen »Air de Cour«, vor allem aber in der Auswahl weltlicher Vokalmusik als Grundlage zu Intavolierungen.

Unter allen Ländern des damaligen Europa tritt der Reichtum an musikalischen Formen und Ausdrucksmöglichkeiten der Laute in England am deutlichsten hervor. Hier bildete sich ein Repertoire, dessen unerschöpfliche Fülle sich für nahezu alle Gelegenheiten eines ohnehin ungeheuer intensiven, produktiven und soziologisch vielschichtigen Musiklebens anbot: Von der schwermütigen chromatischen Fantasie über Tänze heiteren Charakters, kunstvollen Variationen bis hin zum »broken consort«, der Ensemblemusik in gemischter Besetzung. Vielleicht die schönste und wohl auch die zarteste Blüte des goldenen Zeitalters der englischen Musik war das Lautenlied, das etwa von 1597 bis 1622 zu glänzendem Dasein erwachte. Glücklicher als in anderen poetisch-musikalischen Kompositionsgattungen verbanden sich hier die traditionelle liedschöpferische Kraft und die Liedbegeisterung einer ganzen Nation mit dem verfeinerten Geist der Renaissance, die Vitalität ungebrochener Volkskunst mit einem Formsinn, der sich an italienischen und französischen Vorbildern geschult hatte. Das Lied lebte auf der Straße und im Wirtshaus ebenso wie im Bürgerhaus, auf der Shakespeare-Bühne und am Hofe.

Das elisabethanische Zeitalter fand seinen Ausdruck in den Monologen der Helden Shakespeares wie in den aristokratisch-individuellen Porträts eines van Dyck, und wie sich die Einzelpersönlichkeit stolz hervorkehrte, so machte sich – in England wie auf dem Kontinent – die Oberstimme des mehrstimmigen Madrigals im Lautenlied selbständig und gehorchte damit schon musikalischen Gesetzen, die bereits ein neues Zeitalter diktierte: der Barock.

In der nun folgenden und nach Ländern geordneten Übersicht europäischer Lautenschulen wurden ihre namhaftesten Repräsentanten zusammengefasst.

Italien: Die ältesten uns erhaltenen Drucke von Lautentabulaturen sind italienischen Ursprungs und stammen aus der berühmten Werkstätte des Venezianers *Ottaviano Petrucci* (Fossombrone 1466–1539 Venedig). Er gilt als der Erfinder des Notendrucks mit beweglichen Typen und als der erste Verleger der Musikgeschichte. Der früheste aller Lautendrucke – »Intabulatura de lauto« von *Francesco Spinacino* (Fossombrone nach 1450 – nach 1507 Venedig) – erschien 1507[22].

---

22 Da eine geschlossene Zusammenstellung historischer Kompositionen für Lauteninstrumente bereits vorliegt, wurde auf eine nochmalige Gesamtaufzählung verzichtet. Vgl. E. Pohlmann, Laute, Theorbe, Chitarrone, a.a.O.

Es folgten:

Barberiis (Barberis, Barberio), Melchiore de (Oberitalien um 1500 – nach 1549)

Barbetta, Giulio Cesare (Padua? um 1540 – nach 1603)

Bianchini, Domenico (16. Jahrhundert)

Borrono, Pietro Paolo (Petrus Paulus Mediolanensis) (Mailand Mitte 16. Jahrhundert); Schüler von Francesco da Milano

Bossinensis, Franciscus (Franjo Bosanac, aus Bosnien, geboren ca. 1480–1490)

Bottegari, Cosimo (Florenz 1554–1620)

Capirola, Vincenzo (um 1500)

Caroso, Fabritio (Sermoneta 1527 oder 1535–1606)

Dalza, Ambrosio (Mailand nach 1450 – nach 1508)

Francesco (Canova) da Milano (Monza 1497–1543 Mailand) (Abb. 22)

Frescobaldi, Girolamo (Ferrara 1583–1643 Rom)

Galilei, Michelangelo (gest. 1631); Sohn von Vincenzo Galilei und Bruder des berühmten Astronomen Galileo Galilei

Galilei, Vincenzo (bei Florenz um 1520–1591 Florenz)

Garsi, Santino (da Parma) (gest. 1604 Parma)

Gintzler, Simon (Südtirol 1490? – nach 1550)

Gorzanis, Giacomo (Apulien um 1525 – nach 1575 Triest)

Gostena, Giovanni Battista dalla (Genua um 1540–1598)

Joan (Giovanni) Maria da Crema (16. Jahrhundert)

Kapsberger, Johann Hieronymus (Deutschland um 1575–1650 Rom)

Laurencinus di Roma (identisch mit *Laurencini da Liuto, Eques Romanus?*) (16. Jahrhundert)

Molinaro, Simone (Genua um 1565 – um 1615)

Negri, Cesare (Mailand? um 1536 – nach 1604)

Perino (Fiorentino) (Florenz Mitte 16. Jahrhundert); Schüler von Francesco da Milano

Piccinini, Alessandro (Bologna 1566 – um 1638)

Radino, Giovanni Maria (16. Jahrhundert)

Rotta, Antonio (Padua um 1495–1549)

Terzi, Giovanni Antonio (2. Hälfte 16. Jahrhundert)

Tromboncino, Bartolomeo (Verona um 1470 – nach 1535 Venedig)

Vecchi, Orazio (Modena 1550–1605)

Willaert, Adrian (wahrscheinlich in Brügge gegen 1490–1562 Venedig)

u. a.

Nach zeitgenössischen Berichten galt *Francesco da Milano*, genannt »il divino«, der Göttliche – ein Attribut, das er mit keinem Geringeren als Michelangelo Buonarotti teilte – als die überragendste Erscheinung unter allen Lautenisten seiner Zeit. Seine Ausstrahlungskraft als Komponist, sein Ruhm als Virtuose und Improvisator kann später nur mit Namen wie John Dowland und Silvius Leopold Weiß verglichen werden.

Spanien: Es ist merkwürdig, dass die Laute ausgerechnet in Spanien, von wo aus sie ihre Verbreitung im übrigen Europa gefunden hat, eine höchst untergeordnete Rolle spielte. Es fehlt nicht an Versuchen, diese Tatsache mit dem »Odium ihrer Herkunft« zu erklären[23]: Da dem christlichen Spanien die Vihuela und ihre kleinere, volkstümlichere Form, die »guitarra«, schon seit Jahrhunderten zur nationalen Musizierpraxis zur Verfügung stand, wurde die arabische Laute stets mit den heidnischen und somit verhassten Eindringlingen in Verbindung gebracht, ein Umstand, der außerhalb Spaniens nicht existent war.

Morphologisch entspricht die Vihuela mit geschweiftem Korpus, flachem Boden, Zargen und Schallrosette der Gitarre, nach Gustave Reese ist sie mit dieser identisch[24]; hinsichtlich ihrer Besaitung und Stimmung, vor allem aber in ihrer Stellung als bevorzugtes Kunstinstrument der gehobenen Gesellschaft im Spanien des 16. Jahrhunderts übernimmt die sechschörige »Vihuela de mano« ohne Zweifel die Funktion der europäischen Laute.

Entsprechend der Ad-libitum-Praxis der Zeit konnten die für die Vihuela geschriebenen Kompositionen auch auf anderen Instrumenten gespielt werden. Diese Möglichkeit wird u.a. durch die zeitübliche Gepflogenheit belegt, die Werke in anderen als von ihrem Schöpfer ursprünglich konzipierten Notationen nachzudrucken und unterschiedliche Instrumente für ihre Interpretation vorzuschreiben. So finden sich z.B. Werke für Vihuela von Luis de Narváez, Alonso Mudarra und Enríque de Valderrábano bei Pierre Phalèse (Löwen 1546) in französischer Lautentabulatur nachgedruckt, sechs Jahre später bei Guillaume Morlaye in Paris ebenfalls für Laute und im »Libro de cifra nueva« von Venegas de Henestrosa (Alcalá 1557) schließlich für Tasteninstrumente.

Die spanischen Vihuelisten und ihre Tabulaturdrucke sind im Kapitel II, S. 77ff. behandelt.

Deutschland/Österreich: Das früheste Denkmal deutscher Lautenkunst ist das theoretische Werk »Musica getutscht und ausgezogen« (1511 in Basel gedruckt) von *Sebastian Virdung* (geboren um 1465 in Amberg/Oberpfalz?).

---

[23] a) L. Witoszynskyj, Die Vihuela – das klassische Instrument der spanischen Renaissance, a.a.O.
   b) R. de Zayas, The Vihuela: Swoose, Lute, or Guitar, a.a.O.

[24] G. Reese, Music in the Renaissance, a.a.O.: »There can be little doubt that this vihuela was a six course guitar tuned like the lute«, S. 620. Vgl. auch S. 64f. und S. 78f.

Es schließen sich an:

Drusina, Benedictus de (geb. in Drausen b. Elbing um 1520 – um 1580)

Fabricius, Petrus (Tondern/Nordschleswig 1587–1651 Warnitz/Nordschleswig)

Fuhrmann, Georg Leopold (Nürnberg 16. Jahrhundert/Anfang 17. Jahrhundert)

Gerle, Hans (Nürnberg um 1500–1570)

Hainhofer, Philipp (Augsburg um 1600)

Heckel, Wolff (geb. um 1515 in München)

Judenkünig (Judenkunig), Hans (Schwäbisch Gmünd um 1445–1526 Wien)[25]

Kargel (Kärgel), Sixtus (2. Hälfte 16. Jahrhundert)

Neusidler (Newsidler, Neysidler, Neusiedler), Hans (Pressburg vor 1510–1563 Nürnberg)

Neusidler, Konrad (Nürnberg 1541 – nach 1604 Augsburg); vermutlich ein Sohn von Hans N.

Neusidler, Melchior (Nürnberg 1531–1590/91 Augsburg); vermutlich ein Sohn von Hans N.

Ochsenkun (Ochsenkhun), Sebastian (Nürnberg 1521–1574 Heidelberg)[26]

Reusner (Reussner), Esaias d. Ä. (gest. zwischen 1660 und 1680)

Reymann (Reimann, Reymanus), Matthäus (Thorn/Preußen um 1565–1625)

Rude (Rudenius, Rudenus), Johannes (Leipzig? nach 1555 – nach 1601)

Schlick, Arnolt (Heidelberg? vor 1460–1521)

Stobaeus (Stobäus, Stobeus), Johann(es) (Graudenz 1580–1646 Königsberg)

Waissel (Waisselius), Matthäus (Ostpreußen um 1540–1602 Königsberg?)

u. a.

Frankreich: Die ältesten französischen Lautendrucke sind nicht so frühen Datums wie die italienischen und deutschen Lautenwerke. Als Erster druckte in Paris der Verleger *Pierre Attaingnant* (Ende 15. Jahrhundert–1553) Tabulaturen für die Laute (1529). Wichtigste Zeugen früher französischer Lautenkunst sind u.a.:

Ballard, Robert (I) (gest. 1588 Paris)

Ballard, Pierre (gest. 1639 Paris?)

Ballard, Robert (II) (gest. 1673)

   Pierre B. war der Sohn Robert B. (I), Robert (II) der Sohn von Pierre B., Teilhaber der angesehenen Musikdruckerei Le Roy & Robert Ballard.

Bataille, Gabriel (1575–1630 Paris)

---

[25] Vgl. Abb. 21.
[26] Vgl. Abb. 23.

Besard (Besardus), Jean-Baptiste[27] (Besançon um 1567 – um 1625 wahrscheinlich Süddeutschland); Schüler von Laurencinus di Roma

Bocquet, Charles (Carolus Parisiensis) (gest. nach 1606)

Francisque, Antoine (Saint-Quentin um 1570–1605 Paris)

Le Roy, Adrian (Montreuil-sur-mer um 1520–1598 Paris)

Mersenne, Marin (Oizé 1588–1648 Paris); als einer der bedeutendsten Universal-gelehrten seiner Zeit bringt er in seiner »Harmonie universelle«, Paris 1637, eine Gesamtdarstellung der Musik mit genauen Beschreibungen und Abbildungen aller damals bekannten Instrumente.

Mezangeau, René (Ende 16. Jahrhundert – um 1636); Lehrer von Ennemond Gaultier

Morlaye, Guillaume (um 1515 – nach 1560)

Perrichon, Julien (Jean) (Paris 1566 – um 1600)

Rippe, Albert de (Alberto da Rippa) (Mantua um 1480–1551 Paris); zu seinen Schülern zählte Guillaume Morlaye.

Vallet (Valet), Nicolas (von Geburt Franzose, lebte er fast 30 Jahre als Lautenist und Musikverleger in Amsterdam; siehe Niederlande).

Niederlande (das heutige Belgien eingeschlossen): Zu den umfangreichsten Quellen der Lautenmusik im 16. Jahrhundert gehören die Druckwerke des Musikverlegers *Pierre Phalèse* (Löwen um 1510 – um 1573). Die bedeutendsten Vertreter der niederländischen Lautenschule sind:

Adriaenssen, Emanuel (Hadrianus Antverpiensis) (gest. 1604 Antwerpen) Adriaenssen verwendete in seinem Druck von 1584 (»Pratum musicum«) als erster das Sechsliniensystem für die französische Tabulatur anstelle der bisherigen fünf Linien.

Denss, Adrian (lebte um 1600 in Westdeutschland?)

Hove, Joachim van den (geb. um 1570 Antwerpen)

Howett (Huwet), Gregor (aus Antwerpen, 1597–1614 an der Hofkapelle in Wolfen-büttel angestellt)

Matelart(us), Johannes (Lebensdaten unbekannt, 16. Jahrhundert)

Sweelinck, Jan Pieterszoon (Deventer 1562–1621 Amsterdam) Von Sweelinck sind sieben Lautenstücke erhalten: drei Psalmen-Kompositionen

---

[27] Vgl. Abb. 26.

aus dem Thysius-Lautenbuch[28] sowie vier Tänze (eine Courante und drei Volten) aus einem englischen Lautenmanuskript.

Thysius (Thijs), Johan (Jan) (Amsterdam 1621–1653 Leiden)

Valerius, Adrianus (Adriaan) (um 1575–1625)

Vallet (Valet), Nicolas (Corbeni/Laon? um 1583 – nach 1642 Amsterdam); gebürtiger Franzose, lebte von ca. 1613 bis zu seinem Tode als Lautenist und Musikverleger in Amsterdam.

Polen/Ungarn: Die polnische Lautenmusik ist in verschiedenen europäischen Drucksammlungen vertreten durch:

Cato, Diomedes (Diomedes Venetus) (Venedig vor 1570 – nach 1619 Polen)

Długoraj, Albert (Woycieck) (ca. 1557 – nach 1619)

Polak, Jakub (gest. um 1605); ob Jakub Polak identisch ist mit Jacobo il Polonese, Jacques Pollonais und Jacob Reys, ist nicht nachgewiesen.

Das polnische Tanzrepertoire wird in zahlreichen Tabulaturdrucken und Handschriftensammlungen vor allem außerhalb Polens überliefert; so bei Hans Neusidler, Jean-Baptiste Besard, Philipp Hainhofer, Matthäus Waissel, Johann Stobaeus, Petrus Fabricius, Joachim van den Hove und Georg Leopold Fuhrmann.

Als eine der eigenartigsten Erscheinungen der ungarischen Musikgeschichte und der europäischen Lautenkunst im 16. Jahrhundert ist hier vor allem der in Kronstadt (Brassó) geborene *Valentin Bakfark* (1507–1576 Padua) zu nennen. Seine erhaltenen Kompositionen (fünf- und sechsstimmige Intavolierungen vokaler Werke von Josquin, Arcadelt, Lasso, Gombert, Clemens non Papa und vor allem die von ausgeprägter Individualität zeugenden, an das technische Können des Spielers hohe Anforderungen stellenden zehn Fantasien) zählen zu den hervorragendsten Schöpfungen der europäischen Lautenmusik vor Dowland. Nach einer ruhelosen Laufbahn als Hofvirtuose (am ungarischen, polnischen und Wiener Hof) und politischer Abenteurer starb Bakfark an den Folgen einer Pesterkrankung in Padua.

England: Der »regina omnium instrumentorum musicorum«, der Königin aller Musikinstrumente, wandten die Komponisten und Musiknationen Europas bis weit ins 17. Jahrhundert hinein ihre ganze Liebe zu. Auf der Höhe des »Goldenen Elisa-

---

28 Als einziges Manuskript verwendet das in französischer Tabulaturschrift zwischen dem Ende des 16. und Beginn des 17. Jahrhunderts angelegte Lautenbuch des Jan Thysius ein System von sieben Linien. Das nach seinem letzten Besitzer so benannte Lautenmanuskript mit 450 Kompositionen zählt zu den umfangreichsten Tabulatur-Sammlungen.

bethanischen Zeitalters« in England – von 1570 bis etwa 1620 – bildete sich hier eine spezifische, für dieses Instrument geschaffene Kunst aus, deren unerschöpfliche Fülle (etwa 2000 Sätze sind überliefert) vom einfachsten Liedsatz bis zur anspruchsvollen polyphonen Fantasie reichte und in ihren größten Augenblicken in den zeitgenössischen Miniaturformen vollkommene Kunstwerke von unvergleichlicher Ausgewogenheit und Subtilität hervorbrachte, die uns heute noch Zeugnis von einer großen Lautentradition und von der größten Epoche der englischen Musik geben.

In *John Dowland* (1563–1625/26) brachte England wohl das größte Genie europäischer Renaissance-Lautenkunst hervor: Dowland war der einzige englische Komponist seiner Zeit, dessen Name – außer dem William Byrds – auf dem Kontinent ein fester Begriff war. Seine Lautenkompositionen (ca. 100 Solostücke)[29], die in zahlreichen Drucken, größtenteils aber in Manuskript-Sammlungen der damals bedeutendsten Musikzentren Europas aufscheinen, seine 87 Lieder oder »Ayres« mit Lautenbegleitung (vier Bücher in mehreren Auflagen wurden zwischen 1597 und 1612 veröffentlicht) sowie eine Sammlung fünfstimmiger Instrumentalmusik für Violen und Laute unter dem Titel »Lachrimae or seven teares« aus dem Jahre 1604 sind von unvergleichlicher Schönheit und zählen zum Gehaltvollsten, was für Laute jemals geschrieben wurde.

Den Lautenliedern Dowlands kann in seiner Zeit nichts Gleichwertiges gegenübergestellt werden; manche sind von Volksweisen kaum zu unterscheiden. Tatsächlich hatten einige seiner »Ayres« schon zu Dowlands Zeiten die Beliebtheit von Volksliedern (wie z.B. »Lachrimae«, »Can she excuse«, »If my complaints«), mit denen er Unsterblichkeit gewann und die ihm für immer einen Platz unter den führenden Liedkomponisten der Welt sichern.

Von den zahlreichen Lautenisten und Meistern des englischen Lautenliedes um die Wende vom 16. zum 17. Jahrhundert seien hier die wichtigsten genannt:

Ballet, William (um 1600)
Barley, William (um 1565 – um 1614 London?)
Bartlet, John (um 1600)
Batchelar (Bacheler), Daniel (2. Hälfte 16. Jahrhundert)
Byrd, William (1543–1623 Stondon Massey/Essex)
Campion (Campian), Thomas (London 1567–1620)

---

[29] Eine Gesamtausgabe der Werke für Laute solo ist zu seinen Lebzeiten nicht erschienen. Die erste Drucklegung aller erhaltenen Solokompositionen John Dowlands, in Tabulatur und moderner Notenschrift, haben Diana Poulton und Basil Lam unter dem Titel »The Collected Lute Music of John Dowland« im Verlag Faber Music Limited, London 1974 herausgegeben.

Cavendish, Michael (ca. 1565–1628 London)

Coperario, John (Giovanni) (um 1575–1626 London)

Corkine, William (Anfang 17. Jahrhundert)

Cutting, Francis (um 1600)

Daniel (Danyel), John (gest. 1630)

Dowland, Robert (London? um 1591–1641 London); Sohn von John Dowland

Ferrabosco, Alfonso (mehrere Träger dieses Namens in England und Italien vor und nach 1600)

Ford, Thomas (ca. 1580–1648 London)

Holborne, Anthony (gest. 1602 London?)

Hume, Tobias (gest. 1645 London)

Johnson, John (gest. 1594 London)

Johnson, Robert (London um 1583–1633); Sohn von John Johnson

Jones, Robert (geb. um 1577 – nach 1615)

Morley, Thomas (1557–1602 London?)

Philips, Peter (London? ca. 1560–1628 Brüssel)

Pickering, Jane (um 1600)

Pilkington, Francis (um 1565–1638 Chester)

Robinson, Thomas (um 1588–1610)

Rosseter, Philip (1568–1623 London).

2. Hochbarock

Der Barock ist das Zeitalter der italienischen Vorherrschaft in der Musik gewesen. Selbst die nationalen Musikgattungen der verschiedenen Völker, die französische Chanson, das deutsche Lied, das spanische Villancico und das englische Ayre traten allmählich aus ihrem niederländischen Stilgewande in die Sphäre italienischer Musikübung, die den Barock entwickelt und ihn in ganz Europa durchgesetzt hat. Monodie, Konzert und Oper sind von allem Anfang an ebenso als italienische Kunst betrachtet worden, wie die Gattungsbezeichnung »Sonata« italienischen Ursprungs ist, die zuerst durch Giacomo Gorzanis' »Sonata per liuto« (1561) belegt ist, seit den 1580er Jahren gebräuchlich wurde und an deren stilistischer Ausbildung die Laute einen wesentlichen Anteil genommen hat.

Das ausgehende 17. und 18. Jahrhundert bilden in der Geschichte der Lautenmusik ihre letzte bedeutende Epoche, welche ihren Wirkungsbereich vor allem auf Frankreich, Deutschland und Österreich beschränkt hielt. Die Laute – und vor allem ihr Basstypus, die Theorbe – war als Generalbassinstrument in den kaiserlichen und kurpfälzischen Hofmusikkapellen vertreten, lag in den Händen der Kavaliere und wurde von den Mitgliedern des vornehmsten Reichsadels und den

Würdenträgern bei Hof sowie in der Beamtenhierarchie gepflegt. Das Lautenspiel am Wiener Hof gehörte noch mit zur Erziehung der kaiserlichen Edelknaben, die Könige von Frankreich und England hielten sich hoch geachtete Hoflautenisten und Theorbisten, und in den vornehmen Pariser Salons war das Lautenspiel eine willkommene Bereicherung der geistvollen Konversation. In dieser Zeit, etwa von der Mitte des 17. Jahrhunderts an, nach unzähligen Experimenten, die man besonders in Frankreich an der Stimmung[30] und Besaitung vornahm, wird die Laute allmählich von 11 auf 13 Chöre[31] erweitert und in ihrer Stimmung schließlich auf den d-Moll-Akkord A–d–f–a–d'–f' festgelegt[32].

In dieser letzten und hoch bedeutenden Epoche der Lautenkunst wird noch einmal deutlich, wie sehr der »Lautenstil« in vielfältiger Weise Einfluss auf die Kompositions- und Musizierpraxis von 1500 bis 1800 ausüben konnte: Ausbau und Entwicklung von Fantasie, Ricercar, Diminutionspraxis, Instrumentalvariation und Suitenform. Die französischen Clavecinisten von Chambonnières bis Rameau versuchten diesen neufranzösischen, »gebrochenen Lautenstil«, der seine ersten Anfänge bereits in der diminuierten Satztechnik der Lautensätze nach 1600 zeigt – scheinbar regellos gebrochene Stimmführung und sprunghaft wechselnde Kontrapunkteinsätze in einzelnen Stimmen – mit seiner brillanten Ornamentik zu imitieren. Die Entwicklung der Suite im 17. Jahrhundert in ihrer klassischen Satzfolge von Allemande – Courante – Sarabande – Gigue und die Weitergestaltung zur »Sonate« im 18. Jahrhundert sind eng mit den Eigentümlichkeiten der Lautenkomposition, ihrer instrumentalen Struktur und Verzierungskunst verbunden und haben einen nachhaltigen Einfluss auf die Ausbildung eines spezifischen Klavierstils genommen[33].

Die Auswechselbarkeit der akkordfähigen Instrumente wie Cembalo, Orgel, Laute und Gitarre ist vom 16. bis weit in das 18. Jahrhundert hinein belegt. Die beiden Tabulaturwerke von Giovanni Maria Radino »Il primo libro di intavolatura di balli d'arpicordo« und »Intavolatura di balli per sonar di liuto« (beide Venedig 1592) sind, abgesehen von Abweichungen in der Reihenfolge der Stücke, identisch. In der Cembalo-Ausgabe weist Radino darauf hin, dass die Stücke sowohl auf dem Cembalo wie auf der Laute gespielt werden können: »… serviranno a due sorti di stromenti gravicembalo et liuto«. »Pièces de luth en musique« (Paris 1680) von Perrine enthalten Stücke von Denis und Ennemond Gaultier, die sowohl für die Laute

---

30 Vgl. »Luth a cordes avalées«, S. 23.
31 13 Chöre bedeuten auf der Barocklaute 24 und nicht 26 Saiten, da die beiden ersten Chöre einfach besaitet sind.
32 Vgl. S. 22.
33 H. Neemann, Lautenmusik des 17./18. Jahrhunderts, a.a.O.

als auch für das Clavecin bestimmt sind. Paläographisch zeugen für diese Praxis auch zahlreiche Transkriptionen Johann Anton Logys von Gitarre- zu Lautensätzen und umgekehrt. Robert de Visée, der gleich vielen seiner Zeitgenossen wie Hotteterre und Couperin die Ausführung seiner Werke verschiedenen Instrumenten freistellt, schreibt: »Da meine Freunde gefunden haben, dass die Melodie meiner Piècen nicht ohne eine gewisse Anmut sei, haben sie mir zugeredet, einen Teil davon en musique[34] zu übertragen, zur Gemütsergötzung derjenigen, die sie auf dem Clavier, der Viola da gamba und anderen Instrumenten vortragen möchten.«[35] Marin Marais geht in seinem dritten Buch für Viola da gamba (Paris 1711) noch weiter, wenn er für zahlreiche Stücke folgende Besetzungsmöglichkeiten empfiehlt: Orgel, Cembalo, Violine, Diskantgambe, Theorbe, Gitarre, Querflöte und Oboe[36]. Zu den bedeutendsten Beispielen dieser Übertragungspraxis im 18. Jahrhundert gehören J. S. Bachs eigenhändige Bearbeitungen von Solowerken für Violine und Violoncello auf die Laute.

Durch die Vervollkommnung der Tasteninstrumente und in der immer mehr an Popularität gewinnenden Gitarre erhielt die Laute eine Konkurrenz, der sie allmählich erliegen musste. Die Vielzahl der Saiten der Barocklaute (bis zu 24) stellte besonders die Liebhaber dieses Instruments vor erhebliche spieltechnische Schwierigkeiten, zu denen sich die Probleme des reinen Einstimmens zugesellten. Von Bachs Zeitgenossen Johann Mattheson soll der Ausspruch stammen: »Wird ein Lautenspieler achtzig Jahre, so hat er bestimmt deren sechzig damit verbracht, sein Instrument zu stimmen.« Goethe erzählt von seinem Laute spielenden Vater, man hätte ihn mehr stimmen als spielen gehört.

Der Kreis der professionellen Lautenspieler und Virtuosen wurde in der 2. Hälfte des 18. Jahrhunderts allmählich kleiner, ihr Wirkungskreis immer mehr eingeschränkt – nach dem Tode des Lautenisten der Wiener Hofkapelle Andreas Bohr von Bohrenfels wurde seine Stelle nicht mehr besetzt –, so dass der Untergang der jahrhundertealten Lautenkunst um 1800 nicht mehr aufzuhalten war. *Ferdinand Seidel*, *Johann Christian Beyer* und *Christian Gottlieb Scheidler* ragen als die letzten Vertreter einer aussterbenden Tradition hervor, die im Zeitalter des klassischen Sinfonieorchesters keinen Nährboden mehr finden konnte.

Als einziger Großmeister der Wiener Klassik kann *Joseph Haydn* nur vorbehaltlich im Zusammenhang mit der Lautenistik genannt werden. Von den drei

---

34 »en musique« ist die Bezeichnung für den Notentext in moderner Notation, zum Unterschied der bis ins 18. Jahrhundert hinein üblichen Tabulaturschrift für Lauteninstrumente.

35 C. Chauvel, Vorwort zu »Suite c-Moll« von Robert de Visée, herausgegeben von K. Scheit, Universal Edition, Wien 1974.

36 C. Tilney, Vorwort zu »Pièces de Clavecin« von Antoine Forqueray, Heugel & Cie., Paris 1970.

erhaltenen Lautenkammermusikwerken gelten zwei als Bearbeitungen aus fremder Hand[37], während die Echtheit des dritten fraglich ist[38].

Zu den Hauptvertretern der spätbarocken Lautenkunst gehören in

Frankreich:

Gaultier, Denis (»le Jeune«) (Marseille? 1597 oder 1603–1672 Paris)[39]
Gaultier, Ennemond (»le Vieux Gautier«) (Lyon um 1580–1651 Villette/Vienne)
Gaultier, Jacques (d'Angleterre) (Ende 16. Jahrhundert – 1672 Paris)
Gaultier (Gautier), Pierre (Orléans Ende 16. Jahrhundert – nach 1660).

Ennemond Gaultier, in zeitgenössischen Quellen und Berichten stets »Vieux Gautier« genannt, war das älteste Glied dieser weit verzweigten, berühmten Lautenisten-Familie. Der Verwandtschaftsgrad der Namensträger untereinander ist wahrscheinlich, jedoch nicht erwiesen und zum Teil widersprechend. Denis Gaultier dürfte wohl alle übrigen Träger dieses Namens allmählich an Ruhm und Begabung überragt haben, da seine Stücke den größten Raum in den Tabulaturbüchern zwischen 1640 und 1660 einnehmen. Eine Bekanntschaft mit Jacques Champion de Chambonnières, Louis Couperin und Johann Jakob Froberger darf angenommen werden. Als einer der ersten Lautenisten hat Denis Gaultier die Sarabande in die Suite aufgenommen. Der Einfluss seiner Musik erstreckte sich nicht nur auf die französischen Clavecinisten, sondern reichte auch nach Deutschland, über Esaias Reusner und Johann Jakob Froberger bis zu Johann Sebastian Bach und Georg Friedrich Händel[40].

Zum Schülerkreis Denis Gaultiers oder unter seinem Einfluss stehend zählten:

Campion, François (Rouen um 1686 – um 1748 Paris); Theorbist der Pariser Oper, »Professeur-Maître de théorbe et de guitare de l'Académie Royale de Musique«
Chancy, François de (gest. 1656)
Du But (Dubut), Name einer Musikerdynastie im 17. Jahrhundert
Dufaut (Du Fault, Du Faux, Du Faut) (Mitte 17. Jahrhundert)
Gallot, Jacques (I. Le Vieux) (Anfang 17. Jahrhundert – um 1685 Paris)
Gallot, Jacques (II. Le Jeune) (Paris um 1640 – nach 1700); wohl Vater und Sohn
Le Sage de Richée, Philipp Franz (geb. in Frankreich, lebte in der 2. Hälfte des 17. Jahrhunderts in Breslau); Schüler von Ch. Mouton

---

37 Originaltitel der Handschriften: »Quartetto a Liuto obligato, Violino e Basho di Hayden«; »C-dur Cassationa per il Liuto Obligato, Violino & Violoncello del Sig. Giuseppe Haydn à Vienne«. Vgl. Vorwort zu den Ausgaben beider Werke von K. Scheit, L. Doblinger, Wien 1959/60.
38 H. Radke, War Johann Sebastian Bach Lautenspieler?, a.a.O.
39 Vgl. Abb. 27.
40 H. Neemann, Lautenmusik des 17./18. Jahrhunderts, a.a.O.

Mouton, Charles (1626 – um 1710); neben Jacques Gallot II. der bedeutendste
Schüler von Denis Gaultier

Visée, Robert de (um 1660 – nach 1720 Paris).

Deutschland: War bei den französischen Lautenisten keine Reihenfolge der Tänze
angegeben – noch handelte es sich im Allgemeinen nicht um Suiten mit fester Satz-
anlage, das Einzelstück war dominierend –, so zeigt *Esaias Reusner d. J.* (Löwen-
berg in Schlesien 1636–1679 Berlin), beeinflusst vom gebrochenen Stil der Pariser
Schule, in seinem Erstdruck »Delitiae Testudinis« (1667) bereits geschlossenere
Suitenfolgen mit den Sätzen Allemande – Courante – Sarabande – Gigue, mit
Gavotte als eingeschobenem Nebensatz und einem vorangestellten Präludium oder
auch Präludium mit einer Paduana. Esaias Reusner d. J. gilt als einer der hervorra-
genden deutschen Lautenkomponisten im 17. Jahrhundert.

Silvius Leopold Weiß (Breslau 1686–1750 Dresden)[41] wurde von allen musikalischen Zeitgenossen als der bedeutendste Meister der Laute betrachtet, J. Mattheson bezeichnet ihn als »größten Lautenisten in der Welt«. Befreundet mit Johann
Sebastian Bach, mit dem Gelehrten und Schriftsteller Johann Christoph Gott-
sched, mit Franz Benda u. a. gilt Weiß auch im Hinblick auf sein kompositorisches
Schaffen als der genialste Lautenmeister aller Zeiten, als der er schon zu Lebzeiten
gefeiert wurde. Hans Neemann schreibt[42]: »Mit seinen unvergleichlichen Kompositionen, die an die Größe und Tiefe Bachscher Musik heranreichen, hat er das
Vollendetste geschaffen, was jemals für die Laute geschrieben wurde. Wir nehmen
hier Bachs Lautensoli, die manchmal spieltechnisch nicht so vollkommen wie die
Soli Weiß' auf die eigentümliche Applikatur der Laute Bedacht nehmen, nicht aus.
Eine fast unübersehbare Reihe von Kompositionen lässt die Kunst dieses begnade-
ten Meisters auferstehen, und ihr wahrer Wert wie die Klangfülle des Satzes ent-
hüllt sich erst bei meisterlicher Wiedergabe auf dem Originalinstrument. Er war
in seiner Kunst unbestritten der Größte, und niemand konnte besser das Wunder
seines Spiels kennzeichnen als der befreundete Lautenist und Kenner der schwierigen Spieltechnik *Ernst Gottlieb Baron* (Breslau 1696–1760 Berlin)[43], der am Dresdner Hof den Unterricht von S. L. Weiß genossen hatte und 1727 schrieb[44]:

>*›Er ist der Erste gewesen, welcher gezeiget, dass man mehr könnte auf der Lauten
machen, als man sonsten nicht geglaubet. Und kan ich, was seine Vertu anbetrifft,
aufrichtig versichern, dass es einerley, ob man einen künstlichen Organisten auf*

---

41 Vgl. Abb. 24.
42 H. Neemann, Lautenmusik des 17./18. Jahrhunderts, a.a.O.
43 Vgl. Abb. 25.
44 E. G. Baron, Untersuchung des Instruments der Lauten, a.a.O.

einem Clavicimbel seine Fantasien und Fugen machen, oder Monsieur Weissen spielen hört. In denen Harpeggio hat er so eine ungemeine Vollstimmigkeit, in exprimirung derer Affecten ist er incomparable, hat eine stupende Fertigkeit, eine unerhörte Delicatesse und Cantable Anmuth, und ist ein grosser Extemporaneus, da er im Augenblick, wenn es ihm beliebig, die schönsten Themata, ja gar Violin-Concerte von ihren Noten weg spielt und extraordinair so wohl auf der Lauten, als Tiorba den General Bass accompagniert ... Weilen nun die Weissianische Art dieses Instrument zu tractieren vor die Beste, Reelleste, Gallanteste und Vollkommenste ist, so haben sich viele nach dieser neuen Methode, gleichwie die Argonauten das goldene Vliess der Kunst und Geschicklichkeit zu erlangen getrachtet.‹

Schon in den frühest datierbaren Kompositionen des jungen Weiß zeigt sich das durchaus Eigene an Erfindung und Gestaltung. Zunächst herrscht bei seinen ›Sonaten‹ oder ›Partien‹ die sechssätzige Suitenform vor mit Allemande – Courante – Bourrée (oder Gavotte) – Sarabande – Menuett (auch I und II) – Gigue, zumeist mit vorangestelltem Prélude. In der mittleren Schaffenszeit treten zu Anfang auch Ouverture, Fantasie oder Entrée, als Mittelsätze Pastorella, Paisane, Badinage, Siciliano, Polonaise, Rondeau, Marche, Aria, Musette, Adagio, Vivace, Chaconne und als Schlusssatz statt der Gigue ein Presto oder Allegro auf. Damit ist die überwiegend sechssätzige Sonate (Suite) vor der Schematisierung bewahrt... Nicht allein innerhalb der gesamten Lautenkompositionen steht er über allen, sondern auch ebenbürtig oder überragend über den bedeutendsten Cembalo- und Kammermusik-Komponisten des 18. Jahrhunderts.«

Einen einsamen Gipfelpunkt der Lautenmusik bedeuten die sieben Lautenkompositionen von *Johann Sebastian Bach* (Eisenach 1685–1750 Leipzig). Außer den Orchesterpartien, in denen die Laute als Begleitinstrument zum Gesang und im Verein mit anderen Instrumenten Verwendung findet (im Alt-Rezitativ »Der Glocken bebendes Getön« aus der *Trauerode*, BWV 198, sowie im Bass-Arioso »Betrachte meine Seel'« in der *Johannespassion* [1723], BWV 245), sind uns von Bach folgende solistische Kompositionen für die Laute erhalten, deren Quellen sich in drei Gruppen gliedern lassen:

1) Autographe
2) Zeitgenössische Abschriften
3) Intavolierungen aus der 1. Hälfte des 18. Jahrhunderts (Leipzig ca. 1730–40)

Nach neuerer Quellenforschung stammen die bislang in die nachbachsche Zeit eingeordneten Tabulaturhandschriften (BWV 995, 997, 1000) aus der Hand des Leipziger Jurastudenten und nachmaligen Notars *Johann Christian Weyrauch*

(1694–1771). »Alle drei Tabulaturen gehen, soweit sich erkennen lässt, auf gute, mutmaßlich aus dem Besitz J. S. Bachs stammende Vorlagen zurück.«[45] Als einzige Dokumente ihrer Art geben diese Intavolierungen eine exakte Vorstellung davon, wie im Bachschen Freundeskreis – und zu diesem darf Weyrauch gezählt werden – die schwierigen Lautensätze des Meisters den spieltechnischen Erfordernissen des Instruments angepasst wurden und damit Zeugnis von einer jahrhundertealten Einrichtungspraxis ablegen, die bis heute nichts von ihrer ehemaligen Bedeutsamkeit für Lauteninstrumente verloren hat.

BWV 995   Suite g-Moll[46]

Dieses Werk ist uns in zwei Fassungen überliefert: als Suite Nr. 5 für Violoncello solo c-Moll BWV 1011, komponiert zwischen 1727 und 1731 in Leipzig, sowie in einer nach g-Moll transponierten Version für die Laute, deren Entstehungszeit nicht bekannt ist[47].

Prélude

Allemande

Courante

Sarabande

Gavotte I, Gavotte II en Rondeau

Gigue

Quellen:

1) Autograph. Außentitel »Pièces pour la (sic!) Luth à Monsieur Schouster par J. S. Bach«. Innentitel »Suite pour la Luth par J. S. Bach«. Notierung: Doppelsystem im Tenor- und Bassschlüssel. Bibliothèque Royale de Belgique, Brüssel.

2) Anonyme handschriftliche Lautentabulatur. »Pieces pour le lut par Sre J. S. Bach.« Musikbibliothek der Stadt Leipzig. »Sollte die von noch unbekannter Hand geschriebene Tabulatur der g-Moll-Suite nach 1750 entstanden sein, so ließe sie sich allenfalls

---

[45] Vgl. J. S. Bach, Drei Lautenkompositionen, mit einer Einführung von Hans-Joachim Schulze, a.a.O.

[46] Vgl. Autograph, Abb. 16.

[47] »Es wird oft behauptet, die Lautensuite sei eine Bearbeitung der Suite c-moll für Violoncello. Es könnte aber auch gerade umgekehrt sein. Im Vergleich mit der Lautenversion wirkt die Cellosuite wie ein Fragment. Die Cellofassung hat beispielsweise oft weniger Stimmen, gelegentlich ist sie sogar einstimmig, entsprechend den technischen Möglichkeiten des Streichinstrumentes. Die Lautensuite dagegen ist satztechnisch wesentlich reicher und ausgearbeiteter gestaltet als die Cellosuite.« E. M. Dombois, Die Barocklaute II, Philips. Vgl. auch Vorwort zur Ausgabe der Suite g-Moll, herausgegeben von O. Ghiglia, Edizioni Suvini Zerboni, Mailand 1976.

doch auch als Reinschrift nach einer häufig benutzten und darum nicht mehr brauchbaren Vorlage auffassen.«[45]

BWV 996   Suite e-Moll
komponiert wahrscheinlich zwischen 1707 und 1717 in Weimar.
> Praeludio. Passaggio-Presto
> Allemande
> Courante
> Sarabande
> Bourrée
> Gigue

Quellen:
1) Abschrift in einem Sammelband vom Weimarer Stadtorganisten Johann Gottfried Walther (1684–1748), einem Freund und entfernten Verwandten Bachs. »Praeludio con la Suite da Giov. Bast. Bach«, Weimar um 1715. Notierung: Doppelsystem im Diskant- und Bassschlüssel. Der Zusatz »aufs Lautenwerck« (Lautenclavier) stammt von unbekannter Hand aus späterer Zeit und ist sonst in keiner anderen Quelle auffindbar. Deutsche Staatsbibliothek Berlin.
2) Abschrift in einem Sammelband. Bibliothèque Royale de Belgique, Brüssel.

BWV 997   Suite c-Moll
komponiert um 1740 in Leipzig.
> Prélude
> Fuga
> Sarabande
> Gigue/Double

Quellen:
1) Handschriftliche Lautentabulatur von Johann Christian Weyrauch. »Partita al Liuto Composta dal Sig^{re} Bach« (ohne Fuga und Double), Leipzig zwischen 1730–40. Musikbibliothek der Stadt Leipzig.
2) Zahlreiche zeitgenössische Abschriften im G- und F-Schlüssel, darunter die von der Hand Johann Friedrich Agricolas (1720–1774) sowie die Klavierfassung von Johann Philipp Kirnberger (1721–1783). Staatsbibliothek zu Berlin – Preußischer Kulturbesitz.

BWV 998   Präludium, Fuge und Allegro Es-Dur
             (»pour la Luth ò Cembal«). Zwischen 1740 und 1745 in Leipzig ent-
             standen.

             Quelle:
                 Autograph aus dem Nachlass C. Ph. E. Bachs. »Prelude pour la
                 Luth ò Cembal. par J. S. Bach.« Notierung: Doppelsystem im
                 Diskant-und Bassschlüssel. Bibliothek des Ueno Gakuen College,
                 Tokio.

BWV 999   Präludium c-Moll
             Um 1720 in Köthen komponiert, als drittes der so genannten »Zwölf
             kleinen Präludien« für Klavier.

             Quelle:
                 Zeitgenössische Abschrift von der Hand des thüringischen Kan-
                 tors Johann Peter Kellner (1705–1772). »Praelude in C-mol. pour
                 La Lute di Johann Sebastian Bach.« Notierung: Doppelsystem im
                 Diskant- und Bassschlüssel. Staatsbibliothek zu Berlin – Preußi-
                 scher Kulturbesitz.

BWV 1000   Fuge g-Moll[48]
             Ca. 1720 in Köthen entstanden, geht die Fuge auf den zweiten Satz
             der Sonate g-Moll Nr. 1 für Violine solo, BWV 1001 zurück, die als
             Primärfassung anzusehen ist. Aus späterer Zeit stammt auch eine
             Orgelbearbeitung dieser Fuge, BWV 539.

             Quelle:
                 Handschriftliche Lautentabulatur von Johann Christian Wey-
                 rauch. »Fuga del Signore Bach«, Leipzig, eher vor 1730. Musik-
                 bibliothek der Stadt Leipzig.

BWV 1006(a) Suite E-Dur
             Dieses Werk ist in zwei Fassungen erhalten: als Partita III für Violine
             allein (»Partita 3^{za} a Violino Solo senza Basso«, BWV 1006, die als
             Nr. 3 der »Sei Solo a Violino senza Basso accompagnato, Libro primo,
             da Johann Sebastian Bach ao. 1720« in Köthen entstand) und in einer

---

[48] Vgl. Faksimile der Lautenhandschrift, Abb. 17.

um eine Oktave tiefer transponierten, auf zwei Systemen in Diskant-
und Bassschlüssel notierten Gestalt ohne Angabe des Instruments
(Suite BWV 1006a).

Prélude

Loure

Gavotte en Rondeau

Menuet I und II

Bourrée

Gigue

Quelle:
Autograph vor 1740. Musashino College of Music, Tokio.

Wie Thomas Kohlhase annimmt, könnte die Lautenfassung der E-Dur-Suite »mit
dem Besuch des ältesten Bach-Sohnes Wilhelm Friedemann sowie der Dresdner
Lautenisten Silvius Leopold Weiß und dessen Schüler Johann Kropffganss in Leipzig in Verbindung gebracht werden. Weiß und Kropffganss haben nachweislich
1739 in Bachs Haus musiziert; vielleicht hat Bach die Violinpartita aus diesem
Anlass für die Laute arrangiert.«[49]

»Die nur wenig abgeänderte Violinfassung wurde dabei mit zusätzlichen Bass-
und Akkordtönen versehen. Wegen der tiefen Lage kommt das Cembalo als Instrument wohl kaum in Frage, eher wäre ein Lauteninstrument in Erwägung zu ziehen.
Angesichts der Tonart läge es sehr nahe, an eine E-Laute in Renaissance-Stimmung
(E–A–d–fis–h–e' mit den entsprechenden Basssaiten) zu denken.«[50]

Dem »Bulletin of Musashino Academia Musicae«, X, 1977, entnehmen wir eine
Beschreibung der in der Bibliothek des Musashino College of Music in Tokio aufbewahrten Originalhandschrift der Suite in E-Dur BWV 1006a: »Diese Handschrift
war einst im Besitz des berühmten Bach-Sammlers Franz Hauser (1794–1870)
und wurde, wie die Widmung auf der Titelseite (Bl. 1r) besagt, am 24. Dezember
1859 von Hauser an Otto Scherzer (1821–1886) dediziert, der damals an dem von
F. Hauser geleiteten Münchner Konservatorium lehrtätig war, schon nach der Jah-

---

49 Th. Kohlhase, Einführung und Redaktion der Quellen zu »Werke für Laute«, Archiv Produktion.
    Vgl. auch Johann Sebastian Bach, Drei Lautenkompositionen, mit einer Einführung von Hans-
    Joachim Schulze, S. V, a.a.O.
50 K. Scheit, Musik für Gitarre, Werkskatalog 1976/77, Universal Edition, Wien. Bisherige Unsicher-
    heiten bei der instrumentalen Zuweisung einzelner Lautenkompositionen sowie Anmerkungen zur
    Spieltechnik und Stimmung sind behandelt im Kritischen Bericht zu: Neue Bach-Ausgabe, Serie V,
    Band 10, Einzeln überlieferte Klavierwerke II und Kompositionen für Lauteninstrumente, heraus-
    gegeben von Hartwig Eichberg und Thomas Kohlhase, Bärenreiter, Kassel 1976; Kritischer Bericht,
    Kassel 1982, ebd.

reswende aber, im Jahre 1860, als Universitäts-Musikdirektor nach Tübingen ging und dann seit 1877 pensioniert in Stuttgart wohnte. Nach W. Schmieder befand sich die Handschrift 1894 im Besitz der Familie Klinckerfuß in Stuttgart, ein Besitzverhältnis, das bis 1966 unverändert blieb. Seit September 1967 wird die Handschrift in der Bibliothek des Musashino College of Music in Tokio aufbewahrt.

Die Handschrift wird von einem aus anderem Papier bestehenden Umschlag umschlossen, dessen vorderes Blatt (Bl. 1ʳ) in der Mitte den sicher aus späterer Zeit stammenden Titel:

Suite/pour le clavecin/Composé par Jean Sebast. Bach/Original

und an der rechten Oberkante folgende Widmung trägt:

Herrn Otto Scherzer zum Andenken/München, d. 24. Dec. 59 von/Franz Hauser.

Auf der Rückseite des Umschlags (Bl. 1ᵛ) befindet sich folgender Vermerk:

»Über die folgende Suite sprach sich der berühmte Kenner Joh. Seb. Bachischer Auto-graphen, Wilh. Rust in Berlin, in einem am 12t. April 1861. an mich gerichteten Brief folgendermaßen aus:

> *›Die Bachische Suite in E-Dur, die ich mit dem besten Danke zurücksende, ist (natürlich mit Ausnahme des äußeren Titels) – durchweg ein J. S. Bach'sches Autograph, so echt, wie nur irgendeines. – Auch die Composition ist eine J. S. Bachische, und ich bitte deshalb die Einleitungssymphonie zur 29ten Cantate, Band V, oder die letzte der Sonaten für Violine allein zu vergleichen. – Unent-schieden aber muß es bleiben, ob diese Suite für Clavier allein bestehen soll, oder mit Begleitung (des Orchesters?) arrangiert ist. – Auch das frägt sich – da die Angabe »Cembalo« fehlt – ob Bach einst ein anderes Instrument, z.B. die Laute, im Sinne gehabt hat. Auffallend bleibt jedenfalls die tiefe Lage, die selten über 𝄞 hinausgeht, und in welcher die Laute sich zu bewegen pflegt.‹*

> *Für die Genauigkeit obiger Abschrift aus W. Rusts Brief vom 12t. April 1861 bürge ich. München den 16t. Mai 1861. Julius Jos. Maier/Conservator der musik. Abtei-lung der kgl./Bibliothek in München.«*

Die Meinungen über die Ausführbarkeit der Bachschen Lautenkompositionen in der allgemein üblichen Barocklautenstimmung stehen sowohl innerhalb der Musik-forschung als auch im praktischen Ausführungsbereich in teilweisem Widerspruch zueinander. Die bisher in Erwägung gezogenen Scordaturen der *Spielchöre* wurden zumeist aus spekulativer Sicht entwickelt. Eine Reihe von Aufsätzen und Studien zur Quellenforschung und Ausführungspraxis der Lautenwerke Bachs liegt in Ver-öffentlichungen vor, die in ihren Ergebnissen jedoch die angehäuften Hypothesen bislang nicht beseitigen konnten, wohl aber zu weiterer Auseinandersetzung mit diesem viel diskutierten Fragenkomplex anregen.

Die wichtigsten Beiträge hierzu verfassten:

Adlung, Jakob: Musica mechanica organoedi, Bd. I/II, Berlin 1768; das »Lautenclavier« betreffend: Auszug bei Ernst Pohlmann, Laute, Theorbe, Chitarrone, S. 188, a.a.O.

Bruger, Hans Dagobert: J. S. Bach, Kompositionen für die Laute, a.a.O.

Burguéte, André: Die Lautenkompositionen Johann Sebastian Bachs. Ein Beitrag zur kritischen Wertung aus spielpraktischer Sicht, in *Bach-Jahrbuch* 1977, S. 26–54.

Cherici, Paolo: J. S. Bach, Opere Complete per Liuto. Versione originale. Übertragung in Zweisystemnotation, Edizioni Suvini Zerboni, Mailand.

Cipriani, E.: J. S. Bach, Opere per Liuto, Bd. I/II/III, a.a.O. (unter J. S. Bach).

Ferguson, Howard: Bach's »Lauten-Werck«, in *Musik & Letters* 48, 1967, S. 259–264.

Giesbert, Franz Julius: Bach und die Laute, a.a.O.

Hoppstock, Tilman: J. S. Bach, Das Lautenwerk und verwandte Kompositionen im Urtext für Gitarre, 4. korrigierte Auflage; PRIM-Musikverlag, Darmstadt 2001

Kohlhase, Thomas: J. S. Bach, Einzeln überlieferte Klavierwerke II und Kompositionen für Lauteninstrumente, a.a.O. (unter J. S. Bach).

Mattheson, Johann: Der neue Göttingische … Ephorus, a.a.O.

Neemann, Hans: J. S. Bachs Lautenkompositionen, in *Bach-Jahrbuch* 1931, S. 72–87.

Radke, Hans: a) Beiträge zur Erforschung der Lautentabulaturen des 16.–18. Jahrhunderts, a.a.O.
b) War Johann Sebastian Bach Lautenspieler?, a.a.O.

Rhodes, David: Johann Sebastian Bach, in *Tablature for Lute*, Vol. I/II, a.a.O.

Schulze, Hans-Joachim: a) J. S. Bach, Drei Lautenkompositionen in zeitgenössischer Tabulatur (BWV 995, 997, 1000), a.a.O.
b) Wer intavolierte Johann Sebastian Bachs Lautenkompositionen?, a.a.O.

Tappert, Wilhelm: J. S. Bachs Compositionen für die Laute, in *Die Redenden Künste* VI, S. 36ff., Dresden 1899

Tokawa, Seiichi: Über das Problem »J. S Bachs Lautenkompositionen«, a.a.O.

Als einer der bedeutendsten Zeitgenossen Bachs auf dem Gebiete der Instrumentalmusik hinterließ *Johann Friedrich Fasch* (Buttelstedt 1688–1758 Zerbst) ein Konzert für Laute, Streicher und Generalbass.

Auf deutschem Boden folgte nun noch eine Reihe von Lautenisten mit Suiten und Kammermusikwerken: Die beiden vortrefflichen Bach-Schüler *Johann Ludwig Krebs* (Buttelstedt 1713–1780 Altenburg) und *Rudolf Straube* (Trebnitz 1717 – um 1785 London). Des Weiteren *Johann Kropffganss* (geb. 1708 in Breslau), der einer berühmten schlesischen Lautenistenfamilie entstammte, *David Kellner* (Leipzig 1670–1748 Stockholm), *Wolff Jakob Lauffensteiner* (Steyr 1676–1754 München), *Adam Falckenhagen* (Groß-Daltzig bei Leipzig 1697–1761 Bayreuth), *Jacques Bittner* (wahrscheinlich identisch mit Jakob Büttner aus Nürnberg? 17. Jahrhundert) und *Christian Gottlieb Scheidler* (ca. 1752 – nach 1815), der »als Lautenist der letzte einsame Vertreter einer fast schon vergessenen Kunstübung ist«[51].

---

[51] K. Dorfmüller, MGG 11, Spalte 1625, Bärenreiter, Kassel 1963.

Italien: Unter den italienischen Komponisten des Hochbarock, die in ihrem Schaffen die Laute berücksichtigen, ragt vor allem der Name *Antonio Vivaldi* (Venedig 1678–1741 Wien) hervor. Folgende Konzerte und Kammermusikwerke mit Laute sind in Handschriften erhalten:

> »Concerto à Viola d'amore e Liuto e con tutti gli strumenti sordini« d-Moll, RV 540[52] (P. 266[53]; F. XII, Nr. 38[54]).
>> Aufführung 1740 in Venedig. Eine Handschrift davon liegt in der Sächsischen Landesbibliothek in Dresden.
> »Concerto con 2 violini, Leuto e Basso« D-Dur, RV 93 (P. 209; F. XII, Nr. 15).

Dem Titel folgt eine Widmung an einen Grafen, dessen Name schwer lesbar ist. Unter den Werken, in denen Vivaldi die Laute verwendet hat, ist das Concerto in D-Dur, dessen Original sich in der Nationalbibliothek von Turin befindet, das populärste.

Die gleiche Widmung tragen zwei Triosonaten, deren Originale ebenfalls die Biblioteca Nazionale in Turin verwahrt:

> »Il Trio per Leuto, Violino e Basso« C-Dur, RV 82 (F. XVI, Nr. 3; o. P.)
> »Trio per Leuto, Violino e Basso Nr. 5« g-Moll, RV 85 (F. XVI, Nr. 4; o. P.).

Die beiden Trios und das Concerto in D-Dur sind für einen Edelmann (»nobil Signore«), vermutlich einen Dilettanten des Lautenspiels, geschrieben. Es sind Gelegenheitskompositionen, die trotz einfacher Struktur Lieblichkeit in der Form und eine gefällige Melodik besitzen. Aus dem Original des Trios in g-Moll geht hervor, dass Vivaldi wenigstens fünf Werke für diese Besetzung geschrieben haben könnte, von denen bis heute aber nur zwei wieder gefunden wurden.

Beide Trios zeigen einen ähnlichen Aufbau: ein langsamer, ausdrucksvoller Mittelsatz wird von zwei heiteren, schnellen Ecksätzen umrahmt. Auch die Concerti lassen formale Ähnlichkeiten erkennen. Der Übergang vom »Concerto grosso« zum Solokonzert ist im Schaffen von Vivaldi besonders deutlich zu verfolgen. Von der ausgewogenen und kontrastreichen Anlage (Tutti-Solo-Wechsel, Dur-Moll-Harmonik) des »Concerto«, in dem zwei konzertierende schnelle Sätze einen von Solokantilenen beherrschten langsamen Satz einschließen, ist Vivaldi selten abgewichen.

---

[52] P. Ryom, Verzeichnis der Werke Antonio Vivaldis, Kleine Ausgabe, Deutscher Verlag für Musik, Leipzig 1974, 2. verbesserte und erweiterte Auflage, 1979 ebd.
[53] M. Pincherle, Antonio Vivaldi et la musique instrumentale – Inventaire thématique, 2 Bände, Paris 1948.
[54] Zählung nach der Gesamtausgabe der Instrumentalwerke durch das Istituto Italiano Antonio Vivaldi, gegründet von Antonio Fanna.

England: Der wichtigste Vertreter barocker Lautenkunst in England ist *Thomas Mace* (vor 1613?–1709?). In seinem für die Lautenpraxis des 17. Jahrhunderts sehr aufschlussreichen theoretischen und praktischen Lehrwerk »Musick's monument« (London 1676) gibt er ausführliche Anweisungen über Lautenbau, Verzierungen, über Besaitung, Fingersätze und Spielmanieren. Seine Lautenkompositionen, die im 2. Teil von »Musick's monument« abgedruckt stehen, sind zu Suiten zusammengefasst und verwenden die so genannte »French flat tuning«, eine Lautenstimmung, die in der ersten Hälfte des 17. Jahrhunderts in Gebrauch war:

55

Dieser Stimmung gab Mace den Vorzug vor der zu seiner Zeit üblichen »new tuning«, die dem neufranzösischen »accord nouveau« (A–d–f–a–d'–f') entsprach.

Österreich: Im reichen Wiener Musikleben des 18. Jahrhunderts fand das Lautenspiel – vor allem in kunstsinnigen Adelskreisen – eine intensive Pflegestätte. Zu den z.T. nicht unbedeutenden schöpferischen Kräften dieser letzten Blüte des künstlerischen Lautenspiels gehören u.a.:

Bohr von Bohrenfels, Andreas (Wien 1663–1728); letzter Lautenist der Wiener Hofkapelle

Conti, Francesco Bartolomeo (Florenz 1682–1732 Wien)

Daube, Johann Friedrich (Hessen 1733–1797 Wien)

Fichtel, Ferdinand Friedrich (Wien 1687–1722)

Hinterleithner, Ferdinand Ignaz (Wien 1659–1710)

Kohaut, Carl (Wien 1726–1782), der letzte Vertreter Alt-Wiener Lautenkunst

Losy (Logy), Jan Antonín (Johann Anton), Graf von Losinthal (Böhmen um 1645–1721 Prag)

Peyer, Johann Gotthard (Wien 17. Jahrhundert)

Radolt, Freiherr Wenzel Ludwig Edler von (Wien 1667–1716)

Saint-Luc, Jacques de (Ath bei Tournai 1616 – nach 1700 Wien?)

Seidel, Ferdinand (Falkenberg/Schlesien 1705 – 2. Hälfte 18. Jahrhundert)

Weichenberger, Johann Georg (Wien 1676–1749).

Von den Komponisten, die nur mit vereinzelten Werken aus ihrem Gesamtschaffen das Lautenrepertoire des 17. und 18. Jahrhunderts bereicherten, seien erwähnt:

55 Auch um eine große Terz tiefer.

Buxtehude, Dietrich (1637?–1707 Lübeck)
Fux, Johann Joseph (Hirtenfeld/Oststeiermark 1660–1741 Wien)
Muffat, Georg (Mégève 1653–1704 Passau)
Pachelbel, Johann (Nürnberg 1653–1706)
Rust, Friedrich Wilhelm (Wörlitz bei Dessau 1739–1796 Dessau)
Telemann, Georg Philipp (Magdeburg 1681–1767 Hamburg).

3. Das 20. Jahrhundert

Der Anstoß zur Wiedererweckung der Laute in Deutschland – in zwar veränderter Gestalt, als so genannte *Lautengitarre* mit Lautenkorpus, Gitarrengriffbrett und mit einfachem Saitenbezug: ein Bastardinstrument, das gegen Ende des 19. Jahrhunderts in die Welt gesetzt wurde – erfolgte nach hundertjährigem Schlaf durch die Jugendbewegung um 1900 (»Wandervogel«, »Die Musikantengilde« u.a.), mit der vor allem Namen wie Hans Breuer, Fritz Jöde, Armin Knab, Robert Kothe, Walter Rein, Heinrich Scherrer und Martin Schlesog verbunden sind. Die Arbeiten des verdienstvollen *Hans Dagobert Bruger* (1894–1932, *Deutschland*) bildeten damals fundamentale Grundlagen für das soeben wieder erstandene Lautenspiel. Obwohl seine praktischen Ausgaben wissenschaftlich fundiert waren – im Gegensatz zu den meisten anderen Publikationen jener Zeit –, waren sie doch für die erwähnte Lautengitarre bestimmt und stellten somit Bearbeitungen dar, die in ihrer Form heute nur noch aus dem damaligen Zeitgeist heraus verstanden und bewertet werden können, aus jener romantisierenden Zuneigung zur Vergangenheit.

Die von idealistischer Begeisterung getragene Bestrebung, das alte *Volkslied* und die Lautenkunst wieder erstehen zu lassen, war in ihren Anfängen nicht frei von dilettantischen Auswüchsen, von denen sie sich allmählich erst in den Dreißigerjahren zu befreien begann. Mit dem Auftreten von *Arnold Dolmetsch* (1858–1940, *England*), *Walter Gerwig* (1899–1966, *Deutschland*), *Hans Neemann* (1901–1945, *Deutschland*), *Emilio Pujol* (1886–1980, *Spanien*) und *Karl Scheit* (1909–1993, *Österreich*) begann eine verheißungsvollere Renaissance der alten Lautenkunst, die in *Julian Bream* (*1933, *England*) ihren eigenwilligen und unvergleichlichen Interpreten gefunden hat. In seiner Nachfolge sind als international renommierte Lautenisten und Spieler von Vihuela, Renaissance- und Barockgitarre besonders hervorzuheben: Olaf Van Gonnissen (*1954, *Deutschland*), Konrad Junghänel (*1953, *Deutschland*), Hans-Michael Koch (*1947, *Deutschland*), Rolf Lislevand (*1961, *Norwegen*), Johannes Monno (*1968, *Deutschland*), José Miguel Moreno (*1955, *Spanien*), Nigel North (*1954, *England*), Paul O'Dette (*1954, *USA*), Toyohiko Satoh (*1943, *Japan*) und Hopkinson Smith (*1946, *USA*).

Es gibt heute kaum einen bekannten Lautenisten oder Spieler eines anderen, zur Lautenfamilie gehörenden Instruments, der nicht an der *Schola Cantorum Basiliensis* bei *Eugen M. Dombois* (*1935, *Deutschland/Schweiz*) studiert hat. Leider nur für eine allzu kurze Zeit als vorzüglicher Interpret tätig, wandte sich Dombois alsbald ausschließlich der Lehre und Forschung zu und wurde in den fast vier Jahrzehnten seines Wirkens an dem erstrangigen Institut für alte Musik in Basel zum international angesehendsten Lehrer einer ganzen Generation von Lautenisten.

Mit der Wiederbelebung des Lautenspiels um die Jahrhundertwende bis zur Gegenwart sind weiters folgende Namen aus Wissenschaft und Praxis verknüpft:

Apel, Willi *(1893–1988) Deutschland*

Bailes, Anthony *(1947) England*

Bailes-van Royen, Anne *(1946) Holland*

Barto, Robert *(*1954) USA*

Beck, Sydney *(*1906) USA*

Beier, Paul *(*1954) USA*

Berner, Alfred *(*1910) Deutschland*

Binkley, Thomas *(1931–1995) USA*

Bischoff, Heinz *(1898–1963) Österreich*

Bloch, Suzanne *(*1907) USA*

Boetticher, Wolfgang *(*1914) Deutschland*

Buetens, Stanley *(*1931) USA*

Burguéte, André *(*1951) ehemals UdSSR/Deutschland*

Caffagni, Mirko *(*1934) Italien*

Campbell, Richard G. *(*1932) Deutschland/England*

Cantalupi, Diego *(*1968) Italien*

Cardin, Michel *(*1953) Kanada*

Chauvel, Claude *(*1939) Frankreich*

Chiesa, Ruggero *(1933–1992) Italien*

Chilesotti, Oscar *(1848–1916) Italien*

Contini, Luciano *(*1958) Italien*

Crawford, Tim *(*1948) England*

Cristoforetti, Orlando *(*1940) Italien*

Croton, Peter *(*1957) USA*

Curry, Donna *(*1939) USA*

Damiani, Andrea *(*1955) Italien*

Dart, Thurston *(1921–1971) England*

Disertori, Benvenuto *(1887–1969) Italien*

Dorfmüller, Kurt *(*1922) Deutschland*

Eitner, Robert *(1832–1905) Deutschland*

Fellowes, Edmund Horace *(1870–1951) England*

Ferré, Eugène *(*1947) Frankreich*

Fleischer, Oskar *(1856–1933) Deutschland*

Flotzinger, Rudolf *(*1939) Österreich*

Freimuth, Michael *(*1960) Deutschland*

Gerwig, Kristian *(*1943) Deutschland*

Giesbert, Franz Julius *(1896–1972) Deutschland*

Goldschmidt, Gusta *(*1913) Niederlande*

Gombosi, Otto *(1902–1955) Ungarn/USA*

Gullino, Giuseppe *(1890–1952) Italien*

Hader, Werner *(*1946) Deutschland*

Harwood, Ian *(*1931) England*

Heartz, Daniel *(*1928) USA*
Heringman, Jacob *(*1964) USA*
Holzenburg, Oliver *(*1962) Deutschland*
Hübscher, Jürgen *(*1948) Deutschland/ Schweiz*
Hunt, Edgar *(*1909) England*

Imamura, Yasunori *(*1953) Japan*

Jeffery, Brian *(*1938) England*

Kecskés, András *(*1942) Ungarn*
Kirchhof, Lutz *(*1953) Deutschland*
Kirsch, Dieter *(*1940) Deutschland*
Klima, Josef *(1900–1991) Österreich*
Koch, Hans-Michael *(*1947) Deutschland*
Koczirz, Adolf *(1870–1941) Österreich*
Körte, Oswald *(1852–1924) Deutschland*
Kohlhase, Thomas *(*1941) Deutschland*

Leeb, Hermann *(1906–1979) Österreich/Schweiz*
Lesure, François *(*1923) Frankreich*
Lindberg, Jakob *(*1952) Schweden*
Lumsden, David *(*1928) England*

Manabe, Riichiro *(*1924) Japan*
McFarlane, Ronn *(*1953) USA*
Meunier, Robert *(*1954) Kanada*
Meylan, Raymond *(*1924) Schweiz*
Mönkemeyer, Helmut *(1905–1992) Deutschland*
Montheillet, Pascal *(Frankreich)*
Morphy, Guillermo Graf von *(1836–1899) Spanien*

Nef, Karl *(1873–1935) Schweiz*
Ness, Arthur *(*1936) USA*
Nickel, Heinz *(*1935) Deutschland*

O'Brien, Patrick *USA*
Osthoff, Helmut *(1896–1983) Deutschland*

Päffgen, Peter *(*1950) Deutschland*
Pianca, Luca *(*1958) Italien*
Podolski, Michel *(*1928) Belgien*
Pohlmann, Ernst *(1902–1983) Deutschland*
Poulton, Diana *(1903–1995) England*
Prusik, Karl *(1896–1961) Österreich*
Pudelko, Walther *(1901–1944) Deutschland*

Radecke, Ernst *(1866–1920) Deutschland*
Radke, Hans *(1894–1989) Deutschland*
Reese, Gustave *(1899–1977) USA*
Rhodes, David *(*1955) USA*
Riemann, Hugo *(1849–1919) Deutschland*
Rivera, Juan Carlos *(*1957) Spanien*
Rollin, Monique *(*1927) Frankreich*
Rooley, Anthony *(*1944) England*
Rumsey, Shirley *(*1955) England*

Sachs, Curt *(1881–1959) Deutschland*
Schäffer, Michael *(1939–1979) Deutschland*
Schrade, Leo *(1903–1964) Deutschland/USA*
Schröder, Karl-Ernst *(*1958) Deutschland/Schweiz*
Schulze, Hans-Joachim *(*1934) Deutschland*
Souris, André *(1899–1970) Frankreich*
Spencer, Robert *(1932–1997) England*
Spiessens, Godelieve *(*1932) Belgien*
Stubbs, Stephen *(*1951) USA*

Tappert, Wilhelm *(1830–1907) Deutschland*

Teuchert, Heinz *(1914–1998) Deutschland*

Tonazzi, Bruno *(1927–1988) Italien*

Tyler, James *(*1940) USA/England*

Verchaly, André *(1903–1976) Frankreich*

Ward, John Milton *(*1917) England*

Warlock, Peter *(1894–1930) England*

Wilson, Christopher *(*1951) England*

Winternitz Emanuel *(1898–1983) Österreich/USA*

Witoszynskyj, Leo *(*1941) Österreich*

Wolf, Johannes *(1869–1947) Deutschland*

Young, Crawford *(*1952) USA*

Zaczek, Brigitte *(*1943) Österreich*

Zimmermann, Christian *(*1954) Deutschland*

Zuth, Josef *(1879–1932) Österreich*

Ein wichtiges und weitgespanntes Betätigungsfeld bietet sich der Laute gegenwärtig im Rahmen der historischen Aufführungspraxis, die herkömmliche Vorstellungen von alter Musik zu revidieren versucht – ein Prozess, der zur Wiederfindung des »alten Klanges« notwendig ist. Man neigt zuweilen dazu, dabei die Personengebundenheit der Musik zu unterschätzen oder zu ignorieren. Wie Dowland, Francesco da Milano, Bakfark oder Weiß hat vorher und nachher niemand Laute gespielt. Auch historische Berichte über Aufführungen schildern meistens nur *eine* Aufführung. Sie sind als Modelle für uns gewiss wertvoll. Doch jede Interpretation von Musik aus vergangenen Zeiten kann Gegenwärtiges nicht ausschließen. Da die Musik selbst sich einer Fixierung entzieht – im Gegensatz zur Malerei und zur bildenden Kunst –, wird die Ausführung eines Musikstückes nie authentisch sein. *Nicht die Noten, sondern die Töne sind Musik. Wenn man zu überzeugen vermag, macht das Dargebotene zwar einen authentischen Eindruck. Wenn man sich hingegen bemüht, authentisch zu sein, wird man nie überzeugen* (Gustav Leonhardt).

Unter den wenigen zeitgenössischen Lautenkompositionen zählen die »Sonate für Laute allein« Werk 31 Nr. 5 und die »Variationen über ein eigenes Thema« Werk 32 Nr. 2 für Blockflöte und Laute von *Johann Nepomuk David* zum Gehaltvollsten moderner Lautenliteratur.

Das Lautenspiel besitzt heute an vielen Universitäten, Musikhochschulen, Akademien und Musikinstituten für alte Musik vorzügliche Forschungs- und Ausbildungsstätten; so u. a. in Basel, Den Haag, Köln, Würzburg, London, New York und an zahlreichen anderen amerikanischen Universitäten.

Kapitel II
Die Gitarre

Ursprung und Entwicklung

Im Unterschied zu der unbestrittenen Gewissheit über die orientalische Herkunft der Laute geben Ursprung und Geschichte der Gitarre immer noch Rätsel auf.

Im vorderasiatischen *târ* mit achtförmigem Holzkorpus, Hautdecke und bündigem Griffbrett sowie im persischen *setâr*[56] – einem ursprünglich dreisaitigen Lauteninstrument in Tanbûrform, mit langem vielbündigen Hals und kleinem ovalen Holzkorpus – will man Urformen erkennen, die in Gestalt und Namensgebung auf die Gitarre hinweisen (Abb. 2).

Allen Versuchen, die Gitarre – historisch wie organologisch – mit mittelorientalischen, zentralasiatischen oder kaukasischen Langhalslautenarten ähnlich anmutender Formen in Zusammenhang zu bringen, mangelt es am schrittweisen Nachvollzug einer Entwicklung, von der heute noch niemand sagen kann, ob sie überhaupt jemals sich vollzogen hat: Wie kam es zu dem großen, flachen Korpus, der damals wie heute die Gitarre kennzeichnet (orientalische Instrumente, die man für Verwandte hält, haben kleine, bauchige Klangkörper), wie zu dem breiten, flachen Hals (orientalische »Gitarren« sind mit langen, schmalen, im Querschnitt häufig dreieckigen oder runden Hälsen ausgestattet), wie zu den Proportionen (Klangkörper und Hals der Gitarre sind etwa gleich lang – bei orientalischen Instrumenten übertrifft die Länge des Halses die des Korpus um das Doppelte oder gar Dreifache)? Die zahlreichen ikonographischen Zeugnisse in Handschriften des Mittelalters belegen zwar die Vielfalt der Gitarreninstrumente für westeuropäische Länder der Zeit, bieten aber keinen Ansatz für entstehungsgeschichtliche Überlegungen (Abb. 30, 31). Die bedeutendsten Abbildungen von Lauten- und Gitarreninstrumenten finden sich in Spanien in den »*Cantigas de Santa Maria*«, in der 2. Hälfte des 13. Jahrhunderts auf Geheiß König Alfons X. aufgezeichnet und illuminiert, jedoch ohne erläuternde Bezeichnungen.

Unklar ist auch die Geschichte des Terminus »Gitarre«. Die Herkunft des Wortes vom griechischen Instrumentennamen *Kithara* (Cithara) ist nicht bewiesen.

---

[56] se = drei, târ = Saite, also persisch »Dreisaiter«.

si = dreißig. Die Beschreibung des im Reallexikon der Musikinstrumente von Curt Sachs als »Sitâr, Setâr« bezeichneten Instruments bedarf insofern einer Korrektur, als es sich dabei nicht um ein Instrument handelt, für das wechselweise zwei sich ähnelnde, sinnverwandte Termini gebraucht werden; dahinter verbergen sich vielmehr zwei in den Ländern des Nahen Ostens wie in Indien in ihrer heutigen Verwendung grundverschiedene Instrumente; vgl. Text zu Abb. 3.

Gleichwohl fehlt es in der Musikwissenschaft unseres Jahrhunderts nicht an Ansatzpunkten für eine Entwicklung von der griechischen Kithara – einem Leierinstrument, das den Joch- und nicht den Halslauten zuzuordnen ist – zur europäischen Gitarre: eine Entwicklung, für die ein kontinuierliches Beweismaterial bis heute nicht erbracht werden konnte[57]. Nach Kathleen Schlesinger, die zum ersten Male Überlegungen mit diesen Zusammenhängen als Möglichkeit formulierte, sei »fidicula« (spanisch »vihuela«) gleich »cithara«, wie auch ihre Umformung zur Gitarre. Und da die Cithara durch die Römer noch vor den Arabern nach Spanien gekommen sei, wäre auch der Gegensatz »guitarra latina« – »guitarra morisca« klar.

Im »*Roman de la Rose*« von Guillaume de Lorris und Jean de Meung (1236) wird, zusammen mit vielen anderen Instrumenten, auch eine »quitarre« genannt, im bald darauf erschienenen »*Libro de Alexandre*« des Juan Lorenzo de Astorga (León, 1250) eine »gitarra« – erste Erwähnungen im westlichen Europa. Das »*Libro de buen amor*« (Archipreste Juan Ruiz de Hita, 1330) enthält umfängliche Zitate von Instrumentennamen, unter ihnen eine *guitarra morisca* und eine *guitarra latina* (Abb. 30). Ein halbes Jahrhundert zuvor war in der Schrift »*Tractatus de musica*« (*Johannes de Grocheo*, Paris 1280) von einer »guitarra saracenica« (Abb. 31) die Rede gewesen. Hier wie in allen anderen genannten Schriften fehlen Beschreibungen des Instruments, daher kann es über seine Gestalt und die Bedeutung der Termini lediglich Spekulationen geben.

Im 15. Jahrhundert wurde das Instrument als spanische Erfindung (»Hispanorum invento«) bezeichnet, ja sogar als altes spanisches Nationalinstrument (»Guitarra nacional, muy antiguo«) berühmt. Doch hieß es in Spanien auch *Vihuela*, ein Name, der etymologisch den im Mittelalter für Streich- oder Zupfinstrumente gebräuchlichen Bezeichnungen wie *vielle, viole, viola* zuzuordnen ist[58].

Die »ungereinigte« und keinesfalls auf instrumentenkundliche Katalogisierung ausgerichtete Sprache des Mittelalters hinterlässt uns mit den Instrumentennamen jedoch keine eindeutigen Definitionen im modernen Sinne. Einerseits wurde ein und dasselbe Instrument mit verschiedenen Namen bedacht (erinnert sei in diesem Zusammenhang an die zahlreichen Bezeichnungen der Cister: Citôle, Cithara germanica, Cistre, Cittern, Cithrinchen, Zither), andererseits lässt sich nachweisen, dass ein Name für Instrumente verschiedener Tonerzeugung in Anspruch genommen wurde. So war die Vihuela im Spanien des 16. Jahrhunderts in drei Spielarten in Gebrauch: als *vihuela de péndola* mit dem Federkiel angerissen, als *vihuela de arco* mit dem Bogen gestrichen und als *vihuela de mano* mit den Fingern angeschlagen.

---

[57] K. Schlesinger, The Precursors of the Violin Family, London 1910; Artikel »Guitar and Guitar Fiddle« in: The Encyclopedia Britannica, 11. Ed., Cambridge 1911, Band 12.

[58] Die heute noch in portugiesisch sprechenden Ländern übliche Bezeichnung »*violão*« für Gitarre bestärkt die These von verwandter Bindung zwischen Vihuela und Gitarre in der Vergangenheit.

Der niederländische Musikgelehrte *Johannes Tinctoris* weist in seinem Traktat »De inventione et usu musicae« (1480–87) darauf hin, dass in Spanien und Italien die »viola« weit häufiger ohne Bogen gespielt werde, und meint damit wohl die *viola da mano* (Abb. 60), die wiederum identisch ist mit der spanischen *vihuela de mano* (Abb. 42).

Der spanische Komponist und Theoretiker *Fray Juan Bermudo* beschreibt in seiner Abhandlung »*Declaración de instrumentos musicales*« (Ossuna 1555) als *vihuela comun* (Normalvihuela) ein mit sechs Chören bespanntes Instrument[59], das morphologisch mit der Gitarre identisch ist[60]: achtförmig geschweifter Korpus, Decke und flacher Boden durch Zargen verbunden, Schallrosette und ein mit Bünden versehener breiter Hals, an dessen oberem Ende sich der leicht zurückgezogene Wirbelkasten mit sagittal-hinterständigen Wirbeln anschließt. Ähnlich wie die Laute war auch die Vihuela in verschiedenen Stimmlagen in Verwendung, von der Bassvihuela in D bis zur Diskantvihuela in c. Die zahlreichen Tonhöhen, die Bermudo mitteilt, sind jedoch nicht absolut zu verstehen. Die Tonhöhe richtete sich vielmehr nach der Zerreißgrenze der obersten Saite, die eben sehr unterschiedlich gewesen sein muss. Mit der Vielzahl an Vihuela- und Gitarrenstimmungen will Bermudo dem Anfänger verdeutlichen, dass alle möglichen Stimmhöhen, je nach Saitenqualität, anwendbar sind. Die weitaus gebräuchlichste Stimmlage war die Alt-Tenor-Lage mit G als relativem Ausgangston: G–c–f–a–d'–g'.

Im Unterschied zur Laute war jede Saite der Vihuela verdoppelt und im Einklang gestimmt. Bermudo empfiehlt die Anbringung von festen Bünden am Griffbrett, aus Metall, Knochen oder Elfenbein, was nicht ausschließt, dass auch bewegliche Darmbünde Verwendung fanden.

Die *guitarra* definiert Bermudo als kleineren Typus der sechschörigen Vihuela, dem der oberste und tiefste Chor fehlt. War die sechs- und siebenchörige Vihuela dem Adel und dem Berufsmusiker vorbehalten, so galt die vierchörige »guitarra« als das populäre Instrument des Volkes. *Alonso Mudarra* (»Tres libros de música«, 1546) und *Miguel de Fuenllana* (»Orphenica lyra«, 1554) beziehen sich in ihren Vihuela-Tabulaturbüchern erstmals auf sie.

Oft wird erwähnt, dass der spanische Dichter und Musiker *Vincente Espinel* (1550–1624) einen 5. Chor hinzugefügt habe; doch ist dies zweifelhaft, da bereits *Miguel de Fuenllana* in seinem Tabulaturbuch von 1554 neben Stücken für die sechschörige Vihuela und die vierchörige Guitarra[61] auch Werke für eine *fünfchö-*

---

[59] Bermudo spricht auch von einer siebenchörigen Vihuela, wofür jedoch kein Repertoire überliefert ist.

[60] Vgl. S. 40.

[61] Fuenllana bezeichnete die vierchörige Gitarre als »vihuela de quatro órdenes«.

rige Vihuela vorsieht. Somit darf angenommen werden, dass das mit fünf Doppelsaiten bespannte und seit der zweiten Hälfte des 16. Jahrhunderts als *Guitarra española* bezeichnete Instrument spätestens um 1550 geboren war.

Im 17. Jahrhundert darf *die fünfchörige* Gitarre als ein im Musikleben Europas durchaus etabliertes Instrument angesehen werden. Die Tabulaturdrucke von *Francesco Corbetta* und *Robert de Visée* lassen auf ein beachtliches Niveau an Spieltechnik und musikalischem Ausdruck schließen.

Bis in die zweite Hälfte des 18. Jahrhunderts besaß die Gitarre doppelten Saitenbezug. Der Übergang von *fünfchöriger* zu *sechschöriger* und schließlich zu *einsaitiger* Bespannung erfolgte nach 1775; ein genaues Datum für die Umstellung kann nicht gefunden werden. *Antonio Ballesteros'* »Obra para guitarra de seis órdenes« (Madrid 1780) sowie die Unterrichtsmethoden von *António da Silva Leite* (»Estudio de Guitarra«, Porto 1795), *Fernando Ferandiere* (»Arte de tocar la guitarra española por música«, Madrid 1799), *Antonio Abreu* (»Escuela para tocar con perfección la guitarra de cinco y seis órdenes«, Salamanca 1799) und *Federico Moretti* (»Principios para tocar la guitarra de seis órdenes«, Madrid 1799) verfassten ihre Lehrwerke zwar noch für die *fünf- und sechschörige* Gitarre; Moretti weist aber gleichzeitig darauf hin, dass die Gitarren in Frankreich und Italien jetzt mit *Einzelsaiten* bespannt sind und deshalb leichter gestimmt werden könnten. Ferandiere und Moretti zählten zum Schülerkreis von *Miguel García* alias *Padre Basilio*, der sich einer *siebensaitigen* Gitarre bediente.

Um die Wende des 18. Jahrhunderts veröffentlichte *Antoine-Marcel Lemoine* eine dreiteilige »Nouvelle méthode pour la guitarre«, in der sowohl die *fünf-* als auch die *sechssaitige* Gitarre behandelt wurde. Das sechssaitige Instrument bezeichnet Lemoine als »Lyre ou Guitarre à six cordes« (Abb. 39). Durch die um 1800 nun endgültig erfolgte Hinzufügung der 6. Saite (oder Saitenpaares), die – es sei wiederholt – schrittweise sowohl über die *fünfchörige* wie auch *fünfsaitige* Gitarre erfolgte, erhielt das Instrument »eine Art Vervollkommnung, der sich die fünfchörige Barockgitarre etwa 200 Jahre lang widersetzt hatte«[62]. *Carulli* (Paris 1811), *Aguado* (Madrid 1825) und *Sor* (Paris/Bonn 1830) verfassten die ersten *Lehrmethoden* für die klassische sechssaitige Gitarre in der bis heute gültigen Stimmung:

---

62 Th. Heck, The Birth of the Classic Guitar, a.a.O.

Verschiedene Stimmungen

Nimmt man für die sechschörige Vihuela die G-Stimmung an:

so ergibt sich für die *vierchörige* Gitarre (Abb. 43) im 16. Jahrhundert die Stimmung:

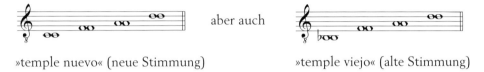

aber auch

»temple nuevo« (neue Stimmung)   »temple viejo« (alte Stimmung)

Beide Stimmungen legt Alonso Mudarra den Gitarrenkompositionen in seinen »Tres libros de música en cifras para vihuela« (Sevilla 1546) zugrunde.

Stimmungen für die fünfchörige Gitarre

Bermudos Stimmung für *die fünfchörige* Guitarra war:

Aus diesem Intervallverhältnis (von oben: Quart – Quart – Terz – Quart) geht hervor, dass Bermudo die fünfte Saite über die erste eines vierchörigen Instrumentes gelegt hat, was im Widerspruch zu Fuenllanas Stimmung für eine fünfchörige Vihuela steht, deren Intervallverhältnis von oben eine Quart – Terz – Quart – Quart-Stimmung erkennen lässt, wie sie fast alle fünfchörigen Gitarren bis zum Ende des 18. Jahrhunderts aufweisen:

Gaspar Sanz (1674) empfiehlt für das Continuospiel zwei verschiedene Stimmungen:

während er für das solistische Spiel den 4. und 5. Chor im Einklang der höheren Oktave für geeigneter hält, die auch Marin Mersenne schon 1635 in seiner »Harmonie universelle« anführt:

Stimmung, wie sie die französischen Gitarristen in der zweiten Hälfte des 17. Jahrhunderts bevorzugten (Corbetta, Visée u.a.):

Stimmungen für die sechschörige Gitarre

Dass bereits vor 1700 vereinzelt Gitarren mit 6 *Chören* in Verwendung standen, bestätigt eine handschriftliche Tabulatur[63], die für die Gitarre (oder Mandora) folgende Stimmung verlangt:

Stimmung bei Fernando Ferandiere (1799)

Stimmung bei Federico Moretti (1799)

Seit Antoine M. Lemoine (um 1800) und Ferdinando Carulli (1811)

---

[63] Mährisches Museum Brünn, Signatur D 189, aus dem Besitz des Augustinerklosters in Altbrünn. Vgl. J. A. Logy, Pièces de Guitare, a.a.O.

Abarten der Gitarre

Abgesehen von den verschiedenen Landschaftstypen, wie der *English guitar* – ein englischer Cisterntyp aus der 2. Hälfte des 18. Jahrhunderts mit herzförmigem Korpus und sechs Doppelsaiten in C-Dur-Stimmung (c–e–g–c'–e'–g') – oder der *Portugiesischen Gitarre*, deren Formgebung ebenfalls mit der Cister in Verbindung zu bringen sein dürfte, entwickelten sich unzählige historische und moderne Abarten der Gitarre.

Ein wichtiges Bindeglied zwischen Laute und Gitarre stellt die Familie der *Cister* (Cittern, Cithern, Cistre, Cetera, Citôle, Cithrinchen, Cithara) dar (Abb. 20, 32). Ihr Vorkommen kann an Hand von bildlichen Darstellungen bis ins Mittelalter zurückverfolgt werden. Das Instrument mit birnenförmigem Korpusumriss und nach dem Steg hin abnehmender Zargentiefe ist mit Drahtsaiten von 4 bis 7, aber auch bis zu 13 Chören bespannt und wurde sowohl mit dem Federkiel angerissen als auch »mit dem Finger sanft gestrichen«[64]. Ihr Basstypus war die als General-bassinstrument benutzte *Pandora*[65] (Bandora, Bandoer) (Abb. 20).

Unmittelbare Verwandte der klassischen Gitarre sind die *Bassgitarre* mit Doppelhals und der *Arpeggione* (Abb. 41), auch *Guitare d'amour* oder *Violoncell-Gitarre* genannt, eine vom Wiener Instrumentenbauer *Johann Georg Staufer* (1778–1853) erfundene und mit dem Bogen gestrichene Gitarre in Violoncello-Größe, die das 19. Jahrhundert hervorgebracht hat.

Es entwickelten sich aber auch Kombinationen mit anderen Instrumenten, darunter die *Lyragitarre* (Abb. 39), die *Harfengitarre* und die *Harpolyre*.

Eine Gruppe für sich bilden die *Schlaggitarren*. Unter diesem Namen verbirgt sich die *Chitarra battente* oder *Wölbgitarre* (Abb. 34); das im 17. und 18. Jahrhundert hauptsächlich in Italien ansässige und mit Plektrum geschlagene Instrument besaß einen hohen Korpus mit gewölbtem Boden.

Der historischen Chitarra battente entspricht heute die *Jazzgitarre* (auch als Elektrogitarre), die ebenso wie das *Banjo* in der Tanz- und Unterhaltungsmusik des 20. Jahrhunderts ihren Platz einnimmt, fallweise aber auch im Ensemble für zeitgenössische Musik Verwendung findet.

---

[64] C. Sachs, Reallexikon der Musikinstrumente, a.a.O.
[65] Vgl. J. Wolf, Handbuch der Notationskunde II, a.a.O.; Verzeichnis der Literatur für Cistern, S. 129–146.

Die Notation

Vom 16. bis zur Mitte des 18. Jahrhunderts erfolgte die Notation in *Tabulaturschrift*, die bis in das 17. Jahrhundert im Wesentlichen mit der Lautentabulatur identisch war[66], wobei sowohl das *italienische* System (bei Alonso Mudarra, Melchior de Barberiis, Miguel de Fuenllana, Francisco Guerau u.a.) wie auch die *französische* Notierung (bei Guillaume Morlaye, Abb. 44, Adrian Le Roy, Robert Ballard u.a.) auf anfangs vier Linien, für die fünfchörige Gitarre später auf fünf Linien erweitert, zur Anwendung kam.

Beispiele für die italienische Tabulatur

Mudarra, Tres libros de música, 1546
Romanesca II

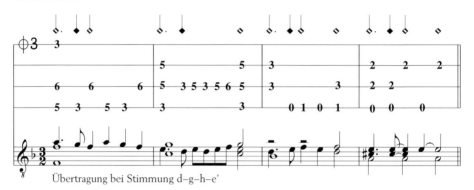

Übertragung bei Stimmung d–g–h–e'

Giacomo Monti, Intavolatura di chitarra e chitarriglia, 1646
Bergamasca

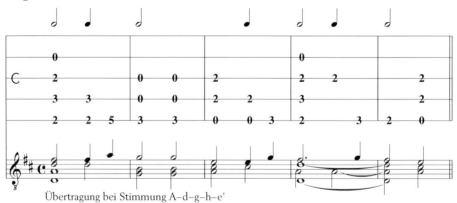

Übertragung bei Stimmung A–d–g–h–e'

[66] Vgl. Notation der Lautenmusik, S. 17ff.

Beispiel für die französische Tabulatur[67]

Adrian Le Roy et Robert Ballard, Troisième livre de tabulature de guiterre, 1552
Branle de Poictou

Übertragung bei Stimmung d–g–h–e'

Vom 17. Jahrhundert an nimmt das akkordische Griffspiel in stärkerem Maße zu.
Dieselben Akkorde kehren immer wieder. Sie stets einzeln in vollem Umfang in
Tabulaturschrift aufzuzeichnen, empfand man als zeitraubend und unübersichtlich.
So erfand man eine Art Kurzschrift, die in zwei Methoden Verwendung fand: die
italienische, die für die Akkordbezeichnung Buchstaben verwendete (»Alfabeto«
oder spanisch »Abecedario« genannt), während die *spanische* zum gleichen Zweck
mit Ziffern operierte (»Cifras« genannt).

a) Spanische Methode

1596 erschien in Barcelona von *Juan Carlos Amat* ein Lehrbüchlein für die fünfchörige Gitarre, das sich der Ziffern bediente: »Guitarra española y vándola… de
cinco órdenes… y de quatro…«. Das Werk, das bis ins 18. Jahrhundert mehrere
Auflagen erfuhr, eröffnete die Reihe der ausschließlich für die Gitarre bestimmten
Lehrwerke und ist somit als erste aller Gitarrenschulen auch in pädagogischer Hinsicht von Bedeutung.

Bei der spanischen Griffschrift, den »Cifras«, unterscheidet *Pablo Minguet e Yrol*
in »Reglas, y advertencias« (Madrid 1752/74) zwischen einem »estilo castellano«
und einem »estilo catalano«. Der kastilische Stil, wie er vor allem durch *Luis de
Briçeño* im »Método mui facilissimo para aprender à tañer la guitarra a lo español«
(Paris 1626) erläutert wird, bedient sich zur Erklärung der Grifftabelle der französischen Lautentabulatur; die oberste Linie entspricht der obersten Saite:

[67] Vgl. Tabulatur in Faksimile von Guillaume Morlaye, Abb. 44.

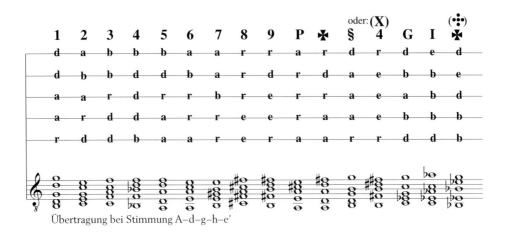

Übertragung bei Stimmung A–d–g–h–e'

Der Rhythmus wird mit Mensuralnoten über den Griffzeichen angezeigt:

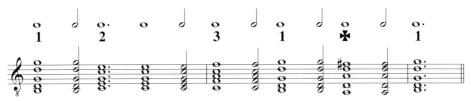

Übertragung bei Stimmung A–d–g–h–e'

Mit geringen Abänderungen bedient sich auch *Lucas Ruiz de Ribayaz* in seinem Werk »Luz y norte musical caminar por las cifras«, Madrid 1677 derselben Zahlen, die bei Briçeño dem dazugehörenden Akkord entsprechen.

Die Zahlen und Zeichen werden auf eine Horizontallinie gesetzt, die Richtung des Akkordanschlages (Auf- oder Abschlag) mit unter oder über der Horizontallinie stehenden kleinen Strichen angezeigt: T bedeutet den Anschlag vom tiefsten zum höchsten Ton eines Akkordes, ⊥ für die entgegengesetzte Richtung des Anschlags. Der Takt ist am Anfang der Linie angegeben:

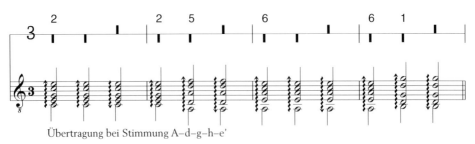

Übertragung bei Stimmung A–d–g–h–e'

Ein Punkt neben einem Strich verlängert den Wert des Akkordes auf Kosten des folgenden.

b) Die italienische Methode, die zur Bezeichnung der Akkorde Buchstaben verwendet, finden wir zuerst bei *Girolamo Montesardo*, der 1606 in Florenz mit einer methodischen Anleitung zum Selbstunterricht hervortrat: »Nuova inventione d'intavolatura per sonare li balletti sopra la chitarra spagnuola senza numeri e note«. Zur Erklärung seines »Alfabeto« zieht er die italienische Notation heran; die oberste Linie entspricht also der untersten Saite:

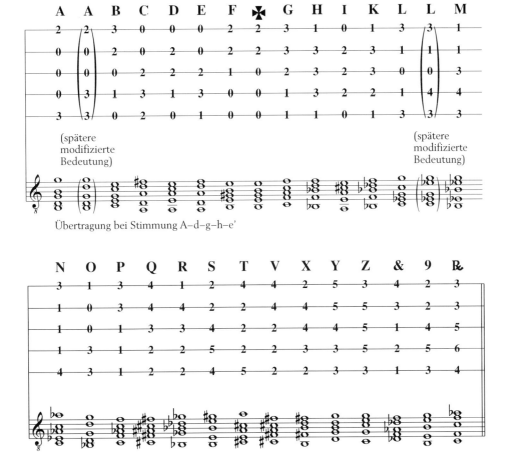

Übertragung bei Stimmung A–d–g–h–e'

Wenn sich auch bei späteren Autoren Veränderungen und Erweiterungen feststellen lassen, gewann das Alphabet von Montesardo doch allgemeine Bedeutung und weite Verbreitung.

c) Die Notierung rhythmischer Werte

Girolamo Montesardo unterschied zwischen Groß- und Kleinbuchstaben, wobei der große Buchstabe den doppelten Wert des kleinen erhielt:

Villano di Spagna

In *Gaspar Sanz'* »Instrucción de música sobre la guitarra española«, Zaragoza 1674 (Abb. 45, 46) wird das Prinzip der Lautentabulaturen angewandt, wonach das über dem Tabulatursystem bzw. Abecedario stehende rhythmische Zeichen bis zur Ablösung durch einen anderen Notenwert Gültigkeit behält:

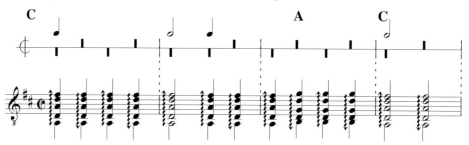

Auch die Stellung der Anschlagstriche (»colpi« oder »golpes«) zueinander lassen die rhythmische Bedeutung erkennen:

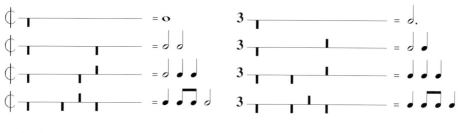

(vgl. Abb. 45)

In ähnlicher Weise entwickelte sich auch in Frankreich eine Kurzschrift. Aus Gründen eines einfacheren Notenbildes blieben die leeren Saiten in der Aufzeichnung unberücksichtigt; sie wurden vom Spieler ergänzt, je nach Griffposition der einzelnen Akkorde.

Rhythmische Werte wurden sowohl durch Längenunterschiede der Anschlagstriche

als auch mit den rhythmischen Zeichen selbst dargestellt, wobei die Richtung der Cauda die Richtung der »colpi« anzeigte (Abb. 47).

Bis in die 2. Hälfte des 18. Jahrhunderts blieben Tabulaturen für die Gitarre in Gebrauch, wenngleich sich bereits seit dem Ende des 17. Jahrhunderts vereinzelte Versuche zeigen, Gitarrenmusik in moderner Notenschrift aufzuzeichnen: *Robert de Visée* bringt im Anschluss an seine in Paris gedruckten Tabulaturbücher »Livre de guittare dédié au Roy« (1682), »Livre de pièces pour la guittare« (1686) und »Pièces de théorbe et de luth« (1716) eine Auswahl an Suitensätzen in moderner Notation (Oberstimme und Bass), mit dem Hinweis, dass diese Stücke auch auf anderen Instrumenten (Clavecin, Violine u.a.) vorgetragen werden können.

Der spanische Tanzlehrer, Kupferstecher und Musikverleger *Pablo Minguet e Yrol* verfasste das letzte in Spanien gedruckte Sammelwerk in Tabulaturschrift: »Reglas y advertencias generales«, Madrid 1774 (Abb. 48).

In *Frankreich* erscheint von *Michel Corrette* »Les Dons d'Apollon, méthode pour aprendre la guitare« (Paris 1762, Deuxième livre 1763), eine Schule mit Chansons zur Gitarrenbegleitung und mit Solostücken für die fünfchörige Gitarre, erstmals auf fünflinigem Notensystem im G-Schlüssel und darunter gesetzter Tabulatur, ein Werk also, das deutlich den Übergang und die allmähliche Abkehr von der Tabulatur zur modernen Notation dokumentiert. Auf gleiche Weise ist die »Méthode de guittarre par musique et tabulature« (Paris 1773) von *Antoine Bailleux* angelegt.

Spielzeichen in Gitarrentabulaturen

Die Fingersatz- und Verzierungszeichen in Gitarrentabulaturen lassen sich fast durchwegs in der Lautenmusik nachweisen[68]. Als abweichende Symbole gelten:

»Arpeado« (span.), Akkordzerlegung

[68] Vgl. Spielzeichen in Lautentabulaturen, S. 28ff.

»Esmorsata« (span.), kurzer Vorschlag von oben

»Extrasino« (span.), Bindung mehrerer Noten nach oben und unten; Visée und Corbetta bezeichnen diese Art der Bindung nach oben mit »Cheute« (»Chute«), Bindungen nach unten mit »Tirade«.

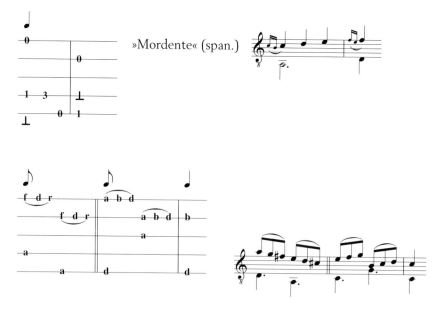

»Mordente« (span.)

»Roulement« (franz.), entspricht in der Ausführung dem »Strascios« in italienischen Tabulaturen und dem »Extrasino« in spanischen Drucken (G. Sanz).

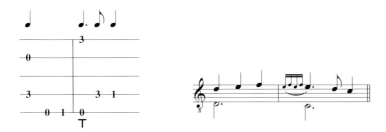

»Trino« (span.), zweigliedriger Praller, mit der Hauptnote beginnend

Das Zeichen **T** kann, ebenso wie ✖ (franz. »Miolement«) und ✸ (span. »Trem-blor«), auch »Vibrato« bedeuten[69].

Die rhythmischen Bezeichnungen stehen – wie für die Laute – über der Tabula-tur und sind wohl zu unterscheiden von den Angaben für *»couler«* (eine Art des Arpeggio-Anschlages), die als Rhythmuszeichen *innerhalb* des Tabulaturliniensys-tems rechts vom Akkord stehen und sowohl die Dauer als auch die Richtung des arpeggierten Akkordes angeben, je nach der Stellung des Notenhalses[69]:

Gitarristen, Vihuelisten und Komponisten vom 16. Jahrhundert bis zur Gegenwart

Bis ins 18. Jahrhundert hinein hat sich die Verschiedenheit von Laute und Gitarre weniger in bau- und spieltechnischen Besonderheiten als vielmehr in gewissen, sich dauernd ändernden musikalisch-soziologischen Gegebenheiten gezeigt, und dies im Verlaufe einer Geschichte, die für beide Instrumente längere Zeit hindurch parallel verlief.

Man darf wohl sagen, dass die Laute in ihrer kultur- und musikgeschichtlichen Bedeutung in der Renaissance die Gitarre überragte. Die unterschiedliche Wertig-

---

69 Vgl. Spielanweisungen und Verzierungstabellen (Seiten XXIV–XXXII) bei Robert de Visée, Suite in sol Minore, Tabulaturübertragung von Alvaro Company und Vincenzo Saldarelli, Edizioni Suvini Zerboni, Mailand 1975.

keit ist aber nicht allein an der überlieferten Spielliteratur abzulesen. Sie erklärt sich vor allem aus jenem minderen soziologischen Milieu, in das die Gitarre als Instrument des Volkes vorerst hineingeboren wurde und aus dem sie sich später als die Laute – mit dem Beginn der Barockzeit – befreien konnte, um dann ebenso wie diese in die adelige und höfische Musikübung Eingang zu finden, ohne aber den Boden der Volkstümlichkeit je ganz zu verlieren. Im Gegensatz zur Laute konnte die Gitarre seit ihrem ersten Auftreten im 13. Jahrhundert, nach mannigfaltigen Wandlungen und trotz wechselnder Geschicke, gerade in der Hand des einfachen Volkes ihre Stellung bis in die Gegenwart behaupten.

Wie bei der Laute sind uns schriftliche Zeugnisse des Gitarrespiels aus dem Mittelalter nicht überliefert. Wir begegnen ihnen erst im Zusammenhang mit den ersten Tabulaturdrucken für die Vihuela auf spanischem Boden in der ersten Hälfte des 16. Jahrhunderts.

Nach Epochen und Ländern geordnet folgt eine Zusammenfassung der wichtigsten Vertreter der Gitarristik von der Renaissance bis zur Gegenwart.

1. Renaissance und Barock

Spanien:

Da man im 16. Jahrhundert in Spanien unter der »guitarra« den kleineren Typus der Vihuela verstand, sind die Vihuelatabulaturen auch für die Gitarristik verbindlich[70]. Die Schaffensperiode, aus der uns die Tabulaturdrucke der sieben spanischen Vihuelisten überliefert sind, umfasst einen Zeitraum von nur 43 Jahren.

a) **Vihuelisten** (in chronologischer Reihung ihrer Tabulaturveröffentlichungen):

Milán, Luis (um 1500 – nach 1561), »Libro de música de vihuela de mano, intitulado El Maestro«, Valencia 1535 (Kolophon: 1536), Abb. 42.
Luis Milán, vielleicht die glanzvollste Erscheinung unter den spanischen Vihuelisten, wurde zu seiner Zeit gleichermaßen als Musiker, Dichter und Höfling gefeiert. »El Maestro« ist das einzige spanische Tabulaturwerk, das keine intavolierte Vokalmusik enthält. Die meisten der 72 Stücke (40 Fantasien, 6 Pavanen, 4 Tentos, 6 doppelt komponierte Villancicos »en castellano« und »en portugues«, 4 Romanzen und 6 italienische Sonette) tragen Tempoangaben und sind als Lehrstücke für den Selbstunterricht gedacht.

---

[70] Vgl. S. 40.

Narváez, Luis de (Granada nach 1500 – nach 1555), »Los seys libros del Delphín de música de cifras para tañer vihuela«, Valladolid 1538.

Aus der Widmung, die Narváez seinen Tabulaturbüchern voranstellte, ist zu schließen, dass er unter den Vihuelisten als erster die Kunst der Variation pflegte und sich somit erstmals in der Musikgeschichte überhaupt der Variationstechnik als selbständiger musikalischer Gattung bediente.

Mudarra, Alonso (vor 1520–1580 Sevilla), »Tres libros de música en cifras para vihuela«, Sevilla 1546.

Dieses Werk enthält erstmals Stücke, die ausdrücklich für die vierchörige Gitarre bestimmt sind (4 Fantasien, 1 Pavane und Variationen über »Guárdame las vacas«).

Valderrábano, Enríques de (16. Jahrh.), »Libro de música de vihuela, intitulado Silva de sirenas«, Valladolid 1547.

Pisador, Diego (um 1509 – nach 1557), »Libro de música de vihuela«, Salamanca 1552.

Fuenllana, Miguel de (geb. um 1500 in Navalcarnero), »Libro de música para vihuela, intitulado Orphenica lyra«, Sevilla 1554.

Das sechste Buch von Fuenllanas Tabulaturdruck enthält, ebenso wie das Werk von Mudarra, Stücke für die vierchörige Gitarre »… para vihuela de quatro órdenes, que dizen guitarra«: 6 Fantasien, 1 Romance »Passeavase el Rey Moro«, 1 Villancico und eine Intavolierung von »Crucifixus est«.

Daza, Esteban (Mitte des 16. Jahrh.), »Libro de música en cifras para vihuela, intitulado el Parnasso«, Valladolid 1576.

Mit diesem Werk schließt die Reihe der Vihuelatabulaturen.

Weitere Primärquellen:

Bermudo, Juan (geb. um 1510 Ecija, Sevilla), »Comiença el libro primero de la declaración de instrumentos«, Ossuna 1549; »Comiença el libro llamado declaración de instrumentos musicales«, Ossuna 1555.

Als der wohl bedeutendste spanische Theoretiker des 16. Jahrhunderts gibt Bermudo sehr ausführlich Antwort über Spieltechnik und Besaitung und spezifiziert eine große Anzahl der damals vorhandenen Vihuelen und Gitarren[71].

Venegas de Henestrosa, Luis (Hinestrosa um 1500 – nach 1557 Toledo?), »Libro de cifra nueva para tecla, harpa, y vihuela«, Alcalá 1557.

Santa Maria, Tomás de (Madrid um 1510–1570 Valladolid?), »Libro llamado arte de tañer fantasia, assí para tecla como para vihuela, y todo instrumento«, Valladolid 1565.

---

[71] Vgl. S. 65, 67.

Cabezón, Antonio de (Castrojeriz/Burgos 1510–1566 Madrid), »Obras de música para tecla, arpa y vihuela«, Madrid 1578.

b) **Gitarristen** (in alphabetischer Reihung):

Amat, Juan Carlos (Joan Carles) (1572–1642), Arzt und Musiker, veröffentlicht das erste Lehrwerk für die fünfchörige Gitarre, »Guitarra española y vándola... de cinco órdenes... y de quatro...«, 1596, verschollen; spätere Ausgaben: Lérida 1626/27, z.T. revidierte Nachdrucke: Barcelona 1639/1640/1674. Die Version von 1639 erlebte während des 18. Jahrhunderts mehrere Nachdrucke: Gerona 1745, ca. 1750, ca. 1765; Valencia 1758.

Ballesteros, Antonio (18. Jahrh.), »Obra para guitarra de seis órdenes«, Madrid 1780.

Briçeño, Luis de (17. Jahrh.), »Método mui facilissimo para aprender a tañer la guitarra a lo español«, Paris 1626.

Ferandiere, Fernando (18. Jahrh.), »Arte de tocar la guitarra española por música«, Madrid 1799.

Guerau, Francisco (17. Jahrh.), »Poema harmonico«, Madrid 1694.

Minguet e Yrol, Pablo (gest. 1801 Madrid), »Reglas, y advertencias generales«, Madrid 1752; sechs überlieferte Faszikel mit abweichenden Titeln tragen die Datierungen 1752, 1754 und 1774 (Abb. 48).

Moretti, Federico (ca. 1765–1838), »Principios para tocar la guitarra de seis órdenes«, Madrid 1799.

Ruiz de Ribayaz, Lucas (17. Jahrh.), »Luz y norte musical para caminar por las cifras de la guitarra española, y arpa«, Madrid 1672/77.

Santiago de Murcia (um 1700), »Resumen de acompañar la parte con la guitarra«, Madrid 1714; »Passacalles y obras de guitarra«, Madrid 1732.

Sanz, Gaspar (1640–1710), »Instrucción de música sobre la guitarra española«, Zaragoza 1674, 2. Auflage 1697.

Portugal:

Leite, António Joaquim da Silva (1759–1833), »Estudio de guitarra«, Porto 1795. Von Leite, einem der führenden Musiker seiner Zeit im nördlichen Portugal, sind »Seis sonatas de guitarra« in der ungewöhnlichen Besetzung von Violine und zwei Hörnern in einem Druck von 1792 erhalten.

Italien:

Melchiore de Barberiis (um 1500 – nach 1549), der älteste Zeuge auf italienischem Boden, fügte im Anhang seiner »Intabolatura di lauto« (Venedig 1549) vier Fantasien »per sonar sopra la chitarra« für die vierchörige Gitarre (»da sette corde«) bei. Wichtigste Vertreter der italienischen Gitarristik im 17. Jahrhundert sind:

Calvi, Carlo (17. Jahrh.), »Intavolatura di chitarra, e chitarriglia«, Bologna 1646.

Colonna, Giovanni Ambrosio (17. Jahrh.), »Intavolatura di chitarra spagnuola«, Mailand 1637.

Corbetta, Francesco, siehe unter Frankreich.

Falconieri, Andrea (Neapel 1586–1656), »Libro primo di villanelle a 1, 2, 3 voci con l'alfabeto per chitarra spagnuola«, Rom 1616.

Foscarini, Giovanni Paolo (Caliginoso detto il furioso) (Lebensdaten unbekannt), »Il primo, secondo, e terzo libro della chitarra spagnola«, o. O., o. J.; »I quatro libri della chitarra spagnola«, o. O., o. J.; »Intavolatura di chitarra spagnola, libro secondo«, Macerata 1629; »Li 5 libri della chitarra alla spagnuola«, Rom 1640; »Inventione di toccate sopra la chitarra spagnuola«, Rom 1640.

Granata, Giovanni Battista (17. Jahrh.), »Capricci armonici sopra la chittariglia spagnuola«, Bologna 1646, »Nuove suonate di chitarriglia spagnuola«, op. 2, o. O., o. J.; »Nuova scielta di capricci armonici e suonate…«, op. 3, Bologna 1651; »Soavi concenti di sonate…«, op. 4, ebd. 1659; »Nuovi capricci… per chitarra spagnuola, violino e viola concertati…«, op. 5, ebd. 1674; »Nuovi soavi concenti di sonate per la chitarra spagnuola et altre sonate concertate a due violini e basso«, op. 6, ebd. 1680; »Armoniosi toni di varie suonate… a due violini, e basso con la chitarra spagnuola«, op. 7, ebd. 1684.

Montesardo, Girolamo (um 1600), »Nuova inventione d'intavolatura per sonare li balletti sopra la chitarra spagnuola, senza numeri e note«, Florenz 1606.

Pellegrini, Domenico (17. Jahrh.), »Armoniosi concerti sopra la chitarra spagnuola«, Bologna 1650.

Roncalli, Ludovico (17. Jahrh.), »Capricci armonici sopra la chitarra spagnuola«, op. 1, Bergamo 1692.

Frankreich:

Auch die frühe französische Gitarre ist vierchörig[72] und wird schon im 14. Jahrhundert mit der Bezeichnung »guiterne«, »guistern« oder »ghiterra« erwähnt (Abb. 30). Von 1551 bis 1555 erscheinen in Paris über zehn Tabulaturbücher (siehe Ballard, Gorlier, Morlaye).

---

[72] Auf eine erste Blütezeit des Gitarrenspiels in Frankreich weist ein anonymer Traktat hin: Manière de bien et justement entoucher le lucs et guiternes (Poitiers 1556), der allerdings auch von sechs- und siebenchörigen Typen berichtet (»sis pour onze, et sept pour treze«). Vgl. W. Boetticher in MGG, Band 5, Spalte 188.

Ballard, Robert (gest. 1588 Paris), fünf »Livre de tablature de guiterre«, Paris 1551–
1554, darunter das 4. Buch mit Kompositionen des Augsburgers *Grégoire Brays-
sing.*

Bailleux, Antoine (1720 – nach 1798), »Méthode de guittarre par musique et tabulature«, Paris 1773.

Campion, François (Rouen 1686–1748), »Nouvelles découvertes sur la guitare«, op. 1,
Paris 1705. Sein Werk enthält als erstes – und vermutlich einziges – Fugen für
Gitarre. Als Lehrer an der Académie Royale in Paris wurde er zum Begründer
des Gitarrenspiels im Rahmen akademischer Musikerziehung.

Corbetta (Corbet, Corbette), Francesco (Pavia 1615–1681 Paris) (Abb. 49), »De
gli scherzi armonici«, Bologna 1639; »Varrii capriccii«, Mailand 1643; »Varrii
scherzi di sonate«, Brüssel 1648; »La guitarre royalle«, Paris 1671; »La guitarre
royalle«, Paris 1674 (andere Sammlung).
Corbetta war gebürtiger Italiener. Als Virtuose bereiste er Europa und stieg
besonders in Paris und London zu hohen Ehren auf, in Paris als Hofgitarrist
Ludwigs XIV., in London am Hofe des Königs von England Charles II. und
als Lehrer der zukünftigen Queen Anne sowie zahlreicher Adeliger des englischen Hofes. Die Titel mancher Suitensätze tragen die Namen seiner noblen
Schüler – Duke of York, Duke of Monmouth und selbst den des Königs. Gaspar
Sanz pries unter den Gitarristen seiner Zeit Corbetta als »El mejor de todos«,
den Besten von allen.

Corrette, Michel (1709–1795), »Les Dons d'Appollon, méthode pour aprendre la
guitare«, Paris 1762.

Gorlier, Simon (16. Jahrh.), »Le troysieme livre… mis en tabulature de guiterne,
Paris 1551.

Lemoine, Antoine-Marcel (1753–1817), »Nouvelle méthode pour la guitare«, Paris
o. J.

Le Roy, Adrian (Paris um 1520–1598), vier Bücher »Tabulature de guiterre«, Paris
1551/52/54/56; »Briefve et facile instruction pour apprendre la tabulature…
sur la guiterne«, 1551 (verschollen); »A Briefe and easye instruction to learne
the tableture«, London 1568, könnte eine englische Übersetzung dieses Werkes
darstellen.

Mersenne, Marin (1588–1648). Die »Harmonie universelle« (Paris 1627) des großen
Universalgelehrten bringt ausführliche Beschreibungen und Abbildungen des
im 17. Jahrhundert gebräuchlichen Instrumentariums, u. a. auch eine fünfchörige Gitarre mit Grifftabelle.

Morlaye, Guillaume (um 1515 – nach 1560), mehrere Bücher für die vierchörige
Gitarre (»Tabulature de guiterne«) mit bibliographischen Lücken, zwischen
1551 und 1553 (Abb. 43, 44).

Visée, Robert de (um 1660 – nach 1720 Paris) gilt als einer der glanzvollsten Gitarristen seiner Zeit, der als Schüler von Francesco Corbetta dessen Nachfolge als Hofgitarrist und Theorbist am Hofe Ludwigs XIV. antritt. Außer zahlreichen Handschriften sind uns die beiden Gitarren-Tabulaturbücher »Livre de guittarre« (Paris 1682) und »Livre de pièces pour la guittarre« (Paris 1686) erhalten (Abb. 47).

England:

In der *Cittern* (Abb. 20, 32) und ihrem größeren Basstypus, der *Pandora* (Abb. 20) – beide zur Familie der Cistern gehörend – sowie im *Orpharion* waren seit dem Mittelalter drei Zargeninstrumente in Verwendung, die als Bindeglieder von der Laute zur Gitarre bis ins 18. Jahrhundert eine wichtige Rolle spielten. *Anthony Holborne* (gest. 1602) schrieb eine »Cittharn Schoole«, London 1597, und *Thomas Morley* (1557–1602?) verwendet Cittern und Pandora in »The first booke of consort lessons«, London 1599/1611, als Continuoinstrumente. Im 17. Jahrhundert war es vor allem der Italiener *Francesco Corbetta*, der die Gitarre in den höfischen Kreisen Londons populär machte. Mit einem Lehrwerk für »Guitarre« von *Nicola Matteis*[73] sind die spärlichen Quellen des Gitarrenspiels in England bis zum Ende des 18. Jahrhunderts so gut wie erschöpft.

Als »English guitar« (vgl. S. 69) blieb bis zum Auftreten von Sor und Giuliani in England ein Cisterntyp in Verwendung, dessen Saitenbezug sechschörig war und wofür *Francesco Geminiani* (1679–1762) ein Lehrwerk verfasste: »The art of playing the guitar or cittra, containing several compositions with a bass for the violoncello or harpsichord«, Edinburgh 1760.

Rudolf Straube (1717 – um 1785), ein Bach-Schüler und als Gitarrist und Lautenist nach 1754 in London tätig, veröffentlichte in moderner Notation »Three sonatas for [English] guittar, with accompanyments for the harpsichord or violoncello … with an addition of two sonatas for the guittar, accompanyd with the violin« (1768) und *Johann Christian Bach* (1735–1782) »A sonata for the guitar with an accompaniment for a violin« (London, o. J.).

Deutschland/Österreich:

Der musikalische Norden Europas hat der Gitarre bei weitem nicht die Popularität und Bedeutung eingeräumt, die das Instrument von Anfang an in den mediterranen Ländern besaß.

---

73 N. Matteis (17. Jahrh.), The false consonances of musick or instructions for the playing of a true base upon the guitarre, London 1682.

Michael Praetorius (1571–1621) beschreibt im »Syntagma musicum« (*De Organographia*, Wolfenbüttel 1619) die in Deutschland mit »*Quinterna*«[74] bezeichnete fünfchörige Gitarre als ein Instrument »zum Schrumpen, darein sie Villanellen und andere närrische Lumpenlieder singen. Es könnten aber nichts desto weniger auch andere feine anmuthige Cantiunculae und liebliche Lieder von einem guten Sänger und Musico Vocali darein musicirt werden.« Bei dem in Rom ansässigen *Johannes Hieronymus Kapsberger* (Deutschland um 1575 – um 1650 Rom) wird die Gitarre als Begleitinstrument zu ein- bis dreistimmigen Villanellen verwendet[75]. Kapsberger macht somit die neuen musikalischen Ausdrucksmittel der Frühmonodie erstmalig der Gitarre und Laute zugänglich. In seiner Arien-Sammlung »Musicalische Gemüths-Ergötzung«, Dresden 1689, stellt *Jakob Kremberg* (um 1650–1718) in gleich lautenden Sätzen als Continuoinstrumente Laute, Angelica, Viola da Gamba und Gitarre gegenüber.

Von *Johann Anton Logy* (Jan Antonín Losy von Losinthal, um 1645–1721), einem der bedeutendsten böhmischen Gitarren- und Lautenmeister, sind eine Reihe von Handschriften erhalten, die ihn als geistvollen Beherrscher der spanisch-italienischen Rasgueado- und Punteado-Manier ausweisen.

Aus der Zeit von *Georg Friedrich Händels* letzter Italienreise (1708/9) schließlich stammt eine »Cantata spagnuola a voce sola e chitarra«, in der die Gitarre als Continuoinstrument Verwendung findet.

Christian Gottlieb Scheidler (ca. 1752–1815) ist der erste namhafte Gitarrist in Deutschland, wo das Instrument um 1800 zu großer Mode gelangt, nachdem die Umstellung in der Notation von der Tabulatur zur modernen Notenschrift vollzogen und die Sechssaitigkeit des Instruments etabliert war.

2. Klassik und Romantik

In fast allen europäischen Ländern beginnt um 1800 eine reiche Pflege des Gitarrenspiels, das in den drei Musikzentren Wien, Paris und London seine Stützpunkte findet. In *Wien* hat die Gitarre spätestens im 17. Jahrhundert Wurzeln gefasst. Charles Burney berichtet in seinem »Tagebuch einer musikalischen Reise« über einen portugiesischen Abbé namens Antonio Costa, der sich in Wien nach 1750 niedergelassen hatte und in Musik liebender, erlesener Gesellschaft, in der sich auch Christoph Willibald Gluck befand, Gitarre spielte. Um und nach 1800 fand das Instrument, dessen Pflege vorher in der Hauptsache der vornehmen Gesell-

---

[74] Dieselbe Bezeichnung verwendet *Martin Agricola* (1486–1556) hundert Jahre vorher in seiner Musica instrumentalis deudsch, Wittenberg 1529, a.a.O.

[75] J. H. Kapsberger, Libro primo di villanelle ... con l'intavolatura del chitarrone et alphabeto per la chitarra spagnola, Rom 1610.

schaft anvertraut war, überraschend schnell Eingang in alle Schichten der Bevölkerung. So war die Gitarre auch in *Franz Schuberts* Umgebung keinesfalls unbekannt. Sein Schaffen fällt vielmehr in die Zeit der Hochblüte der Gitarrenkunst, die auf Wiener Boden eine Reihe namhafter Gitarristen aufzuweisen hat:

Call, Leonhard von
(1767–1815)
Diabelli, Anton
(1781–1858)

Matiegka, Wenzeslaus (Wenzel)
(1773–1830)
Mertz, Johann Kaspar (Caspar Joseph)
(1806–1856)

Simon Molitor (1766–1848) ist wohl der bedeutendste Vertreter der Wiener Gitarristik vor *Giuliani.* Seine »Grosse Sonate für die Guitare«, op. 7 sollte »als Probe einer besseren Behandlung dieses Instruments« verstanden werden und, wie Molitor in der umfangreichen Vorrede zur Erstausgabe der Sonate op. 7 von 1806 betont, als ein erster Versuch, »auf der Guitare allein ein ganzes, mit beständiger Rücksicht auf die Regeln und Forderungen der Kunst ausgeführtes Tonstück darzustellen«.

Johann Nepomuk Hummel und Ignaz Moscheles traten in öffentlichen Wiener Konzerten mit Giuliani auf, die Schwestern Fröhlich, mit denen Schubert und Grillparzer befreundet waren, sangen Lieder zur Gitarre, »Beethoven hörte gelegentlich eigene Werke von den Schwestern Malfatti auf der Gitarre vorgetragen« (W. Boetticher, MGG 5, Spalte 192), und selbst Franz Grillparzer schrieb in sein Tagebuch: »Ich klimpere wieder manchmal etwas auf der Gitarre. Mein Klavier ist mir verleidet, da es in einem Zimmer steht, wo ich gehört werde wenn ich spiele.«

1806 kündigt die »Wiener Zeitung« aus dem Katalog des Musikverlages Artaria & Co. »Das Veilchen« und »Abendempfindung« von W. A. Mozart, 1807 Beethovens »Adelaide« in Bearbeitungen für Singstimme und Gitarre von Wenzeslaus Matiegka an. Das »Handbuch der Musikalischen Litteratur« von Carl Friedrich Whistling und Friedrich Hofmeister (Leipzig 1817, 2. erweiterte Auflage 1828) verzeichnet 26 ein- und mehrstimmige Gesänge von Franz Schubert in Bearbeitungen für Gitarre, die zu Lebzeiten des Komponisten im Druck erschienen, die Mehrzahl davon in Simultanfassungen für Gitarre und Klavier. Im Anhang zur Ausgabe »Lieder mit Gitarrenbegleitung« führt Josef Zuth 62 Lieder von Franz Schubert an, die zwischen 1820 und 1850 in Bearbeitung für Gitarre erschienen sind. Ankündigungen über Neuerscheinungen von Schubert-Liedern in Whistlings Handbuch sowie Vergleiche, die Thomas F. Heck zwischen den Druckplatten-Nummern der Gitarre- und Klavierausgaben des Wiener Verlagshauses Cappi & Diabelli anstellte, lassen vermuten, dass drei Lieder – »Schäfers Klagelied« (D 121), »Der Wanderer« (D 493) und »Morgenlied« (D 685) – in der Version mit Gitarrenbegleitung als Erstausgaben der Drucklegung in der Klavierfassung vorangingen.

Der amerikanische Musikologe Thomas F. Heck beleuchtete bisher unbeachtet gebliebene oder höchstens spekulativ behandelte Zusammenhänge und Details zur Frage: »Schubert Lieder with guitar ... permissible?«, die er als Titel für seine ausführliche Analyse dieses heiklen Fragenkomplexes wählte[76].

»Manche Gesänge Schuberts stehen tatsächlich der Gitarre besser an als dem Klavier. Es ist dies schon dem Zeitgeist zu entnehmen, aus dem heraus auch Schubert schuf: Der empfindsame Einschlag der damaligen Dicht- und Tonkunst verlangte stellenweise geradezu nach dem sentimental-anmutigen Klangcharakter der Gitarre.«[77]

Da bis heute außer einem Terzett für drei Männerstimmen und Gitarre[78] kein Autograph gefunden wurde, ist die Urheberschaft des Meisters in den Gitarrebegleitungen zu den bis 1828 erschienenen Liedern nicht nachzuweisen.

Hingegen konnten u. a. die Wiener Gitarristen Franz Pfeifer, Josef Wanczura und vor allem Anton Diabelli als Bearbeiter ermittelt werden.

Das Quartett für Flöte, Gitarre, Viola und Violoncello hat Otto Erich Deutsch als Bearbeitung von Matiegkas Notturno op. 21 für Flöte, Viola und Gitarre identifiziert, zu dem der siebzehnjährige Schubert eine Cello-Stimme komponiert hatte.

Eine Gitarre aus dem Nachlass des Meisters, die aus der Werkstätte des bekannten Wiener Instrumentenbauers *Johann Georg Staufer* (1778–1853) stammt, ist heute im Besitze des Wiener Schubertbundes (Abb. 37)[79].

Eine der glanzvollsten Erscheinungen unter den Gitarrevirtuosen des 19. Jahrhunderts war *Mauro Giuliani* (1781–1829) (Abb. 52). Er ließ sich 1806 in Wien nieder und wirkte hier als Solist, Lehrer und Komponist, war mit Diabelli, Hummel und Spohr befreundet und erfreute sich der Wertschätzung Beethovens[80].

Die Berichte über das Auftreten Giulianis in Wien überschlugen sich vor Begeisterung. So schreibt die »Allgemeine musikalische Zeitung« im Mai 1808[81]: »Am 3ten dieses [Monats] gab M. Giuliani, vielleicht der erste aller Gitarre-Spieler, welche bis jetzt existieren, im Redoutensaal eine Akademie mit verdientem Bey-

76 Th. F. Heck, Schubert Lieder with guitar … permissible?, »Soundboard«, Vol. III, No. 4; Vol. IV, No. 1/2, Guitar Foundation of America, Cypress, California 1976/77.
77 J. Zuth, Gitarrenpflege in Wien zur Zeit Schuberts, Vorwort zur kritischen Ausgabe: Lieder mit Gitarrenbegleitung aus der Zeit von 1820–1850 von Franz Schubert, Edition Strache, Wien 1929.
78 Ein Faksimile des Autographs dieser Kantate (»Ertöne Leier zur Festesfeier!«), die Franz Schubert zur Namensfeier seines Vaters im Jahre 1813 komponierte, hat Karl Scheit der Neuausgabe beigefügt; L. Doblinger, Wien 1960.
79 J. G. Staufer baute 1823 auch jene Streichgitarre oder »guitare d'amour«, für die Schubert ein Jahr später seine »Arpeggione-Sonate« schrieb; vgl. Abb. 41.
80 J. Zuth, Handbuch, a.a.O.; K. Benyovsky, J. N. Hummel – der Mensch und Künstler, Bratislava 1934, auszugsweise in: The birth of the classic guitar von Th. F. Heck, a.a.O.
81 Th. F. Heck, The birth of the Classic Guitar, a.a.O.

falle. Man muss diesen Künstler durchaus selbst gehört haben, um sich einen Begriff von seiner ungemeinen Fertigkeit und seinem präcisen, geschmackvollen Vortrage machen zu können.«

6. Juni 1810:
»Am 23sten gab Hr. Mauro Giuliani, vielleicht einer der grössten jetzten lebenden Virtuosen auf der Guitarre, zu seinem Vortheile in dem kl. Red. Saal Concert, und erntete vielen Beyfall.«

13. Januar 1815:
»Auch Hr. Louis Spohr … gab am 11ten, und Hr. Mauro Giuliani am 26sten Concert im kl. Red. Saale. Beyde Künstler bewahrten ihren Ruf als vollendete Meister ihrer Instrumente, erster auf der Violine, letzterer auf der Guitarre.«

Im »Intelligenzblatt der österreichischen Literatur, Vaterländische Blätter« vom 11. April 1818 findet sich folgende Notiz: »Auf der Harfe zeichnet sich Magd. Gollenhofer, deren Talente noch von keinem Künstler auf diesem Instrumente übertroffen worden, ehrenvoll aus. Ein Gleiches ist in der Guitarre von Hrn. M. Giuliani zu sagen, dessen unermüdetes Studium dieses Instrument zur höchsten Vollendung gebracht, und dessen sich meines Wissens noch kein Künstler ausser ihm rühmen kann.«

Giuliani hat über 200 Werke für Gitarre geschrieben, die weitgehend dem Geschmack der Gesellschaft entsprachen, für die sie komponiert waren und in deren Umgebung sie vorwiegend erklangen: im Wiener Salon.

Zu den wertvollsten Kompositionen Giulianis zählen seine drei Konzerte mit Orchester, op. 30, 36, 70, letzteres für Terzgitarre, sowie seine Etüden op. 48, die heute noch zur nützlichen Übungsliteratur gehören. Sieht man von den »6 Conciertos de Guitarra á grande orquesta« ab, die *Fernando Ferandiere* in einem Kompositionskatalog neben zahlreichen Kammermusikwerken verschiedenster Besetzungen im Anhang zu seinem Lehrwerk »Arte de tocar la guitarra española« (Madrid 1799) anführt, so »kann man Giuliani als den Schöpfer des modernen Gitarrenkonzertes betrachten, das sich mit Autorität unter die hoch entwickelten Formen seiner Epoche einreiht. Im Konzert op. 30 tritt das Instrument mit Schwung und Natürlichkeit in einer Konstruktion von ganz beträchtlichen Ausmaßen hervor und erreicht dadurch eine Schreibart von absoluter Perfektion, die in der Gitarrenliteratur des 19. Jahrhunderts nicht übertroffen wurde« (R. Chiesa). Aber auch viele seiner Solo- und Kammermusikstücke zählen zum unverzichtbaren Bestand des Studien- und Konzertrepertoires. Freilich verlangen einzelne Werke vom Interpreten ein beachtliches technisches Können und musikalische Raffinesse, um sie voll zur Geltung zu bringen.

Giuliani war einer der ersten Gitarrekomponisten, der für das Instrument eine polyphone Notation verwendete, bei der sich die Stimmen durch die Richtung der Notenhälse unterschieden[82]:

Bis Giuliani übliche Notation (geigenartig)

Notation seit Giuliani (polyphon)

In Wien siedelte sich zwischen 1829 bis 1837 der in Varaždin geborene und dort auch verstorbene kroatische Gitarrist und Komponist *Ivan Padovec* (1800–1873) an, wo er Konzerte gab, Verleger für seine Musik fand, u.a. Diabelli, Haslinger, Pennauer, und durch den Gitarrenunterricht für seinen Lebensunterhalt sorgte. Konzertreisen führten ihn nach Prag, Triest, Frankfurt, Hamburg und nach Polen. In Wien veröffentlichte er 1842 seine »Theoretisch-practische Guitarreschule nebst der Anweisung zum Spiele einer zehnsaitigen Gitarre«, die auf seine Anregung von der bekannten Wiener Meisterwerkstätte Johann Georg Staufer gebaut wurde.

Johann Kaspar (Caspar Joseph) Mertz (1806–1856) gilt zweifellos als einer der brillantesten Vertreter des allmählich erlöschenden Virtuosentums der Romantik und zugleich der Wiener Gitarristik. Seine Kompositionen – Romanzen, Fantasien und vor allem die in op. 13 zusammengefassten »Bardenklänge« – erfreuen sich besonders auf der *Romantischen Gitarre* auferstandener Beliebtheit. Die originalgetreue Wiedergabe seiner Werke benötigt ein acht- bis zehnsaitiges Instrument.

Die Geschichte der Gitarre wurde im 19. Jahrhundert überwiegend von Italienern und Spaniern gestaltet, die jedoch wegen mangelnder Gunst und Förderung in ihrer Heimat meist im Ausland tätig waren. Neben Wien boten sich Paris und London als kunstsinnige und profitable Wirkungsstätten für Musiker aus ganz Europa an.

Dionisio Aguado (1784–1849) (Abb. 50) kam aus Madrid für einige Jahre nach Paris, wo er bald »der Liebling der Salons und Konzertsäle wurde und mit seinem großen Zeitgenossen Sor Freundschaft schloß«[83]. Die Grundzüge der klassischen Gitarrentechnik hat Aguado in seiner Schule »Nuevo Método para Guitarra«

---

82 M. Giuliani, Oeuvres choisies pour guitare, herausgegeben von Th. F. Heck, Heugel, Paris 1973.
83 J. Zuth, Handbuch, a.a.O.

(Madrid 1843) festgehalten, dem detailliertesten Lehrwerk des 19. Jahrhunderts, dem 1825 und 1834 zwei weitere Schulen von unterschiedlichem Inhalt vorausgegangen waren.

Ferdinando Carulli (1770–1841), gebürtiger Neapolitaner, ließ sich ebenfalls in Paris nieder, wo er Triumphe feierte. Er schrieb an die 350 Kompositionen, darunter eine Gitarrenschule op. 241 (Paris 1811), die weiteste Verbreitung gefunden hat[84] sowie eine Methode für die zehnsaitige Gitarre (»Méthode complète pour le Décacorde, Nouvelle Guitare, op. 293«, siehe auch Bibliographie). Ferner komponierte er zahlreiche Solostücke, Duos in verschiedenster Besetzung und Konzerte mit Orchester. Viele seiner Kompositionen sprechen eine zwar einfache, z.T. jedoch recht charmante Sprache, die ihren Verwendungszweck im Dilettantenkreise nicht verleugnet.

Der aus Florenz stammende *Matteo Carcassi* (1792–1853) machte ebenfalls in Paris Karriere, wo (1836) seine dreiteilige Gitarrenschule op. 59 erschien. Am längsten haben sich die Etüden op. 60 gehalten.

Luigi Legnani (1790–1877), als reisender Virtuose in vielen Städten Europas gefeiert, konzertierte mit Paganini. Seine 36 Capricen op. 38 sind virtuose Etüden, die den Einfluss seines Duo-Partners erkennen lassen. In Wien, wo Legnani auf seinen Konzertreisen zwischen 1819 und 1838 mehrere Male konzertierte, hinterließ sein Spiel nicht nur eine nachhaltige Wirkung auf die dort in hoher Blüte stehende Gitarrenkunst; er machte auch auf dem Gebiet des Gitarrenbaus seinen Einfluss geltend.

Niccolò Paganini (1782–1840), der glänzendste Violinvirtuose der Musikgeschichte, war auch ein hervorragender Gitarrist, der Effekte von der Gitarre auf die Violine übertrug. Im Druck erschienen u. a. je sechs Sonaten (op. 2 und op. 3) für Violine und Gitarre, Trios und Quartette sowie eine Reihe kleiner Solostücke. Mit Ausnahme der »Grand sonata a chitarra sola con accompagnamento di violino« und der »Sonata concertata« hat die Gitarre in den Kammermusikwerken lediglich Begleitfunktionen. Die so genannte »Paganini-Gitarre« (Abb. 38a), ein Instrument von Grobert, wurde später Hector Berlioz überreicht, der sie der Instrumentensammlung des Pariser Konservatoriums schenkte.

In *Giulio Regondi* (1822–1872) besaß die Gitarristik des 19. Jahrhunderts einen außergewöhnlichen Virtuosen, der bereits im Alter von acht Jahren auf seinen Konzerten in den musikalischen Zentren Europas – Paris und London, und später in Wien und Prag – durch sein Spiel Aufsehen erregte, das in Presseberichten mit dem Niccolò Paganinis und Franz Liszts verglichen wurde.

---

84 Ursprünglich als »Méthode complète de guitare ou lyre« in 3 Teilen (op. 27, op. 61 und op. 71) erschienen, o. J. (wohl um 1795).

Hector Berlioz (1803–1869) war ein glühender Verehrer der Gitarre, die er in seiner »Grossen Instrumentationslehre« behandelte[85]. Er schreibt darin unter anderem: »Gut für Gitarre zu schreiben ist beinahe unmöglich, wenn man sie nicht selbst spielt. Gleichwohl sind die Komponisten, die sie verwenden, meistens weit davon entfernt, das Instrument zu kennen; sie geben ihm dann auch Dinge zu spielen, die wohl außerordentlich schwierig sind, aber weder klingen noch irgend eine Wirkung hervorbringen ... Um sich einen Begriff davon zu machen, was die Virtuosen auf diesem Gebiet leisten können, muss man die Kompositionen berühmter Gitarrespieler, wie Zanni de Ferranti, Huerta, Sor usw., studieren.«

Fernando Sor (Abb. 51), mit Giuliani, Aguado, Legnani und Regondi der hervorragendste Interpret und zweifellos der gediegenste Komponist für Gitarre im 19. Jahrhundert, wurde am 14. Februar 1778 in Barcelona geboren. Als Sohn eines Musik liebenden Kaufmanns besuchte er einige Jahre die Kadettenschule und war später vorübergehend Offizier im Heer und Verwalter von Ländereien des Herzogs von Medina-Celi. Seine musikalische Ausbildung erhielt er im Kloster Montserrat. In politische Aktivitäten verstrickt, musste er als Franzosenfreund 1813 nach Frankreich flüchten. Bis 1815 hielt er sich in Paris auf, ehe er nach London übersiedelte, wo er durch sein meisterhaftes Spiel bald Aufsehen erregte und auch als Gesangslehrer Anerkennung fand.

1823 nach Paris zurückgekehrt, heiratete Sor hier die Tänzerin Félicité Virginie Hullin und begleitete seine Frau nach Moskau, nachdem sie am Großen Theater eine Anstellung als Primaballerina gefunden hatte. Sor konzertierte als Solist am Hofe von St. Petersburg und kehrte gegen 1827 wieder nach Paris zurück, »wo er vergeblich versuchte, seine Bühnenwerke zur Aufführung zu bringen. Da auch seine Gitarrenkompositionen den Liebhabern zu schwierig waren und wenig Absatz fanden, lebte er in ungünstigen Verhältnissen.«[86] Er starb am 10. Juli 1839 in Paris. Als Gitarrenkomponist steht Sor weit über allen Gitarristen der klassisch-romantischen Epoche. Von der Art, wie er die Gitarre als Interpret und Komponist behandelt hat und damit Aufsehen bei seinen Zeitgenossen erregte, gibt ein Artikel in der »Allgemeinen musikalischen Zeitung« (Leipzig 1823) Auskunft: »Sor ist unbezweifelt der erste Gitarrenspieler der Welt; es ist unmöglich, sich einen Begriff davon zu machen, zu welchem Grade der Vollkommenheit er dies ... Instrument erhoben hat ... Sors grösste Stärke ist die freye Phantasie: er spielt immer drey- und vierstimmig.«

Außer 67 Werken für Gitarre komponierte Sor zwei Sinfonien, drei Streichquartette, Ballette, Opern, Lieder, Klavier- und Kirchenmusik. Sor erwarb sich auch Verdienste um die Entwicklung des Gitarrenbaus (Lacôte, Panormo).

---

[85] H. Berlioz, Grand traité d'instrumentation modernes, op. 10, Paris 1844, a.a.O.
[86] J. Zuth, Handbuch, a.a.O.

Verzeichnis sämtlicher Werke für Gitarre von Fernando Sor[87]

1. Six Divertissements, op. 1
2. Six Divertissements, op. 2
3. Thème varié suivi d'un Menuet, op. 3
4. Deuxième Fantaisie, op. 4
5. Six petites pièces très faciles, op. 5
6. Douze Etudes, op. 6
7. Fantaisie, op. 7
8. Six Divertissements, op. 8
9. Introduction et variations sur un thème de Mozart, op. 9
10. Troisième Fantaisie, op. 10
11. Deux thèmes variés et douze menuets, op. 11
12. Quatrième Fantaisie, op. 12
13. Divertissement, op. 13
14. Grand Solo, op. 14
15. Les Folies d'Espagne avec variations et un menuet, op. 15a
16. Sonate, op. 15b
17. Marche du ballet de »Cendrillon«, op. 15c
18. Cinquième Fantaisie et variations sur »Nel cor piú non mi sento« de Paisiello, op. 16
19. Six Valses (Cahier I), op. 17
20. Six Valses (Cahier II), op. 18
21. Six Airs choisis de l'opéra »Il Flauto Magico« de Mozart, op. 19
22. Introduction et thème varié, op. 20
23. Les Adieux (La Despedida), op. 21
24. Grande Sonate, op. 22
25. Cinquième Divertissement très facile, op. 23
26. Huit petites pièces, op. 24
27. Deuxième Grande Sonate, op. 25
28. Introduction et variations sur l'air »Que ne suis-je la fougère«, op. 26
29. Introduction et variations sur »Gentil Housard«, op. 27
30. Introduction et variations sur »Malborough se'en va-t-en guerre«, op. 28
31. Douze Etudes (suite de l'œuvre 6), op. 29
32. Fantaisie et variations brillantes, op. 30
33. Vingt-Quatre leçons progressives pour les Commençants, op. 31
34. Six petites pièces, op. 32
35. Trois pièces de société, op. 33
36. Trois pièces de société (seconde collection), op. 34 (Simrock edition). Andere Ausgaben vermerken »L'Encouragement« als op. 34
37. Vingt-quatre exercices, op. 35
38. Trois pièces de société, op. 36 (identisch mit op. 34 der Simrock-Ausgabe)
39. Sérénade, op. 37
40. Divertissement pour deux guitares, op. 38
41. Six valses pour deux guitares, op. 39
42. Fantaisie et variations sur un air écossais, op. 40
43. Les deux amis (Los dos amigos), op. 41

---

87   W. G. Sasser, The Guitar Works of Fernando Sor, Dissertation, The University of North Carolina 1960; University Microfilms, Ann Arbor, Michigan 1961.

44. Six petites pièces, op. 42
45. Mes ennuis, 6 bagatelles, op. 43
46. Vingt-quatre morceaux pour servir de leçons, op. 44
47. Voyons si c'est ça, six petites pièces faciles, op. 45
48. Souvenir d'amitié, Fantaisie, op. 46
49. Six pièces progressives, op. 47
50. Est-ce bien ça?, op. 48
51. Divertissement militaire, Duo, op. 49
52. Le Calme, Caprice, op. 50
53. A la bonne heure!, op. 51
54. Fantaisie Villageoise, op. 52
55. Le premier pas vers moi, Duo, op. 53
56. Morceau de concert, op. 54
57. Trois duos faciles et progressifs, op. 55
58. Souvenirs d'une soirée à Berlin, Fantaisie, op. 56
59. Six valses et un galop, op. 57
60. Fantaisie pour guitare seule, op. 58
61. Fantaisie élégiaque, op. 59
62. Introduction à l'étude de la guitare, op. 60
63. Trois duos faciles, op. 61
64. Divertissement pour deux guitares, op. 62
65. Souvenir de Russie, Duo, op. 63
66. Tre danze nazionali spagnole
    a. Bolero
    b. Tirana
    c. Manchegas
67. Méthode pour la Guitare, »Propriété des Editeurs«, Fernando Sor (Paris 1830), Simrock (Bonn 1830). Eine verstümmelte Ausgabe durch Napoleon Coste erschien bei Lemoine, Paris 1832.
    Die Partitur einer »Sinfonie concertante« für Gitarre und Streicher gilt als verschollen.

Werke für Harpolyre

1. Marche funèbre
2. Trois pièces
3. Six petites pièces progressives

In der Kette jener Gitarrenvirtuosen, die die traditionelle *spanische Gitarrenschule* begründeten und die von Sor, Aguado über Tárrega, Llobet, Fortea, R. Sainz de la Maza zu Pujol, Segovia und Yepes ununterbrochen bis in die Gegenwart reicht, war *Julián Arcas* (1832–1882) ohne Zweifel der herausragendste, virtuoseste Spieler seiner Zeit. Tárrega, der vergeblich Unterricht bei Arcas in Barcelona suchte, hat gleichwohl dessen Technik übernommen und darauf weiter aufgebaut[88].

Napoléon Coste (1805–1883), Schüler von Fernando Sor, siedelte sich 1830 in Paris an, wo er mit Aguado, Sor, Carcassi und Carulli in Verbindung trat. Ein Unfall, bei dem sich Coste einen Bruch des rechten Armes zuzog, beendete seine viel versprechende Karriere als Solist. Von den 53 Kompositionen haben sich die

---

[88] Vgl. J. Arcas, Obras completas para Guitarra, a.a.O.

Etüden op. 38 bis heute als unerlässliche Übungsliteratur zur höheren Ausbildung des Akkord-, Legato- und Lagenspiels erwiesen.

Seine recht virtuosen Kompositionen – Fantasien, Variationswerke, Tänze, Opernparaphrasen und Konzertpiecen mit z. T. programmatischen Titeln wie »Le Départ«, »Le Passage des Alpes«, »Le Zuyderzee« u.a. sind von beachtlichem Erfindungsreichtum; sie haben nicht zuletzt durch die Wiedererweckung der Romantischen Gitarre wieder einen festen Platz in den Konzertprogrammen von heute. N. Coste fügte seiner Gitarre eine 7. Saite – auf D gestimmt – hinzu.

Carl Maria von Weber (1786–1826), der mit dem Gitarrenspiel vertraut war, schrieb außer dem Divertimento op. 38 für Gitarre und Klavier über 20 Lieder, die ursprünglich in autorisierter Gitarrenfassung bzw. in Simultanausgaben für Gitarre und Klavier im Druck erschienen. Ältere Drucke (Erstausgaben?) von Weber-Liedern, veröffentlicht bei Böhme in Hamburg, Gombart in Augsburg, Hofmeister in Leipzig und bei Schlesinger in Berlin, verwahren u.a. die Bayerische Staatsbibliothek in München, die Hamburger Staatsbibliothek, die Gesellschaft der Musikfreunde in Wien, die Österreichische Nationalbibliothek Fond Albertina, die Wiener Stadtbibliothek im Rathaus und die Staatsbibliothek zu Berlin – Preußischer Kulturbesitz[89].

Die aus dem Besitz Carl Maria von Webers stammende, ihm von seiner Braut, Caroline Brandt, geschenkte und von seiner Enkelin, Frau Maria von Wildenbruch, geb. von Weber, der »Sammlung alter Musikinstrumente bei der Königlichen Hochschule für Musik zu Berlin« geschenkte Gitarre gehört zu den Kriegsverlusten des Musikinstrumenten-Museums »Staatliches Institut für Musikforschung, Preußischer Kulturbesitz«, in dem das Instrument zuletzt, bis zum Zweiten Weltkrieg, seinen Aufbewahrungsort hatte (Abb. 38b). Über C. M. von Weber und seine Gitarre schreibt Oskar Fleischer in »Königliche Hochschule für Musik zu Berlin, Führer durch die Sammlung alter Musik-Instrumente«, Berlin 1892, S. 60: »Das Instrument begleitete ihn auf allen seinen Reisen, die er als jüngerer Mann machte und er sang zu ihr seine Lieder, die mit Guitarrenbegleitung geschrieben sind.«

Von *Luigi Boccherini* (1743–1805) wird die Gitarre in einer »Sinfonia concertante« op. 10/4, G. 523 sowie in 12 Quintetten verwendet, von denen heute acht in Neuausgaben vorliegen[90]. Trotz Boccherinis Abneigung gegen spanische Volksmu-

---

89 C. M. von Weber, Gitarrelieder, NA von K. Scheit, L. Doblinger, Wien.

90 Ruggero Chiesa, Sei Quintetti per quartetto d'archi e chitarra G. 445–450, Edizioni Suvini Zerboni, Mailand 1973; Yves Gérard, Sei Quintetti con chitarra, Heugel & Cie., Paris 1974.
Erstes Quintett D-Dur, zweites Quintett C-Dur, drittes Quintett e-Moll (G. 448, G. 551, G. 453), bearbeitet und herausgegeben von Heinrich Albert, Verlag W. Zimmermann, Frankfurt a. M., o. J. Die bis heute unauffindbaren übrigen vier Quintette sind bei Y. Gérard im Thematic, Bibliographical and Critical Catalogue of the Works of Luigi Boccherini (Oxford University Press, London 1969) unter der Sammelnummer G. 452 erwähnt, a.a.O.

sik enthält das vierte Gitarrenquintett in D-Dur einen Fandango, der ursprünglich in Op. 40, No. 2 mit folgender Anmerkung des Komponisten erscheint: »Quintett, den von Padre Basilio auf der Gitarre gespielten Fandango imitierend.«[91]

Eine der beachtenswertesten musikalischen Erscheinungen des 19. Jahrhunderts ist das Hervortreten von Komponisten oder Komponistengruppen, mit denen sich Nationen, die bisher am Musikleben nur geringen eigenschöpferischen Anteil genommen hatten, unter bewusster Betonung ihrer nationalen Eigenart in das europäische Konzert einfügen. Glinka, Mussorgsky, Borodin, Smetana, Dvořák, Albéniz, Granados und de Falla – ihnen allen gemeinsam ist das Bemühen um eine von der Nachahmung italienischer, deutscher oder französischer Vorbilder sich lösende Musik, die ihre Substanz über den Weg der Volksmusikforschung aus der nationalen Folklore bezieht.

In den Gitarren-Bearbeitungen der Klavierstücke von *Isaac Albéniz* (1860–1909) und *Enrique Granados* (1867–1916) werden harmonische und rhythmische Eigentümlichkeiten, Klang und Farbe spanischer Musik weit deutlicher als in der Klavierfassung, kennzeichnet doch das Timbre der Gitarre die Quelle musikalischer Inspiration im Œuvre beider Komponisten. Albéniz selbst soll Francisco Tárregas Gitarren-Transkriptionen den Originalen vorgezogen haben.

Wenngleich der überwiegende Teil ihrer Wirkungszeit in das 20. Jahrhundert fällt, ist das Schaffen der beiden lateinamerikanischen Komponisten – das des Mexikaners *Manuel María Ponce* (1882–1948) wie des Brasilianers *Heitor Villa-Lobos* (1887–1959) – von ähnlichen Bemühungen getragen, die das 19. Jahrhundert kennzeichnen: Die Schaffung eines nationalen Musiklebens auf der Basis des Volksmusikguts. Ihre Kompositionen für Gitarre, in denen sich folkloristische Einflüsse mit Stilelementen der Romantik (Neoromantik), des Impressionismus und des Barock (Neoklassizismus) verbinden, sind aus einer eminenten Kenntnis des Instruments heraus geschrieben. Besonders Villa-Lobos hat der Gitarre neue Klangmöglichkeiten wirkungsvoll erschlossen, die nicht ohne Einfluss auch auf andere Komponisten dieses Jahrhunderts blieben.

Der Dritte im Bunde, der auf alle südamerikanischen Komponisten, die für Gitarre schrieben – einschließlich Villa-Lobos – den stärksten Einfluss ausübte, ist der paraguayische Gitarrist und Komponist *Agustín Barrios* (1885–1944); den Beinamen Mangoré legte er sich in Verehrung für einen Indianerhäuptling aus dem Dschungel Paraguays selbst zu. Als Spieler von genialischer Begabung beeinflusste er mit seiner außergewöhnlichen Anschlagstechnik und poetischen Interpretationskunst auch *den* »raising star« unter den Virtuosen der Zwanzigerjahre: Andrés Segovia.

---

[91] H. Turnbull, The Guitar, a.a.O.

Seine Kompositionen, eine bezaubernde Mischung aus indianischen, weiß-schwarz-südamerikanisch-folkloristischen Stilelementen mit neoromantischer Tonsprache, zählen längst zum gängigen Gitarrenrepertoire unserer Tage. »Dem Vernehmen nach war Barrios der erste ›klassische Gitarrist‹, der eine Schallplatte aufnahm: eine vollständige Suite von J.S. Bach« (P. Päffgen, »Die Gitarre«, a.a.O.).

3. Das 20. Jahrhundert

Während die Gitarre auf der breiten Grundlage ihrer nationalen Existenz in den romanischen Ländern die Zeiten überdauerte, erhielt das Gitarrenspiel im deutschen Sprachraum erst durch die blühende Quellenforschung gegen Ende des 19. Jahrhunderts, im Zuge der Wiederbelebung des alten Volksliedes – vorbereitet durch die Dichter der Romantik – sowie in der Jugendbewegung (»Wandervogel«) um 1900, neue Impulse. In Deutschland war es vor allem *Heinrich Albert* (1870–1950), der durch seine Lehr- und Konzerttätigkeit auf die Gitarre als Soloinstrument wieder aufmerksam machte. Neben ihrer Funktion als bevorzugtes Begleitinstrument zu Volksliedern wurde die Gitarre vorerst auch das Instrument zur Wiedergabe alter Lautenmusik. Durch die Schaffung einer zeitgemäßen Spiel- und Konzertliteratur, die anfänglich im Sinne der spanisch-folkloristischen Tradition komponiert war, erwuchsen der Gitarre allmählich wieder Möglichkeiten, auch im modernen Konzertleben unseres Jahrhunderts integriert zu werden. Ihr eigenartiges, impressionistisches Kolorit wurde bald von zahlreichen Komponisten zu musikalischen Stimmungswerten genutzt. Den Platz im Ensemble der Avantgarde haben ihr schließlich *Schönberg*, *Webern* und *Boulez* zugewiesen.

Das Interesse und die Begeisterung für die Gitarre erfasste im Verlauf der letzten fünfzig Jahre nahezu alle Bereiche musikalischer Betätigung, so dass sie ihre Förderung auf einer breiten Basis erhielt. In gleichem Maße, wie sich die »moderne« Gitarre ein immer größeres Publikum erobert, erfährt andererseits ihre schlankere Vorläuferin, die *Romantische Gitarre* (*Biedermeiergitarre*) – u.a. von so berühmten Instrumentenbauern wie *Luis Panormo* (um 1774 – nach 1842), *René Lacôte* (um 1850), *Johann Georg Staufer* (1778–1853), *Johann Gottfried Scherzer* (1843–1870) und *Grobert* (um 1794–1869) entworfen – eine Wiedererweckung, an der heute gleichermaßen renommierte Gitarristen wie Lautenisten teilhaben, u.a.: Leif Christensen, Michael Freimuth, Shin-Ichi Fukuda, José Miguel Moreno, Sonja Prunnbauer, Richard Savino, David Starobin, Pavel Steidl, Erik Stenstadvold, Brigitte Zaczek und das Duo Sonare (Thomas Offermann/Jens Wagner).

Mannigfaltige Verwendungsmöglichkeiten bieten sich der Gitarre in abgewandelten Formen (Elektrogitarre u.a.) in der Tanz- und Popularmusik, im *Jazz*, *Beat*, *Bossa Nova* und im *Zupforchester*. In einer farbigen Synthese von Gesang, Tanz und

95

Musik hat auch der *Flamenco* zur Popularisierung der Gitarre beigetragen, wobei der Ursprung dieser Volkskunst bis heute ebenso rätselhaft geblieben ist wie die Herkunft ihrer authentischen Repräsentanten, der andalusischen Zigeuner. Deutliche Einflüsse hat der Flamenco im Œuvre zahlreicher Komponisten des 19. und 20. Jahrhunderts für die klassische Konzertgitarre hinterlassen, besonders innerhalb der mediterranen und lateinamerikanischen Kulturländer.

Unterzieht man nach diesem allgemeinen Überblick das Gitarrenspiel hinsichtlich seiner Entwicklung zur modernen Technik einer genaueren Betrachtung, dann steht an deren Beginn vor allem ein Name: *Tárrega*. Leben und Werk des Wegbereiters modernen Gitarrenspiels gehören zwar dem 19. Jahrhundert an; zu weltweitem Erfolg geführt wurde seine Pionierarbeit erst nach der Jahrhundertwende durch die Lehr- und Konzerttätigkeit seiner beiden Schüler *Miguel Llobet* und *Emilio Pujol*.

Das Schaffen und Wirken *Francisco Tárregas* (1852–1909)[92] bedeutet einen Markstein für die Entwicklung der Gitarrentechnik. Als der profilierteste Gitarrist und Lehrer seiner Epoche wird er zum Begründer einer neuen Schule, deren verfeinerte Technik die Kunstfertigkeit von Sor, Aguado und Giuliani weiterentwickelt und über diese hinausführt. In mühevoller Kleinarbeit hat er mit seinen Kompositionen und didaktischen Werken Richtlinien geschaffen, die heute noch Gültigkeit haben, wie der Apoyando-Anschlag und die Stellung der Anschlagfinger zu den Saiten[93]. Das Auflegen des Instruments auf den linken Oberschenkel wird seit Tárrega zur Standardhaltung, als Folge des von *Antonio de Torres Jurado* (1817–1892) neu geschaffenen größeren Gitarrentypus, der zum Vorbild für den modernen Instrumentenbau wird. Tárrega erweiterte das Repertoire durch zahlreiche Transkriptionen, die bis heute zu den erfolgreichsten und meistgespielten Stücken der Konzertprogramme zählen.

Zu den prominentesten Schülern Francisco Tárregas gehören *Miguel Llobet* (1878–1938), *Daniel Fortea* (1882–1953) und *Emilio Pujol* (1886–1980), die sowohl durch ihre Konzerte wie durch ihre musikwissenschaftliche und pädagogische Tätigkeit in hervorragendem Maße dazu beitrugen, die Gitarrenkunst in unserem Jahrhundert auf eine professionelle Basis zu stellen. Auf der Grundlage der Tárrega-Technik veröffentlichte Pujol 1934 den ersten Band seiner fünfteili-

---

[92] Abb. 53.

[93] Emilio Pujol berichtet, dass nach Tárregas eigener Aussage der spanische Gitarrist *Julián Arcas* (1832–1882) erstmals den Apoyando-Anschlag verwendet haben soll, ohne aber ein System des Fingersatzes aufzustellen. Wo immer auch sein Ursprung liegen mag – Vladimir Bobri vermutet ihn in der speziellen Technik der Flamenco-Gitarristen –: Entwickelt und rationalisiert wurde das Apoyando-Spiel durch Tárrega. Vgl. V. Bobri, The Segovia Technique, S. 44, a.a.O.

gen Gitarrenschule »Escuela Razonada de la Guitarra«, die zu den umfangreichsten und gründlichsten Lehrwerken zählt. Er hat als Lehrer, Musikwissenschaftler und Herausgeber von alter und neuer Gitarrenmusik weltweite Anerkennung gefunden.

Mit dem in Rom geborenen und seit 1901 in Belgien niedergelassenen Mandolinenvirtuosen *Silvio Ranieri* (1882–1956) konzertierte Pujol 1926 in Brüssel. Hier erschien 1933 erstmals auch Ranieris viersprachige »Gitarrenschule« in zwei Heften, die im Zusammenhang mit dem Bemühen um die Erneuerung des künstlerischen Gitarrenspiels im 20. Jahrhundert zu sehen ist und vor allem in Belgien und Italien weite Verbreitung fand. Eine Neuauflage des zweibändigen Lehrwerkes ist im Musikverlag Cranz, Mainz 2001 erschienen.

Manuel de Falla (1876–1946) eröffnete das Repertoire originaler Gitarrenkompositionen im 20. Jahrhundert mit »Homenaja« (»Pour le Tombeau de Claude Debussy«), komponiert 1920 in Granada. Mit diesem Werk ehrte er nicht nur den großen französischen Komponisten, sondern erfüllte gleichzeitig sein Versprechen an Miguel Llobet, ein Stück für Gitarre zu schreiben. Aus dem großen Schülerkreis Llobets errang die Argentinierin *Maria Luisa Anido* (1907–1996) weltweite Anerkennung.

Gilt Llobet als der bedeutendste Repräsentant der Schule Tárregas, so hat der Andalusier *Andrés Segovia* (1893–1987) seine Karriere als Autodidakt begonnen (Abb. 55). Fast achtzig Jahre bereiste er als Gitarrenvirtuose von unvergleichlichem Rang die Welt. Zu den Komponisten, die Werke für Segovias Repertoire schufen, gehören u.a.:

Mario Castelnuovo-Tedesco *(1895–1968) Italien/USA*
John William Duarte *(*1919) England*
Darius Milhaud *(1892–1974) Frankreich*
Federico Mompou *(1893–1987) Spanien*
Federico Moreno Torroba *(1891–1982) Spanien*
Manuel M. Ponce *(1882–1948) Mexiko*
Joaquín Rodrigo *(1901–1999) Spanien*
Albert Roussel *(1869–1937) Frankreich*
Alexandre Tansman *(1897–1986) Polen/Frankreich*
Joaquín Turina *(1882–1949) Spanien*
Heitor Villa-Lobos *(1887–1959) Brasilien*

Gleichwohl hat Segovia über zwei Generationen hinaus zahlreiche Solisten und Pädagogen inspiriert und dem Instrument Würde und Ansehen im Musikleben unserer Tage erspielt.

Als Solo- und Kammermusikinstrument hat die Gitarre in die Konzertsäle, bei internationalen Festspielen und Musikwettbewerben (u. a. Brüssel/Walcourt, Genf, München, Paris, Wien[94]), in Rundfunk- und CD-Produktionen ebenso Eingang gefunden wie als Lehrfach an Konservatorien, Musikhochschulen und Universitäten.

Luise Walker (1910–1998) und *Karl Scheit* (1909–1993) haben sich gleichermaßen als Lehrer an der Wiener Musikhochschule (heute Universität für Musik und darstellende Kunst Wien) wie als Konzertgitarristen einen international bekannten Namen geschaffen: L. Walker als weltberühmte Solistin, K. Scheit sowohl als Lautenist wie als Gitarrist mehr der Kammermusik verpflichtet. Vor allem aber hat die Unterrichtsliteratur für Gitarre in Karl Scheit einen ihrer erfolgreichsten Autoren gefunden; seine Lehrwerke wurden in mehrere Sprachen übersetzt.

Ida Presti (1924–1967) war wie Luise Walker ein Wunderkind, die ihr erstes Rezital als Achtjährige und mit zehn Jahren ihr Debut in Paris gab. Bereits in Jugendjahren verfügte sie über eine reife Interpretationskunst, verbunden mit technischer Unfehlbarkeit und einer außergewöhnlichen farbenreichen Tongebung. Unter den Gitarrenvirtuosen des 20. Jahrhunderts ist sie eine singuläre, legendäre Erscheinung. Ihre Weltkarriere, auch zusammen mit *Alexander Lagoya* (1929–1999) als einzigartiges Gitarrenduo, fand leider ein tragisches, allzufrühes Ende.

Julian Bream (*1933) – wohl eine der fesselndsten Musikerpersönlichkeiten unter den Gitarristen und Lautenisten des 20. Jahrhunderts – ist mit *Alirio Diaz*, *Pepe Romero*, *John Williams* und *Narciso Yepes* in der kleinen Spitzengruppe jener Künstler zu finden, deren Konzerte überall Beachtung finden. Wie keinem anderen Gitarristen seiner Generation ist es vor allem Bream gelungen, Komponisten von internationalem Rang eines *Benjamin Britten*, *Hans Werner Henze* und *Sir William Walton* für das Instrument zu interessieren.

So sind viele zeitgenössische Werke, die von der Behandlung des Instruments her als geglückt bezeichnet werden können, aus der Zusammenarbeit zwischen Komponisten und Interpreten entstanden. Es schrieben u. a.:

Balcom, William *(*1939) England*
    für Michael Lorimer *(*1946) USA*
Berio, Luciano *(*1925) Italien*
    für Eliot Fisk *(*1954) USA/Österreich*

---

[94] Große Verdienste erwarb sich *Robert J. Vidal* (1925–2002) um die Organisation des seit 1958 bis 1993 alljährlich vom Französischen Rundfunk ORTF in Paris veranstalteten »Concours International de Guitare«, der zum Vorbild für die Durchführung ähnlicher Gitarrenwettbewerbe in anderen Ländern wurde.

Bettinelli, Bruno *(*1913) Italien*
    für Ruggero Chiesa *(1933–1993) Italien*
Borup-Jørgensen, Jens Axel *(*1924) Dänemark*
    für Erling Møldrup *(*1943) Dänemark*
Bresgen, Cesar *(1913–1988) Österreich*
    für Barna Kováts *(*1920) Ungarn/Österreich*
Brouwer, Leo *(*1939) Kuba*
    für Oscar Cáceres *(*1928) Uruguay und* Turibio Santos *(*1943) Brasilien*
Dodgson, Stephen *(*1924) England*
    für John Williams *(*1941) England*
Einem, Gottfried von *(1918–1996) Österreich*
    für Konrad Ragossnig *(*1932) Österreich*
Farkas, Ferenc *(*1905) Ungarn*
    für Lásló Szendrey-Karper *(1932–1991) Ungarn*
Gnáttali, Radamés *(1906–1988) Brasilien*
    für Laurindo Almeida *(1917–1995) Brasilien*
Hallnäs, Hilding *(1903–1984) Schweden*
    für Per-Olof Johnson *(1928–2000) Schweden*
Henze, Hans Werner *(*1926) Deutschland*
    für Leo Brouwer *(*1939) Kuba*
Humel, Gerald *(*1931) Deutschland*
    für Barbara Polasek *(*1939) Deutschland*
Jolivet, André *(1905–1974) Frankreich*
    für Ida Presti *(1924–1967) Frankreich und* Alexandre Lagoya *(1929–1999)*
    Ägypten/Frankreich
Kunad, Rainer *(1936–1995) Deutschland*
    für Roland Zimmer *(1933–1993) Deutschland*
Lacerda, Osvaldo *(*1927) Brasilien*
    für Maria Livia São Marcos *(*1942) Brasilien*
Lauro, Antonio *(1917–1986) Venezuela*
    für Alirio Diaz *(*1929) Venezuela*
Marckhl, Erich *(1902–1980) Österreich*
    für Leo Witoszynskyj *(*1941) Österreich*
Martin, Frank *(1890–1974) Schweiz*
    für Hermann Leeb *(1906–1979) Österreich/Schweiz*
Nøgård, Per *(*1932) Dänemark*
    für Ingolf Olsen *(*1943) Dänemark*
Ohana, Maurice *(1914–1992) Spanien*
    für Narciso Yepes *(1927–1997) Spanien*

Rodrigo, Joaquín *(1901–1999) Spanien*
    für Regino Sainz de la Maza *(1897–1981) Spanien*
Santórsola, Guido *(1904–1994) Italien/Uruguay*
    für Alvaro Pierri *(*1953) Uruguay /Österreich*
Sauguet, Henri *(1901–1989) Frankreich*
    für Angelo Gilardino *(*1941) Italien*
Stockhausen, Karlheinz *(*1928) Deutschland*
    für Karl-Heinz Böttner *(*1933) Deutschland*
Takács, Jenö *(*1902) Ungarn*
    für Marga Bäuml *(*1916) Österreich*
Takemitsu, Tōru *(1930–1996) Japan*
    für Kiyoshi Shomura *(*1947) Japan*
Truhlář, Jan *(*1928) ehemals Tschechoslowakei*
    für Milan Zelenka *(*1939) ehemals Tschechoslowakei*
Wagner, Wolfram *(*1962) Österreich*
    für Walter Würdinger *(*1945) Österreich*
Yun, Isang *(1917–1995) Korea*
    für Siegfried Behrend *(1933–1990) Deutschland*

Neben den Vorgenannten haben sich als Interpreten, Lehrer an Universitäten, Hochschulen und Konservatorien, als Herausgeber von Gitarrenliteratur, durch CD-Aufnahmen sowie als Preisträger bei internationalen Musikwettbewerben einen Namen gemacht:

Ablóniz, Miguel ◆[*)] *(*1917) Ägypten/*
    Italien
Abreu, Eduardo *(*1949) Brasilien*
Abreu, Sergio *(*1948) Brasilien*
Albert, Heinrich ◆ *(1870–1950)*
    Deutschland
Alcazar, Miguel ◆ *(*1942) Mexiko*
Alfonso, Nicolás ◆ *(1913–2001)*
    Spanien/Belgien
Artzt, Alice *(*1943) USA*
Assad, Odair *(*1956) Brasilien*
Assad, Sergio *(*1952) Brasilien*

Assimakopoulos, Evangelos *(*1940)*
    Griechenland
Aussel, Roberto *(*1954) Argentinien*
Azabagić, Denis *(*1972) ehemals*
    Jugoslawien/Bosnien
Azpiazu, José de ◆ *(1912–1986)*
    Spanien/Schweiz

Balestra, Giuliano *(*1939) Italien*
Baluch, Achmed Noor *(*1952)*
    Pakistan/Österreich
Barbosa-Lima, Carlos *(*1944) Brasilien*

[*)] Die mit dem Zeichen ◆ versehenen Gitarristen sind auch als Komponisten hervorgetreten.

Bartoli, René ◆ (*1938) Frankreich

Bayer, Elisabeth (1932–1990) Österreich

Bellow, Alexander ◆ (1912–1976) ehemals UdSSR/USA

Benitez, Baltazar (*1944) Uruguay

Benkö, Daniel (*1947) Ungarn

Biberian, Gilbert ◆ (*1944) Türkei/England

Bickford, Vahdah Olcott (1885–1980) USA

Bitetti, Ernesto (*1943) Argentinien

Blaha, Vladislav (*1957) ehemals Tschechoslowakei

Blanco, Diego (*1951) Spanien

Bobri, Vladimir ◆ (1898–1986) Ukraine/USA

Bogdanović, Dušan ◆ (*1955) ehemals Jugoslawien, Serbien/USA

Bone, Philip James (1873–1964) England

Bonell, Carlos ◆ (*1949) England

Boucher, Remi (*1964) Kanada

Boudounis, Evangelos (*1950) Griechenland

Boyd, Liona ◆ (*1949) England

Brandt, Christopher (*1969) Deutschland

Brightmore, Robert (*1949) England

Brojer, Robert (1919–1987) Österreich

Broux, Roland (*1958) Belgien

Bruck, Wilhelm (*1947) Deutschland

Bruckner, Karl (*1952) Österreich

Buchrainer, Michael ◆ (*1950) Österreich

Bunch, Benjamin (*1947) USA/Schweiz

Bungarten, Frank (*1958) Deutschland

Buttmann, Rudolf (*1957) Deutschland

Byzantine, Julian (*1945) England

Cardoso, Jorge ◆ (*1949) Argentinien

Carfagna, Carlo ◆ (*1940) Italien

Chiche, Gaëlle (*1978) Frankreich

Christensen, Leif (1950–1988) Dänemark

Clerch-Diaz, Joaquín de Jesus (*1965) Kuba

Clormann, Jury (*1947) Schweiz

Company, Alvaro ◆ (*1931) Italien

Constanzo, Irma (*1937) Argentinien

Cotsiolis, Costas (*1957) Argentinien

Cucchi, Flavio (*1949) Italien

Danner, Peter (*1936) USA

Davczac, Bctho (*1938) Uruguay

De Angelis, Leonardo (*1962) Italien

Desiderio, Aniello (*1971) Italien

Diaz Tamayo, Marco Antonio (*1973) Kuba

Dintrich, Michel (*1933) Frankreich

Domeniconi, Carlo ◆ (*1947) Italien

Dukić, Zoran (*1969) ehemals Jugoslawien/Kroatien

Dumond, Arnaud ◆ (*1950) Frankreich

Dyens, Roland ◆ (*1955) Tunesien/Frankreich

Dylla, Marcin (*1976) Polen

Eichhorn, Christian (*1958) Deutschland/Österreich

Eickholt, Alfred (*1951) Deutschland

Ekmektsoglou, Charalambos (1913–1989) Griechenland

Eötvös, József (*1962) Ungarn

Escobar, José Antonio (*1973) Chile

Evans, Tom (*1949) England

Evers, Reinbert (*1949) Deutschland

Falú, Eduardo ◆ (*1923) Argentinien

Fampas, Dimitri ◆ (1921–1996) Griechenland

Fernández, Eduardo (*1952) Uruguay

Fernández-Lavie, Fernando ◆ (*1918) Frankreich

Ferrari, Romolo ◆ (1894–1959) Italien

Feybli, Walter (*1950) Schweiz

Figueras, Santiago (*1963) Spanien

Fischer, André (*1972) Schweiz

Fischer, Friedrich (*1943) Österreich

Flößner, Thomas (*1953) Deutschland

Frauchi, Alexander (*1954) ehemals UdSSR

Friessnegg, Karl ◆ (1900–1981) Österreich

Fukuda, Shin-Ichi (*1955) Japan

Funck, Eike (*1934) Deutschland

Gangi, Mario ◆ (*1923) Italien

Garcia, Gerald ◆ (*1949) Hongkong

Garcia, Hector (*1930) Kuba

Gaupp-Berghausen, Georg (*1946) Österreich

Georgescu, Liviu (*1953) Rumänien

Gerrits, Paul ◆ (*1935) Deutschland/ Kanada

Götze, Walter ◆ (1885–1965) Deutschland

Gomez, Vicente ◆ (*1911) Spanien

Goni, Antigoni (*1969) Griechenland

Gonnissen, Olaf Van (*1954) Deutschland

Gremper, Madeleine (*1954) Schweiz

Grondona, Stefano (*1958) Italien

Gruber, Christian (*1965) Deutschland

Guillen, Gabriel (*1969) Venezuela/ Österreich

Guzmán, María Esther (*1967) Spanien

Haberl, Walter ◆ (*1960) Österreich

Hackl, Stefan (*1954) Österreich

Halász, Franz (*1964) USA

Hand, Frederic ◆ (*1947) USA

Harz, Fred ◆ (*1926) Deutschland

Hasegawa, Gen (*1952) Japan

Hebb, Bernard (*1941) USA/Deutschland

Heck, Thomas F. (*1943) USA

Hein, Hans (*1943) Österreich

Hein, Inge (*1943) Österreich/Schweiz

Heinzmann, Melitta (*1953) Österreich

Henke, Matthias (*1953) Deutschland

Henze, Bruno ◆ (1900–1978) Deutschland

Hinojosa, Javier ◆ (*1933) Spanien

Höh, Volker (*1959) Deutschland

Holzman, Bruce (*1950) USA

Hoppstock, Tilman ◆ (*1961) Deutschland

Hunt, Oliver ◆ (*1934) England

Irmler, Elisabeth (*1948) Österreich

Irmler, Heinz (*1942) Österreich

Isaac, Eduardo (*1956) Argentinien

Isbin, Sharon (*1956) USA

Ivanov-Kramskoi, Aleksandr ◆ (1912–1973) ehemals UdSSR

Iznaola, Ricardo ◆ (*1949) Kuba

Jäggin, Christoph (*1956) Schweiz

Jasbar, Helmut ◆ (*1962) Österreich

Jeffery, Brian (*1938) England

Jeschek, Stefan (*1958) Österreich

Jirmal, Jiři (*1925) ehemals Tschechoslowakei

Jonkers, Han (*1958) Niederlande/ Schweiz

Jumez, Jean-Pierre (*1943) Frankreich

Jung, Giselher *(*1953) Deutschland*
Jungwirth, Wolfgang *(*1956) Österreich*
Jurkowitsch, Dagmar *(*1946) Österreich*

Kämmerling, Maria *(*1946) Deutschland/Dänemark*
Käppel, Hubert *(*1951) Deutschland*
Kanengiser, William *(*1959) USA*
Kanneci, Amet *(*1957) Turkei*
Kanthou, Eugenia *(*1957) Zypern*
Kappeler, René *(*1949) Schweiz*
Kavanagh, Dale *(*1958) Kanada*
Kecskés, András *(*1942) Ungarn*
Kelner, Martin *(*1960) England/Österreich*
Kersting, Maritta *(*1935) Deutschland*
Kircher, Irina *(*1966) Deutschland*
Kirchhoff, Thomas *(*1960) Deutschland*
Kirsch, Dieter *(*1940) Deutschland*
Klatt, Jürgen *(*1935) Deutschland*
Kleynjans, Francis ◆ *(*1951) Frankreich*
Klier, Johannes *(*1950) Deutschland*
Knobloch, Jiři *(*1931) ehemals Tschechoslowakei/Deutschland*
Koch, Gareth ◆ *(*1962) Australien*
Koch, Michael *(*1951) Deutschland*
Koshkin, Nikita ◆ *(*1956) ehemals UdSSR*
Koudelak, Leon *(*1961) ehemals Tschechoslowakei/Schweiz*
Kraft, Norbert *(*1950) Kanada*
Krause, Ansgar *(*1956) Deutschland*
Krawiec, Grzegorz *(*1980) Polen*
Kreidler, Dieter ◆ *(*1943) Deutschland*
Kreš, Dietmar *(*1943) Österreich*

La Fleur, Rolf *(*1937) Schweden*
Langer, Michael ◆ *(*1959) Österreich*

Laurent, François ◆ *(*1959) Frankreich*
Leisner, David ◆ *(*1953) USA*
Lendle, Wolfgang ◆ *(*1948) Deutschland*
Libbert, Jürgen *(*1941) Deutschland*
Lieske, Wulfin *(*1956) Deutschland*
Linck, Carsten *(*1961) Deutschland*
Lind, Ekard ◆ *(*1945) Österreich*
Linhares, Dagoberto *(*1953) Brasilien*
Löffler, Gerhard *(*1958) Österreich*
Löffler, Susanne *(*1955) Österreich*
Lopátegui, José Luis *(1940–2002) Spanien*
López Ramos, Manuel *(*1929) Argentinien*

Mackmeeken, Michael *(*1942) Schottland*
Madsen, Søren Bødker *(*1956) Dänemark*
Mairants, Ivor ◆ *(1908–1998) Polen/England*
Maklar, Peter *(*1964) Deutschland*
Marchione, Carlo *(*1964) Italien*
Mariotti, Deborah *(*1959) Schweiz*
Márquez, Pablo *(*1967) Argentinien*
Martínez Zárate, Jorge ◆ *(1923–1993) Argentinien*
Matsunaga, Kazufumi *(*1956) Japan/Österreich*
Mebes, Susanne *(*1960) Deutschland*
Melounek, Gertrude *(*1957) Österreich*
Membrado, Antonio *(*1953) Spanien*
Meunier, Philippe *(*1942) Frankreich*
Mikulka, Vladimir *(*1950) ehemals Tschechoslowakei*
Mills, John ◆ *(*1947) England*
Minella, Aldo *(*1939) Italien*
Miolin, Anders *(*1961) Schweden*

Mönch, Edgar *(1957–1976) Deutschland*

Mönkemeyer, Helmut *(1905–1992) Deutschland*

Monden, Godelieve *(*1949) Belgien*

Monno, Johannes *(*1968) Deutschland*

Montes, Alfonso ♦ *(*1955) Venezuela*

Morel, Jorge ♦ *(*1931) Argentinien*

Moreno, Arnoldo *(*1964) Venezuela*

Moser, Wolf *(*1937) Deutschland*

Mozzani, Luigi ♦ *(1869–1943) Italien*

Müller-Pering, Thomas *(*1958) Deutschland*

Muthspiel, Wolfgang ♦ *(*1965) Österreich*

Mysliveček, Martin *(*1950} ehemals Tschechoslowakei/Österreich*

Nardelli, Mario *(*1961) Kroatien/ Österreich*

Navascués, Santiago *(*1933) Spanien*

Neges, Ferdinand *(*1961) Österreich*

Nelson, Martha *(1922–1981) USA*

Nickel, Heinz *(*1935) Deutschland*

Noad, Frederick *(1929–2001) Belgien/ USA*

Norman, Théodore ♦ *(1912–1997) Kanada*

Obara, Seiko *(*1943) Japan*

Obara, Yasumasa *(1914–1990) Japan*

Ochoa, Luis ♦ *(*1959) Venezuela*

Öttl, Michael *(*1968) Österreich*

Offermann, Thomas *(*1959) Deutschland*

Ophee, Mantanya *(*1932) Israel*

Ortner, Jakob *(1879–1959) Österreich*

Päffgen, Peter *(*1950) Deutschland*

Panetsos, Jorgos *(*1961) Griechenland*

Papas, Sophocles ♦ *(1893–1986) Griechenland*

Parkening, Christopher *(*1947) USA*

Paulikovics, Pál *(*1962) Ungarn*

Pelech, Krzysztof *(*1970) Polen*

Peter, Ursula *(1924–1989) Deutschland*

Petrinjak, Darko *(*1954) ehemals Jugoslawien/Kroatien*

Pinnel, Richard Tilden *(*1942) USA*

Pircher, Erika *(*1946) Österreich*

Pomponio, Graciela *(*1926) Argentinien*

Ponce, Alberto *(*1935) Spanien*

Powroźniak, Jósef *(1902–1989) Polen*

Prat, Domingo ♦ *(1886–1944) Spanien*

Proakis, Costas ♦ *(1910–1968) Griechenland*

Prunnbauer, Sonja *(*1948) Deutschland*

Pührer, Else *(1920–2002) Österreich*

Purcell, Ronald C. *(*1932) USA*

Putilin, Ivan ♦ *(*1909) ehemals UdSSR/ Finnland*

Puyenbroeck, Victor van *(1932–1996) Belgien*

Quadt, Adalbert *(1903–1987) Deutschland*

Quine, Hector *(*1926) England*

Rak, Stepán ♦ *(*1945) ehemals UdSSR/ Tschechoslowakei*

Rennert, Martin *(*1954) USA/ Österreich*

Rey de la Torre, José *(1917–1994) Kuba/USA*

Reyne, Gérard ♦ *(*1944) Frankreich*

Ritter, Hans *(1878–1950) Deutschland*

Rodriguez-Rodriguez, Jhibaro *(*1971) Venezuela*

Rövenstrunck, Bernhard ◆ (*1920) Deutschland/Spanien

Romen, Barbara (*1963) Österreich

Romero, Angel (*1946) Spanien/USA

~ Celedonio ◆ (1913–1996) Kuba/ USA

~ Celin (*1936) Spanien/USA

~ Pepe (*1944) Spanien/USA (»Los Romeros«)

Rost, Jürgen (*1945) Deutschland

Rost, Monika (*1943) Deutschland

Roth, Ede (*1948) Ungarn

Rubio, Miguel (*1934) Spanien

Sagreras, Julio Salvador ◆ (1879–1942) Argentinien

Sanchez, José (*1954) Spanien

Sanderink, Hein (*1945) Niederlande

Sasaki, Tadashi (*1943) Japan

Sasser, William (*1927) USA

Savijoki, Jukka (*1952) Finnland

Savio, Isaías ◆ (1902–1977) Uruguay

Schindler, Otto (1904–1985) Österreich

Schmidt, Stephan (*1963) Deutschland

Schneider, Gunter ◆ (*1954) Österreich

Schneider, Heinrich ◆ (1890–1978) Deutschland

Schneider, Simon ◆ (1886–1971) Deutschland

Schöllmann, Jürgen (*1951) Deutschland

Scholl-Kremmel, Inge (*1939) Österreich

Schubert, Jochen (*1947) Deutschland/ Australien

Schwarz, Martin (*1965) Österreich

Schwarz-Reiflingen, Erwin (1891–1964) Deutschland

Seidl, Matthias (*1949) Deutschland/ Österreich

Sensier, Peter (1918–1977) England

Shearer, Aaron (*1919) USA

Sicca, Mario (*1930) Italien

Siewers, Maria Isabel (*1950) Argentinien/Österreich

Siirala, Seppo (*1952) Finnland

Sinópoli, Antonio ◆ (1878–1964) Argentinien

Skareng, Per (*1959) Schweden

Skiera, Ehrenhard (*1947) Deutschland

Skott, Morten (*1959) Dänemark

Smits, Raphaëlla (*1957) Belgien

Söderberg, Harald (*1951) Schweden

Sørensen, Per Dybro (*1953) Dänemark

Soewandi, Stefan ◆ (*1962) Deutschland

Starobin, David (*1951) USA

Steidl, Pavel (*1961) ehemals Tschechoslowakei

Stingl, Anton ◆ (1908–2000) Deutschland

Strizich, Robert W. (*1945) USA

Strobl, Erika (*1961) Österreich

Stupka, Gabriele (*1964) Österreich

Sundermann, Albert (*1938) Belgien

Suzuki, Ichiro (*1948) Japan

Swete, Alexander (*1964) Österreich

Tanenbaum, David (*1956) USA

Tappert, Johannes (*1956) Deutschland

Tarragó, Graciano ◆ (1892–1973) Spanien

Tarragó, Renata (*1927) Spanien

Tennant, Scott (*1962) USA

Terzi, Benvenuto ◆ (1892–1980) Italien

Teuchert, Heinz (1914–1998) Deutschland

Teuchert, Michael (*1948) Deutschland

Thomatos, Spiros *(*1932)*
  Griechenland
Tolonnen, Otto *(*1980) Finnland*
Tomás, José *(1934–2001) Spanien*
Tonazzi, Bruno ◆ *(1927–1988) Italien*
Trepat, Carles *(*1960) Spanien*
Tröster, Michael *(*1956) Deutschland*

Uhlmann, Ferdinand *(*1944) Schweiz*
Urban, Štěpán ◆ *(1913–1974) ehemals*
  Tschechoslowakei

Valdes-Blain, Albert *(*1921) Kuba/*
  USA
Valdes-Blain, Roland *(*1922) Kuba/*
  USA
Večtomov, Vladimir *(*1946) ehemals*
  Tschechoslowakei
Verdery, Ben *(*1955) USA*
Verdier, André *(1886–1957) Frankreich*
Vingiano, Alberto *(*1972) Italien*
Visser, Dick ◆ *(*1926) Niederlande*

Wade, Graham *(*1940) England*
Wagner, Jens *(*1958) Deutschland*
Walker, Timothy *(*1943) Südafrika/*
  England
Wallisch, Heinz *(*1949) Österreich*

Wangenheim, Andreas von *(*1962)*
  Deutschland
Watanabe, Norihiko *(*1947) Japan*
Weiss, Brigitte *(*1962) Österreich/*
  Frankreich
Wensiecki, Edmund *(1904–1997)*
  Deutschland
Wesely, Martin *(*1972) Österreich*
Wiedemann, Augustin *(*1965)*
  Deutschland
Wieshalla, Axel *(*1952) Deutschland*
Williams, Len *(1910–1987) England*
Wölki, Konrad ◆ *(1904–1983) Deutsch-*
  land
Wolff, Robert *(*1947) Österreich*
Wynberg, Simon *(*1955) Schottland*

York, Andrew ◆ *(*1958) USA*
Young, Laura *(*1962) Kanada*

Zaczek, Brigitte *(*1942) Österreich*
Zanon, Fabio *(*1966) Brasilien*
Zanoskar, Hubert *(1906–1979) Öster-*
  reich
Zigante, Frédéric *(*1961) Frankreich*
Zoi, Liza *(*1940) Griechenland*
Zsapka, Josef *(*1947) ehemals*
  Tschechoslowakei/Slowakei
Zykan, Otto *(1902–1989) Österreich*

Zu den herausragenden Gitarrenvirtuosen, die zum Teil auch als international angesehene Pädagogen tätig sind, zählen heute u.a. *Manuel Barrueco* (*1952, Kuba/USA), *Eliot Fisk* (*1954, USA/Österreich), *Oscar Ghiglia* (*1938, Italien), *Alvaro Pierri* (*1953, Uruguay/Österreich), *Pepe Romero* (*1944, Spanien/USA), *David Russell* (*1953, Schottland/Spanien), *Göran Söllscher* (*1955, Schweden) und *Kazuhito Yamashita* (*1961, Japan).

Von den recht zahlreichen Duos, Trios und Quartetten haben sich seit den Siebzigerjahren des vergangenen Jahrhunderts vor allem folgende Ensembles einen ausgezeichneten Ruf erspielt: *Amadeus Guitar Duo* (Dale Kavanagh/Thomas Kirchhoff), *Duo Sergio & Odair Assad, Duo Gruber & Maklar, Amsterdam Guitar Trio, Eos Guitar Quartet, Guitar4mation, Los Angeles Guitar Quartet* und *Los Romeros.*

Abel Carlevaro ◆ (1918–2001, Uruguay), einer der renommiertesten Gitarrenpädagogen des vergangenen Jahrhunderts, bietet in seiner »Escuela de la Guitarra« (1978/79) für manche Bereiche der instrumentalen Theorie und Praxis unkonventionelle Lösungen.

Zahlreiche zeitgenössische Komponisten haben sich die reiche Klangfarbenskala und die mannigfaltigen Verwendungsmöglichkeiten der Gitarre zunutze gemacht und schufen im Verlaufe der letzten Jahrzehnte eine ansehnliche Literatur für das Instrument. Werke für Gitarre solo, Konzerte mit Orchester, Lieder und Kammermusik mit Gitarre komponierten u. a.:

Absil, Jean *(1893–1974) Belgien*

Ager, Klaus *(*1946) Österreich*

Ambrosius, Hermann *(1897–1983) Deutschland*

Amy, Gilbert *(*1936) Frankreich*

Angerer, Paul *(*1927) Österreich*

Apostel, Hans Erich *(1901–1972) Österreich*

Arnold, Malcolm *(*1921) England*

Artner, Norbert *(1922–1971) Österreich*

Asencio, Vicente *(1908–1979) Spanien*

Auric, Georges *(1899–1983) Frankreich*

Bacarisse, Salvador *(1898–1963) Spanien*

Balada, Leonardo *(*1933) Spanien/ USA*

Bargielski, Zbigniew *(*1937) Polen/ Österreich*

Bartolozzi, Bruno *(1911–1980) Italien*

Bauer, Jerzy *(*1936) Polen*

Baumann, Herbert *(*1925) Deutschland*

Baumann, Max *(*1917) Deutschland*

Baur, Jürg *(*1918) Deutschland*

Beaser, Robert *(*1954) USA*

Benary, Peter *(*1931) Schweiz*

Bennett, Richard Rodney *(*1936) England*

Berg, Gunnar *(1909–1989) Dänemark*

Berkeley, Lennox *(1903–1989) England*

Bialas, Günter *(1907–1995) Deutschland*

Blech, Leo *(1871–1958) Deutschland*

Bloch, Waldemar *(1906–1984) Österreich*

Bondon, Jacques *(*1927) Frankreich*

Borris, Siegfried *(1906–1987) Deutschland*

Boulez, Pierre *(*1925) Frankreich*

Bozza, Eugène *(1905–1991) Frankreich*

Britten, Benjamin *(1913–1976) England*

Brouwer, Leo ▲*) *(*1939) Kuba*

Burghauser, Jarmil *(1921–1997) ehemals Tschechoslowakei*

Burkhard, Willy *(1900–1955) Schweiz*

---

*) Die mit dem Zeichen ▲ versehenen Komponisten haben sich auch als Gitarristen einen Namen gemacht.

Burkhart, Franz *(1902–1978) Österreich*
Bussotti, Sylvano *(*1931) Italien*

Carter, Elliott *(*1908) USA*
Cech, Christoph *(*1960) Österreich*
Cerf, Jacques *(*1932) Frankreich*
Cerha, Friedrich *(*1926) Österreich*
Cordero, Ernesto ▲ *(*1946) USA*
Cottin, Alfred *(1863–1923) Frankreich*

Dallinger, Fridolin *(*1933) Österreich*
D'Angelo, Nuccio ▲ *(*1955) Italien*
David, Johann Nepomuk *(1895–1977)
    Österreich*
David, Thomas Christian *(*1925) Öster-
    reich*
Davies, Peter Maxwell *(*1934) England*
Denissow, Edison *(1929–1996)
    ehemals UdSSR*
Döhl, Friedhelm *(*1936) Deutschland*
Donatoni, Franco *(*1927) Italien*
Dünser, Richard *(*1959) Österreich*

Eastwood, Tom *(*1922) England*
Eben, Petr *(*1929) ehemals Tschecho-
    slowakei*
Eisler, Hanns *(1898–1962) Deutsch-
    land*
Erbse, Heimo *(*1924) Deutschland/
    Österreich*

Feld, Jindřich *(*1925) ehemals Tschecho-
    slowakei*
Fheodoroff, Nikolaus *(*1931) Öster-
    reich*
Françaix, Jean *(1912–1997) Frankreich*
Fricker, Peter Racine *(1920–1990)
    England*
Fürst, Paul Walter *(*1926) Österreich*

Füssl, Karl Heinz *(1924–1992) Öster-
    reich*
Furrer, Beat *(*1954) Schweiz/Öster-
    reich*

García Abril, Antón *(*1933) Spanien*
Gattermeyer, Heinrich *(*1923) Öster-
    reich*
Genzmer, Harald *(*1909) Deutschland*
Gerhard, Roberto *(1896–1970)
    Spanien/England*
Ghedini, Giorgio Federico
    (1892–1965) Italien
Gilardino, Angelo ▲ *(*1941) Italien*
Ginastera, Alberto *(1916–1983) Argen-
    tinien*
Gismonti, Egberto *(*1947) Brasilien*
Gomez-Crespo, Jorge *(1900–1971)
    Argentinien*
Grassl, Herbert *(*1948) Südtirol/Italien*
Guarnieri, Camargo M. *(1907–1993)
    Brasilien*
Guastavino, Carlos *(*1912) Argentinien*

Halffter, Cristóbal *(*1930) Spanien*
Halffter, Ernesto *(1905–1989)
    Spanien*
Hartig, Heinz Friedrich *(1907–1969)
    Deutschland*
Haubenstock-Ramati, Roman
    (1919–1994) Österreich
Haug, Hans *(1900–1967) Schweiz*
Heiller, Anton *(1923–1979) Österreich*
Hétu, Jacques *(*1938) Kanada*
Hindemith, Paul *(1895–1963)
    Deutschland/USA*
Humble, Keith *(1927–1995) Australien*

Ibert, Jacques *(1890–1962) Frankreich*

Jelinek, Hanns *(1901–1969) Österreich*

José, Antonio *(1902–1936) Spanien*

Kagel, Mauricio *(*1931) Argentinien/ Deutschland*

Kaufmann, Armin *(1902–1980) Österreich*

Kelkel, Manfred *(*1929) Deutschland*

Kelterborn, Rudolf *(*1931) Schweiz*

Klebe, Giselher *(*1925) Deutschland*

Kölz, Ernst *(*1929) Österreich*

Kont, Paul *(1920–2000) Österreich*

Kopelent, Marek *(*1932) Tschechien*

Kotoński, Włodzimierz *(*1925) Polen*

Kounadis, Arghyris P. *(*1924) Griechenland*

Kratochwil, Heinz *(1933–1995) Österreich*

Křenek, Ernst *(1900–1991) Österreich*

Kronsteiner, Joseph *(1910–1988) Österreich*

Kropfreiter, Augustinus Franz *(1936–2003) Österreich*

Kruisbrink, Anette ▲ *(*1958) Niederlande*

Kubizek, Augustin *(*1918) Österreich*

Kučera, Václav *(*1929) ehemals Tschechoslowakei*

Labrouve, Jorge *(*1949) Spanien*

Lechthaler, Josef *(1891–1948) Österreich*

Leeuw, Ton de *(1926–1996) Niederlande*

Lerich, Pierre *(*1937) Frankreich*

Leukauf, Robert *(1902–1976) Österreich*

Linde, Hans-Martin *(*1930) Deutschland*

Maderna, Bruno *(1920–1973) Italien*

Malipiero, Gian Francesco *(1882–1973) Italien*

Manén, Joan *(1883–1971) Spanien*

Marco, Tomás *(*1942) Spanien*

Margola, Franco *(1908–1992) Italien*

Meier, Jost *(*1939) Schweiz*

Migot, Georges *(1891–1976) Frankreich*

Miroglio, Francis *(*1924) Frankreich*

Mittergradnegger, Günther *(1923–1992) Österreich*

Morançon, Guy *(*1927) Frankreich*

Nielsen, Tage *(*1929) Dänemark*

Nilsson, Bo *(*1937) Schweden*

Noro, Takeo *(1925–1967) Japan*

Novák, Jan *(1921–1984) ehemals Tschechoslowakei/Italien*

Obrovská, Jana *(1930–1987) ehemals Tschechoslowakei*

Peruzzi, Aurelio *(*1921) Italien*

Petrassi, Goffredo *(1904–2003) Italien*

Pfister, Hugo *(1914–1969) Schweiz*

Piazzolla, Astor *(1921–1992) Argentinien*

Pierre-Petit *(*1922) Frankreich*

Pilss, Karl *(1902–1979) Österreich*

Porrino, Ennio *(1910–1959) Italien*

Poulenc, Francis *(1899–1963) Frankreich*

Previn, André *(*1929) Deutschland/ USA*

Prieto, Claudio *(*1934) Spanien*

Prosperi, Carlo *(*1921) Italien*

Rautavaara, Einojuhani *(*1928) Finnland*

Rawsthorne, Alan *(1905–1971) England*

Redel, Martin *(*1947) Deutschland*

Reitz, Heiner *(*1925) Schweiz*

Reutter, Hermann *(1900–1985) Deutschland*

Rohwer, Jens *(1914–1977) Deutschland*

Rosetta, Giuseppe *(1901–1985) Italien*

Ruders, Poul *(*1949) Dänemark*

Ruiz-Pipó, Antonio *(1934–1997) Spanien*

Sainz de la Maza, Eduardo ▲ *(1903–1982) Spanien*

Schaller, Erwin ▲ *(1904–1984) Österreich*

Schedl, Gerhard *(1957–2000) Österreich*

Schibler, Armin *(1920–1986) Schweiz*

Schiff, Helmut *(1918–1982) Österreich*

Schönberg, Arnold *(1874–1951) Österreich*

Schollum, Robert *(1913–1987) Österreich*

Schwertberger, Gerald *(*1941) Österreich*

Schwertsik, Kurt *(*1935) Österreich*

Schweyda, Willy *(1894–1964) Tschechien/Österreich*

Scott, Cyril *(1879–1970) England*

Searle, Humphrey *(1915–1982) England*

Seiber, Mátyás *(1905–1960) Ungarn/ England*

Seierl, Wolfgang ▲ *(*1955) Österreich*

Serocki, Kazimierz *(1922–1981) Polen*

Shimoyama, Hifumi *(*1930) Japan*

Siegl, Otto *(1896–1978) Österreich*

Singer, Lawrence *(*1940) England*

Skorzeny, Fritz *(1900–1965) Österreich*

Smith Brindle, Reginald ▲ *(*1917) England*

Sojo, Vicente Emilio ▲ *(1887–1974) Venezuela*

Sprongl, Norbert *(1892–1983) Österreich*

Staak, Pieter van der ▲ *(*1930) Niederlande*

Stadlmair, Hans *(*1929) Österreich*

Stetka, Franz *(1899–1975) Österreich*

Stockmeier, Wolfgang *(*1931) Deutschland*

Strawinsky, Igor *(1882–1971) ehemals UdSSR/USA*

Surinach, Carlos *(1915–1997) Spanien/ USA*

Suter, Robert *(*1919) Schweiz*

Tippett, Michael *(1905–1998) England*

Tittel, Ernst *(1910–1969) Österreich*

Uhl, Alfred *(1909–1992) Österreich*

Uray, Ernst Ludwig *(1906–1988) Österreich*

Urbanner, Erich *(*1936) Österreich*

Viozzi, Giulio *(1912–1984) Italien*

Vogel, Wladimir *(1896–1984) Schweiz*

Wagner-Régeny, Rudolf *(1903–1969) Deutschland*

Walton, William *(1902–1983) England*

Wanek, Friedrich *(1929–1991) Deutschland*

Webern, Anton *(1883–1945) Österreich*

Weiss, Harald *(*1949) Deutschland*

Welfens, Peter *(*1924) Belgien*

Zimmermann, Bernd Alois *(1918–1970) Deutschland*

Wissmer, Pierre *(1915–1992) Schweiz*

Zbinden, Julien-François *(*1917) Schweiz*

Zehm, Friedrich *(*1923) Deutschland*

Der außergewöhnliche Aufstieg der Gitarre und ihre Beliebtheit ist, wie wir im Verlaufe dieses Kapitels verfolgen konnten, keine völlig neue instrumentengeschichtliche Begebenheit; seit 1600 wiederholte sich dieses Phänomen in jedem Jahrhundert. Was jedoch eine dauerhafte Verankerung der Gitarre im Musikleben für die Zukunft erwarten lässt, ist nicht nur ihre gegenwärtige weltweite Verbreitung, sondern vor allem die große Anzahl Studierender an den Universitäten, Musikhochschulen und Konservatorien in Europa und Übersee, die das Gitarrenspiel zu ihrem Beruf erwählen.

Kapitel III
Verzierungen[95]

Allgemeines

Improvisation und Verzierung gehören von Anbeginn jeglicher Musikübung zueinander. Die Komponisten vergangener Epochen setzten eine Auszierung ihrer Werke durch den Interpreten voraus. Deshalb notierten sie oftmals nur ein »harmonisches Gerüst«, das erst durch die Verzierungskunst des Sängers oder Instrumentalisten zu einem lebendigen, klangvollen Kunstwerk wurde. *»Der Ausdruck Diminution, der vom 14. bis ins 19. Jahrhundert gleichzusetzen ist mit allen anderen Ausdrücken für Verzierung (Manieren, Ornamente, Coloraturen, Agréments, Graces, Embellishments, Fiorituren u. a.), gibt eine klare Antwort auf die Frage, was man unter dem Begriff ›Verzierung‹ zu verstehen hat: ›diminuere‹ heißt zerkleinern. Durch Diminution wird also ein Ton in mehrere Einzeltöne aufgespalten und damit eine Tonfolge in eine Reihe von kleineren Notenwerten zerlegt. Es gab von jeher verschiedenartige Möglichkeiten zur Verzierung einer Melodie.«*[96]

Im 16. Jahrhundert wurde es üblich, die ursprünglich improvisierten Diminutionen schriftlich zu fixieren und ihre Ausführung und Anwendung durch gewisse Regeln und spezielle Zeichen deutlich zu machen. Die Ausführung der Verzierungen war jedoch dem Geschmack des Spielers ebenso überlassen wie die Entscheidung über ihre Anwendung, die je nach Charakter und Tempo des Werkes unterschiedliche Interpretationen erlaubte. Verzierungen wurden stets der Eigenart und den technischen Möglichkeiten des Instruments angepasst.

Francesco Geminiani schreibt in seiner Einleitung zu »The art of playing the guitar or cittra« (1760): »Wahl und Ausführung der einzelnen Verzierungen hängen von den Möglichkeiten der Instrumente ab; manche für die Violine angegebenen Ornamente können auf der Gitarre nicht ausgeführt werden.«

Verzierungen sollten – unter Voraussetzung einer ausgefeilten Technik – nicht stundenlanges Üben erfordern. Was nicht auf Anhieb gelingt, eignet sich meistens nicht als Ornament[97]. In Sätzen, die eine Wiederholung verlangen, empfiehlt es

---

[95] Siehe auch unter »Spielzeichen in Lautentabulaturen«, S. 28ff., und »Spielzeichen in Gitarrentabulaturen«, S. 75ff.

[96] H.-M. Linde, Kleine Anleitung zum Verzieren alter Musik, a.a.O.

[97] Diego Ortiz in seinem »Tratado de glosas« (Lehrbuch der Variierung): »Wer sich dieses Buches mit Nutzen bedienen möchte, muss die Geschicklichkeit erwägen, die er besitzt, und dieser entsprechend die ihm am besten erscheinenden Variierungen auswählen; denn, wenn auch die Variierung gut ist: vermag ihr die Hand nicht zu folgen, so kann sie nicht gut ausfallen.« (Deutsche Übertragung von Max Schneider; D. Ortiz, Tratado de glosas…, Rom 1553, a.a.O.). Vgl. auch S. 122ff.

sich, zunächst unverziert zu spielen und erst bei der Wiederholung zu diminuieren. Beispiele für bereits vom Komponisten ausgezierte Wiederholungen – später *Double* genannt – finden sich in zahlreichen Lautensätzen des 16. bis 18. Jahrhunderts.

Agréments wurden eingesetzt, um »kahle« Stellen zu verdecken, die Melodie auszuschmücken und die Stimmführung zu beleben; sie waren ein wesentlicher Bestandteil der Musik vergangener Jahrhunderte. Jedoch: »Dekoration soll nicht zu viel fesseln; Dekoration soll angenehm berühren; Dekoration ist dort vonnöten, wo sonst Langeweile herrschen würde« (Gustav Leonhardt). Nach Johann Joachim Quantz werden die Verzierungsarten in zwei große Gruppen eingeteilt: in die *wesentlichen* (= feststehenden) und in die *willkürlichen* (= freien) *Manieren*[98].

Die wesentlichen oder französischen Manieren

Bereits in den Quellen sind Interpretationshinweise manchmal widersprüchlich erklärt. Darüber hinaus gibt es für verschiedene Stilkreise, je nach Ländern und Epochen, unterschiedliche Regeln. Wie schriftliche Quellen aus jener Zeit übereinstimmend bestätigen, hat in fraglichen Situationen der »gute Geschmack« entschieden. Von der Vorstellung, dass es »*die*« historisch authentischen Regeln zur Aufführungspraxis gibt, muss man sich ganz und gar verabschieden.

In dieser verwirrenden Situation hat – nach P.-L. Graf[99] – der Interpret alter Musik immer wieder drei Kardinalfragen zu stellen und zu beantworten:

1. *Ist die Ausführung einer Verzierung eindeutig bestimmbar?*
2. *Kann eine Verzierung aus stilistischen Gründen oder aufgrund persönlichen Geschmacks verschieden interpretiert werden?*
3. *Welches sind die möglichen Alternativen?*

1. Triller (»vibrato«, »tremolo«, »tremblement«, »cadence«)

Zeichen und Ausführung

tr　*t*　+　ᴡ　ᴡᴡ

Im 17. und 18. Jahrhundert beginnt der Triller normalerweise mit der *oberen* Nebennote, nur ausnahmsweise mit der Hauptnote, wie beim »verkürzten« Triller (= Schneller) und bei Trillerketten.

---

98 Johann Joachim Quantz, Versuch einer Anweisung, die Flöte traversière zu spielen, Berlin 1752; Neuausgabe Bärenreiter, Kassel 1983.

99 P.-L. Graf, Interpretation – Grundregeln zur Melodiegestaltung, Schott Musik International, Mainz 1996.

Ein vollständiger Triller besteht aus mindestens vier Noten:

Triller mit unterschiedlicher Anzahl und Geschwindigkeit von Trillerschlägen

a) Kurzer oder halber Triller (Praller)

Im 16. Jahrhundert – selten bis ins siebzehnte – begann der Triller mit der Hauptnote. Eingliedrige Triller waren in der Lautenmusik des 16. Jahrhunderts häufig.

Vom 17. Jahrhundert bis ca. 1800 beginnt der *Praller* mit der oberen Nebennote und wird *betont* (auf den Schlag) gespielt. Mit dem Zeichen ∿ war in der Barockzeit jede Art von Triller gemeint; erst um 1800 verstand man darunter den *antizipierten* eingliedrigen Praller im Besonderen.

114

b) Schneller (einfacher Praller)
Der Triller kann auf drei Noten – mit der Hauptnote beginnend – reduziert werden, wenn die Zeit für vier Noten nicht ausreicht.

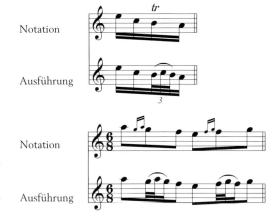

Dieser »verkürzte« Triller ist identisch mit dem so genannten *Schneller* und beginnt ausnahmsweise mit der Hauptnote. Er konnte auch in kleinen Nötchen ausgeschrieben sein.

c) Längere Trillerformen
Im 16. Jahrhundert begannen längere Trillerketten (*»tremolo«*, *»tremolettı«*, *»senzillo«*) mit der Hauptnote.

Als Kadenzverzierung war im 16. und 17. Jahrhundert der *Groppo* sehr beliebt.

d) Stütztriller (»tremblement appuyé«)
Als Verbindung eines Vorschlages von oben mit einem Triller beginnt der Stütztriller mit der oberen Nebennote, die auf den Schlag gespielt wird und verschieden lang sein kann. Diese Art des Trillers endet sehr oft auf einem »point d'arrêt« (Haltepunkt). Sollen mit der Trillernote noch andere Töne angeschlagen werden, so müssen diese mit dem Beginn des Trillers – hier also mit der Stütznote – erklingen.

e) Triller mit Nachschlag (Double-Cadence, Double-Relish)

115

In schnellen Sätzen kann der kurze Triller auch mit der Hauptnote beginnen oder durch den »verkürzten« Triller (= Schneller) ersetzt werden.

Der »*trillo*« bei Johann Sebastian Bach:

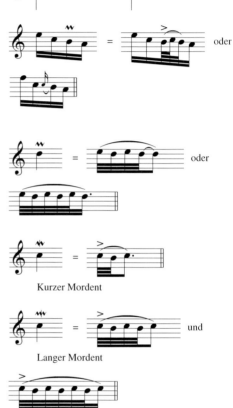

2. Mordent (»pincé«, »beat«, »martellement«)

Er ist dem Triller verwandt und »soll mit der Note beginnen, über der er steht… seine Trillerschläge müssen im Wert der Hauptnote einbegriffen sein« (Fr. Couperin). Seine Ausführung ist also betont, nicht antizipiert.

Kurzer Mordent

Langer Mordent

3. Vorschlag (»accento«, »accent«, »port de voix«, »appoggiatura«)

Er gehört zu den wichtigsten Ornamenten des Barock und wird je nach Ausführung in *lange* und *kurze* Vorschläge unterschieden. Der *lange* Vorschlag soll auf den Schlag betont kommen. Beim *kurzen* Vorschlag ist zu entscheiden, ob er betont oder unbetont, und ob er auf dem Schlag oder *antizipiert* (vor dem Schlag) gespielt wird. Zwischen »lang« und »kurz« ist jedoch in erster Linie der musikalische

116

Zusammenhang maßgebend. Mehr als bei jeder anderen Verzierung bleibt die Entscheidung über die Ausführung des Vorschlages auch dem Geschmack bzw. dem Stilgefühl des Interpreten überlassen. Vorschläge werden eingesetzt, um »kahle« Stellen zu verdecken, Sprünge zu verbinden, Abschlüsse zu verzögern. Sie wurden zuerst von den Lautenisten verwendet und später auf andere Instrumente übertragen.

Im Barock hat der Vorschlag oft zusätzlich eine harmonische Vorhaltsfunktion.

a) Der lange Vorschlag
(»Vorhalt«, »accento«, »accent«, »port de voix« oder »coulé«, »forefall« [aufsteigend], »backfall« [fallend], »Appoggiatur«)

Normalerweise erhält der lange Vorschlag bei zweiteiligen Notenwerten den halben Wert der Hauptnote.

Vor punktierten Noten kann der Vorschlag zwei Drittel, die Hauptnote nur ein Drittel des Gesamtwertes erhalten. (Erst mit C.Ph.E. Bach und in der Klassik allgemein übliche Regel).

Doch ist die Ausführungsweise nicht streng festgelegt.

Dauer und Betonungsqualität des Vorschlags im Allgemeinen sind aus der Notierungsform nicht abzuleiten.

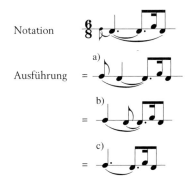

117

Den langen Vorschlag schreibt J. S. Bach mit vollen Noten aus (Primärschreibung), den kurzen bezeichnet er mit kleinen, nicht gezählten Nötchen oder mit Häkchen (Sekundärschreibung).

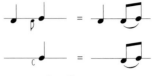

„accent steigend"

„accent fallend"

Zu lange Vorschläge sind dann zu vermeiden, wenn eine Dissonanz nicht zur Wirkung kommt.

Vor Hauptnoten, die an weitere Noten gleicher Tonhöhe gebunden sind, erhält der Vorschlag den ganzen Wert der Hauptnote.

b) Der kurze Vorschlag (»coulement«)
Die auf betonte Zeit (auf den Schlag) fallende Ausführung des kurzen Vorschlags (in »lombardischer Manier«) lautet:

Der kurze Vorschlag in *antizipierter*, also vor dem Schlag erfolgten Ausführung:

Folgende typische Situationen verlangen *obligatorisch* eine *kurze* Ausführung des Vorschlages:

1) vor wiederholten Noten, deren harmonische Funktion aufrecht bleibt:

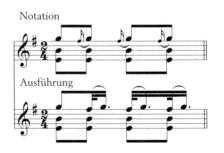

2) Vor Triolen und andern charakteristischen Rhythmen:

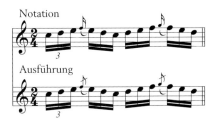

Um den charakteristischen Gigue-Rhythmus (♩. ♪ ♩) der Loure nicht zu verwischen, sind hier die Vorschläge (Vorhalte) in betonter Kürze (in lombardischer Manier oder auch antizipiert) angebracht. Die Regel, dass vor punktierten Noten der Vorschlag zwei Drittel des Gesamtwertes erhält, kann hier nicht angewendet werden.

3) Vor Synkopen:

4) Vor schnellen Notenwerten:

5) Vorhalte, die bereits in der Melodieführung vor einer Vorhaltnote stehen:

Der betonte kurze Vorschlag wird auch angewendet, wenn die folgende Note dissonant zum Baß steht.

Bei der Figur wähle man zwischen drei Ausführungsmöglichkeiten:

a) langer Vorschlag:

b) kurzer, betonter Vorschlag:

c) kurzer, unbetonter Vorschlag:

Die mit kleinen Nötchen notierten Vorschläge wurden zu Bachs Zeit stets kurz gespielt. War die Hauptnote eine Viertel, so erhielt der Vorschlag, aufs Ganze gesehen, den Wert eines Sechzehntels:

 »Die wirkliche Dauer des Vorschlags wird ›vor Ort‹ durch die Inspiration des Spielers bestimmt. Keinesfalls handelt es sich dabei um die extreme Kürze der Vorschläge Czernys« (♪; ♪).[100]

Unter »acciaccatura« versteht man eine Verzierung, die aus dem gleichzeitigen Anschlag einer Note und ihrer unteren, meist chromatischen Nebennote besteht, wobei die Nebennote kurz nach ihrem Anschlag abgehoben, die Hauptnote jedoch ihrem notierten Wert entsprechend ausgehalten wird (nur bei Tasten- und Lauteninstrumenten ausführbar). Im Allgemeinen werden sehr kurze, unbeton-

___

100 H. Klotz, a.a.O.

te Verzierungsnoten, wie der kurze Vorschlag (seit der Mitte des 18. Jahrhunderts als kleine Achtel- oder Sechzehn-
telnote mit durchstrichenem Notenhals
angedeutet: ♪; ♪), als *Acciaccaturen* bezeichnet, während *Appoggiaturen* Vorschläge schlechthin, im Besonderen aber
langsame, auf betonte Zeit fallende Verzierungen kennzeichnen (vgl. Beispiel
3.a: »Der lange Vorschlag«).

Acciaccatura

»Accent« und »Trillo«:

»Accent« und »Mordant« bei J. S. Bach.

Die Verbindung eines Trillers mit einem
Vorschlag von oben ergibt den bereits behandelten »Stütztriller«.

4. Schleifer (»coulé«, »slide«)
Er füllt meistens Intervallsprünge aus
und kann sowohl schnell (antizipiert)
als auch auf den Schlag betont (in der
lombardischen Manier) gespielt werden,
in der letzteren Ausführung besonders
vor punktierten Noten.

Antizipiert, die Quart f-b
verbindend

Andere Zeichen für den Schleifer

Sind zur gleichen Zeit mit dem Schleifer
noch andere Töne anzuschlagen, dann
müssen diese, wie beim Triller, mit der
ersten Note des Ornaments angeschlagen
werden.

5. Doppelschlag (»gruppetto«, »double«, »turn«)

Neben den Zeichen ∽ und ⅔ wird der Doppelschlag auch mit kleinen Nötchen notiert. Die Schnelligkeit seiner Ausführung hängt vom Tempo und Charakter des Stückes ab.

Seit Mitte des 18. Jahrhunderts die gebräuchlichste Ausführung

Varianten in der Ausführung des Doppelschlages sowie Kombinationen mit anderen Ornamenten:

Zwischen zwei Noten

Doppelschlag mit Triller kombiniert

In schnellen Sätzen kann der Doppelschlag den Triller ersetzen, wenn dieser aus technischen Gründen schlecht ausführbar ist.

Die willkürlichen oder italienischen Manieren

Das Auszieren oder »Diminuieren«, also das Zerkleinern längerer Notenwerte in kleinere, ist in zahlreichen Beispielen – zum Zwecke der Demonstration von Verzierungsmöglichkeiten durch den Komponisten selbst dargestellt – in alten Schul-

122

werken zu finden. Andererseits war das freie, »willkürliche« Ornamentieren für die Wiedergabe alter Musik unerlässlich und wurde vom Spieler auch dort erwartet, wo der Komponist – oft mit der Person des Interpreten identisch – keinerlei Verzierungshinweise gab.

Frühe Beispiele der Diminution liefern die Lautensätze des 16. und 17. Jahrhunderts. So notiert John Dowland im Diskant der »Lachrimae Pavan«:

und bei der Wiederholung dieses Teiles:

Adrian Le Roy fügt vielen seiner Tänze eine diminuierte Fassung bei, die schon im Titel als solche gekennzeichnet ist:

Aus »A briefe and easye introduction«, London 1568
Passemeze

»Passemeze more shorter (plus diminué)«

Unter den rund zehn Diminutionslehrbüchern, die in der Zeit zwischen 1535 und dem Ende des 16. Jahrhunderts erschienen, erweist sich der »Tratado de glosas sobre clausulas…« (Rom 1553) von Diego Ortiz insofern von Bedeutung, als er – in der Form eines regelrechten Nachschlagewerkes angelegt – mit den Regeln über Verzierungen auch deren mannigfaltige praktische Anwendung zeigt: die »Variierungen über allen Kadenzen (clausulas) und anderen Notenarten«, über steigende und fallende Tonschritte charakterisieren die ganze Ornamentik des 16. Jahrhunderts. Hier wird deutlich, wie reichhaltig man sich die Veränderungen einer fertigen Komposition durch Sänger und Instrumentalisten erwartete, wobei Ortiz ihre schriftliche Fixierung sogar ausdrücklich fordert[101].

Aus dem ersten Buch des zweiteiligen Werkes sind hier zwölf Beispiele zur Variierung einer aufsteigenden Sekunde zitiert:

Greifen wir aus der Tanzsammlung von Martino Pesenti (1645) den Anfang eines »Balletto« heraus:

und verändern diese Tonfolge so:

so wird deutlich, dass mit dieser Art von Verzierung mehr neue Töne in variabler Reihenfolge in eine Komposition einbezogen werden können, als dies bei den wesentlichen Manieren möglich ist. Die Verwendung der willkürlichen Ornamente, die übrigens nicht nur auf Kompositionen in italienischer Manier beschränkt blieben, verlangen vom Interpreten ein sicheres und phantasievolles Stilgefühl.

In Frankreich haben sich im 17. Jahrhundert zwei besondere Spielweisen willkürlicher Manier entwickelt, die sich im ungleichmäßigen (inegalen) Ablauf von punktierten Noten äußern. Innerhalb dieser rhythmischen »Inégalité« unterschied man in der französischen Musik zwischen »pointé« und »louré«.

---

101 Vgl. S. 112, Anm. 97.

Unter »pointé« versteht man ein scharfes Punktieren, bei dem die kurzen Noten nach der Punktierung kürzer als notiert gespielt werden:

Beim triolisierenden »Lourer« werden punktierte Noten weicher, schleifend, »etwas ungleich« (und daher schriftlich nur ungefähr wiederzugeben) gespielt:

Aber auch gleichwertig notierte Rhythmen konnten fallweise »pointé«, häufiger jedoch »louré« gespielt werden[102]:

Punktierte Rhythmen konnten dem vorherrschenden Rhythmus angeglichen werden[103]:

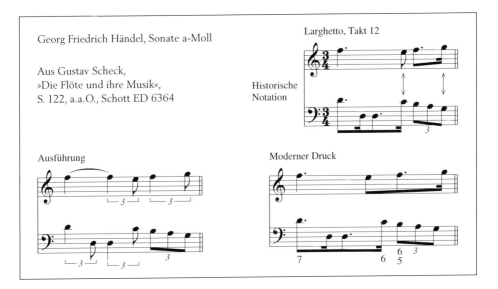

Georg Friedrich Händel, Sonate a-Moll

Aus Gustav Scheck, »Die Flöte und ihre Musik«, S. 122, a.a.O., Schott ED 6364

Larghetto, Takt 12

Historische Notation

Ausführung

Moderner Druck

---

102 Vgl. R. de Visée, Suite c-Moll (Tombeau de Mr. Francisque Corbet); J. S. Bach, Suite g-Moll, BWV 995 (Courante).

103 Vgl. G. Fr. Händel, Sonate a-Moll für Blfl. und Bc; Kantate »Nel dolce dell'oblio« für Sopran, Blfl. und Bc.

Verzierungen sind nicht nur von Regeln, sondern auch vom Gefühl abhängige, zarte musikalische Elemente. »Überdecken sie die Musik, so schaden sie ihr mehr, als sie ›verzieren‹. Die Beschäftigung des Spielers mit der richtigen Art des Verzierens darf nie seinen Sinn für den musikalischen Zusammenhang stören oder verdrängen.«[104]

[104]   Th. Dart, Practica Musica, a.a.O.

Kapitel IV
Über das Nagel- und Kuppenspiel

Wenige Instrumente haben im Laufe ihrer Geschichte Anlass zu Diskussionen und Kontroversen von solcher Heftigkeit gegeben, wie Gitarre und Laute durch die Art ihrer Tonerzeugung, die entweder mit der Kuppe oder mit den Fingernägeln der rechten Hand erfolgen kann[105]. Eine nahe liegende Begründung für die Ablehnung des Nagelspiels in zahlreichen Lehrbüchern und Spielanweisungen des 16. bis 18. Jahrhunderts dürfen wir in mangelhafter Nagelpflege und vor allem in der daraus resultierenden größeren Verletzbarkeit des Darmsaitenmaterials vermuten. Wenn Philipp Hainhofer in seinem Lauten-Codex von 1603 fordert: »halt dhände rein, wiltu auf der Lauten schlagen fein«, so kann eine sorgfältige Nagelkosmetik in diesem Zusammenhang wohl kaum angenommen werden.

Ausdrückliche Anweisungen oder ästhetische Abhandlungen über den Anschlag mit Kuppe oder Nagel enthalten mehrere Quellen des 16. und 17. Jahrhunderts[106]. *Miguel Fuenllana* beschreibt die auf der Vihuela gebräuchliche Anschlagsart in der Reihenfolge ihrer Vollkommenheit und beginnt dabei mit dem weniger vollkommenen »dedillo«, einer Anschlagsart, bei der nur der Zeigefinger anschlägt, aber beim Hin- und Zurückschlagen die Saite trifft. Er schreibt[107]: »Was den *dedillo* betrifft, so bekenne ich, dass er leicht und angenehm für das Ohr ist, doch man darf ihm eine Unvollkommenheit nicht absprechen. Da bei dieser Art des *redoble* der Finger, wenn er einsetzt, die Saite anschlägt, kann man es nicht verhindern, dass der Nagel beim Zurückgehen die Saite trifft. Und das ist eine Unvollkommenheit. Denn dadurch kann einmal der Ton nicht gestaltet werden und weiterhin gibt es keinen ganzen und wahren Schlag. Daher kommt es, dass diejenigen, die mit dem Nagel redoblieren, mehr Leichtigkeit in ihrem Tun finden werden, aber keine Vollkommenheit… Ich möchte nur sagen, dass es Gutes und Besseres gibt.«

Bei der Beschreibung des Wechselschlages zwischen Zeige- und Mittelfinger schreibt Fuenllana:

»Was die dritte Art des *redoble* betrifft – nämlich die mit den beiden ersten der vier Finger der rechten Hand –, so sage ich, dass diese Spielart des *redoble*

---

105 Umfangreiche Erörterungen zu diesem Thema finden sich bei J. Zuth, Das künstlerische Gitarrespiel, Leipzig 1915, S. 15; A. Koczirz, Über die Fingernageltechnik bei Saiteninstrumenten, Festschrift für Guido Adler, Wien 1930, S. 164; E. Pujol, Das Dilemma des Klanges bei der Gitarre, a.a.O.
106 Dieter Kirsch, Anschlagsanweisungen in Lautenbüchern, Ms.
107 Zitate in deutscher Übersetzung aus Dieter Kirsch, op. cit., mit freundlicher Genehmigung des Autors.

solche Vorzüge hat, dass ich wage zu sagen, in ihr allein besteht die ganze Vollkommenheit, die in allen möglichen Spielarten des *redoble* existieren kann, sowohl was die Geschwindigkeit, wie auch die Sauberkeit, als auch die Vollkommenheit dessen betrifft, was man spielt. Denn wie gesagt, es hat großen Vorteil, wenn man die Saite anschlägt, ohne dass sich der Nagel oder irgend eine Art der Erfindung einmischt. Denn allein mit dem Finger – wie in jeder lebendigen Sache – besteht der wahre Geist, den man beim Treffen der Saite dem Spiel verleiht.«[108]

Im 6. Kapitel von *Alessandro Piccininis* »Intavolatura di liuto e di chitarrone«, Bologna 1623, missbilligt der Autor den zu langen Daumennagel. Im 7. Kapitel des zitierten Werkes schreibt er jedoch: »Die anderen drei Finger, genannt Zeige-, Mittel- und Ringfinger, müssen freilich Nägel haben, die so lang sind, dass sie etwa über die Kuppe hinausragen, aber nicht länger, mit einer leichten Rundung, d.h. dass sie in der Mitte ein wenig höher sind. Sie werden so angewendet, dass – wenn ein Pizzicato ausgeführt wird oder wenn eine Saite allein klingen soll – sie diese Saite mit der äußersten Kuppe berühren und sie gegen die Decke anreißen, so dass dabei der Nagel beide Saiten schwingen lässt, die dabei den schönsten Zusammenklang geben, da die Saiten alle beide zusammen erklingen.«

Thomas Mace schreibt auf S. 73 seines Lehrwerkes: »Dabei habe acht, dass du deine Saiten nicht mit den Nägeln anschlägst, wie es manche tun, die das für die beste Art zu spielen halten. Ich tue das nicht, und zwar aus dem Grund, weil der Nagel keinen so süßen Klang aus der Laute holen kann, wie das weiche Ende der Kuppe es kann. Ich gebe zu, im Consort mag es gut genug sein, wo die Lieblichkeit – welche die allervornehmste Genugtuung einer Laute ist – sich in der Menge verliert. Aber beim Solospiel könnte ich niemals vom Nagel so sehr zufriedengestellt werden, wie von der Kuppe. Wie auch immer – das ist meine Meinung –: lass andere tun, wie es ihnen am besten scheint.«[109]

Silvius Leopold Weiß schreibt in seinem Brief vom 21. März 1723 an Johann Mattheson, dass Theorbe und Arciliuto, »welche unter sich selbst wieder ganz differieren… zu Galanterie-Stücken gar nicht zu gebrauchen sind«. Beide »werden ordinairement mit den Nägeln gespielet, geben also in der Nähe einen aspern, ruden Klang von sich«.

Das 19. Jahrhundert sah die prominenten Gitarrenvirtuosen in zwei Lager gespalten: Aguado, Giuliani, Carulli als Vertreter des Nagelspiels, Sor, Carcassi und Meissonnier, die es verachteten. Den Grundstein für den Nagelanschlag seit Beginn des 19. Jahrhunderts legte *Dionisio Aguado* in seiner »Método para guitarra« (Madrid 1825/45):

---

108 M. de Fuenllana, Orphénica lyra, Sevilla 1554, S. 5f.
109 Th. Mace, Musick's monument, London 1676.

»Wir können entweder mit den Nägeln oder mit den Fingerkuppen der rechten Hand spielen. Was mich betrifft, habe ich immer meine Nägel benutzt. Nichtsdestoweniger entschloss ich mich, meinen Daumennagel abzuschneiden, nachdem ich meinen Freund Sor spielen hörte, und ich beglückwünsche mich, seinem Beispiel gefolgt zu sein. Der Impuls der Daumenkuppe für die Bässe erzeugt einen vollen und angenehmen Ton. Für den Zeige- und Mittelfinger behalte ich die Nägel bei. Meine lange Erfahrung dürfte mich berechtigen, meine Meinung zu dieser Frage darzulegen. Mit den Fingernägeln erzielen wir auf der Gitarre eine Farbe, die sich weder mit dem Klang der Harfe noch mit dem der Mandoline vergleichen lässt. Meines Erachtens ist die Gitarre mit einem Charakter gekennzeichnet, der sie von anderen Instrumenten unterscheidet: sie ist süß, harmonisch, pathetisch, manchmal majestätisch. Sie hat nicht Zugang zur Erhabenheit der Harfe oder des Klaviers. Ihre zarte Anmut und ihre Vielfalt an Klangmodulationen machen sie hingegen zu einem Instrument voll von Geheimnissen. Aus diesem Grunde halte ich es für wünschenswert, die Saiten mit den Nägeln anzuschlagen. Sie erzeugen einen klaren, metallischen, mannigfaltigen Ton voll Zartheit, mit Licht und Schatten. Gleichwohl sollte man beachten, dass es nicht die Nägel allein sind, mit denen ich die Saiten berühre; in diesem Falle wäre der Ton grob und unangenehm. Die Saite wird zuerst mit der linken Fingerkuppe berührt und gleitet dann bis zum Nagel; die nun zuletzt folgende Bewegung verleiht dem von der Kuppe ausgegangenen Impuls erst eine klare Tongebung. Die Nägel sollten eher biegsam und nur wenig über die Fingerkuppe hinausragen. Zu lange Nägel sind für die Technik hinderlich, da die Saite einige Zeit benötigt, den Widerstand des Nagels zu überwinden. Wie ich beobachten konnte, sind Schnelligkeit und Klarheit in raschen Passagen von der richtigen Verwendung der Nägel abhängig.«

Francisco Tárrega, der zeitlebens an der Verbesserung und Erweiterung klanglicher Möglichkeiten arbeitete, war ein Verfechter des Nagelspiels, ehe er – von 1900 bis zu seinem Tode im Jahre 1909 – dem Kuppenanschlag den Vorzug gab[110].

Neue Aspekte zu diesen Anschlagsmanieren liefert *Heinz Nickel*[111], dessen Beitrag, auszugsweise zitiert, dieses viel diskutierte Thema beschließen soll: »Beim Übergang vom Plektrum- zum Fingeranschlag[112] erscheint es natürlich, den über die Fingerkuppe hinausragenden Nagel als ein natürliches Plektrum zu benutzen, um so die Vorteile des Plektrums – geringerer Widerstand beim Anschlag und damit größere Schnelligkeit – mit der Beweglichkeit der Finger zu verbinden. Die

---

110   E. Pujol, Das Dilemma des Klanges bei der Gitarre, a.a.O.
111   H. Nickel, Beitrag zur Entwicklung der Gitarre in Europa, a.a.O., S. 107, 108.
112   Um die Wende vom 15. zum 16. Jahrhundert, Anm. des Herausgebers.

zahlreichen Beispiele und Anweisungen aus Lauten- und Vihuelatabulaturen, die gegen den Nagelanschlag zu Felde ziehen, beweisen nicht – wie oft argumentiert wird – dass in der Regel die Kuppe benutzt wurde. Die Benutzung des Nagels muss selbstverständlich gewesen sein, denn es gibt kaum Zeugnisse, die ihn verteidigen oder fordern[113]. Es ist nicht notwendig, etwas zu verteidigen oder zu fordern, was allen geläufig ist. Die akustischen Ergebnisse beider Manieren bleiben jedoch eine Frage des persönlichen Geschmackes.«

---

[113] Mit Ausnahme von A. Piccinini, vgl. S. 128, Anm. des Herausgebers.

Kapitel V
Musikalische Formen der Lauten- und Gitarrenmusik des 16. bis 18. Jahrhunderts

Air (Ayre, Air de cour[t])
Im Frankreich des 17. Jahrhunderts verstand man darunter eine überwiegend einstimmige, hauptsächlich von der Laute begleitete Liedform (J. B. Besard, »Airs de court«, 1603), wobei auch rein instrumentale Übertragungen für Laute allein gemacht wurden (G. Bataille, »Airs de cour, mis en tablature de luth«, 1612/14). Qualitativ hoch stehender waren die englischen Airs vom Ende des 16. Jahrhunderts ab, die sowohl französische wie italienische Einflüsse verraten. Den Airs (Ayrs, Ayres) von Dowland und Morley haben offensichtlich italienische Canzonetten Pate gestanden. Sie waren über Jahrzehnte die populärste Liedform in England.

Allemande (Allemanda, Almain)
Sie ist wohl älter als ihr Name und war für die Deutschen der Tanz (»dantz«) schlechthin, mit »Nachtanz« oder »Hupfauf« und in der Verbindung Allemande – Tripla eines der Tanzpaare, das später zur Suite führte. Erst in der zweiten Hälfte des 16. Jahrhunderts wurde sie durch die Franzosen sanktioniert. Stets geradtaktig, ist die Allemande ein Reigentanz in langsamer, gemessener Bewegung, Zeichen eines »zufriedenen Gemuths, das sich an guter Ordnung ergetzt« (Mattheson). In der 1. Hälfte des 18. Jahrhunderts verliert sie ihre Tanzmusikfunktion und findet als erster Satz (mit Einleitungscharakter) Eingang in die Solosuite.

Alta danza (siehe unter »Hupfauf«)

Auff und Auff (siehe unter »Hupfauf«)

Ballo (Balletto, Ballet)
wurde ursprünglich als Sammelname für Tänze aller Art verwendet. Im Zusammenhang mit den in den Lautentabulaturen des 16. und 17. Jahrhunderts vorkommenden Tanzsätzen mit der Bezeichnung »Ballo« wird eine zweiteilige Tanzform in rascherem Tempo und im Geradtakt verstanden (C. Negri, S. Molinaro, J. Gorzanis, G. A. Terzi).

Basse danse
Im 15. Jahrhundert als »Königin der Tänze« bezeichnet, enthält die Basse danse nach T. Arbeaus »Orchésographie« von 1589 drei Teile: die eigentliche »Basse

danse«, »Recoupe« und »Tourdion«. Gewöhnlich stehen die beiden ersten Sätze im Dreiertakt, der Tourdion im 6/8- oder 6/4-Takt. Abweichungen von dieser Regel kommen bei Attaingnant häufig vor. In der dreiteiligen Folge können Basse danse – Recoupe – Tourdion als eine Vorform der Suite angesehen werden. Auch Basse danse – Saltarello waren als Tanzpaarverbindung eines Reigentanzes mit einem Springtanz üblich. Nach der Mitte des 16. Jahrhunderts kam die Basse danse außer Gebrauch, so dass auf dem Gebiet der langsamen zeremoniellen Schreittänze im zweizeitigen Rhythmus nur noch die Pavane fortlebte.

Battaglia (Battaille)

Mit diesem Terminus werden Musikstücke bezeichnet, die kriegerische Handlungen, Schlachten und Aufzüge schildern. Die programmatischen Instrumental-Battaglien, wie sie auch für die Laute existieren (Attaingnant 1529, Francesco da Milano 1536, Jean-Baptiste Besard 1603, Hans Neusidler 1536), waren im 16. Jahrhundert Übertragungen der Chanson »La Guerre« von Clément Janequin.

Bergamasca (Bergamascha)

Ursprünglich der Name für ein italienisches Tanzlied der Bauern aus der Umgebung von Bergamo, gilt die Bergamasca als humorvoller Tanz, der als solcher in Gitarren- und Lautentabulaturen des 17. Jahrhunderts recht zahlreich vertreten ist (Jean-Baptiste Besard 1603, Girolamo Montesardo 1606 u.a.).

Bourrée

Aus der Auvergne stammend, war die Bourrée im 16. Jahrhundert ein Volkstanz, der spätestens im 17. Jahrhundert als Hoftanz Eingang in die Kunstmusik fand, wo er sich großer Beliebtheit erfreute. Sie steht in heiterem Zweiertakt und unterscheidet sich von der Gavotte durch ihr schnelleres Tempo und – wenn sie auftaktig beginnt – durch ihren Beginn auf dem letzten Viertel. In der Suite steht sie zwischen Sarabande und Gigue. Besonders bei Bach erweiterte sich ihre Form, indem der Bourrée ein Double folgen kann (mitunter in Moll), worauf die Bourrée I wiederholt wird.

Branle

Vom 15. bis 17. Jahrhundert begegnet uns der Branle als Reigentanz und bildet ursprünglich den Schluss-Pas in den Basses danses. Vom 16. Jahrhundert an erscheint er als selbständiger Tanz, sowohl im geraden Takt wie auch im Tripeltakt, der nach Arbeau in verschiedenen Zeitmaßen getanzt wurde: Branle double und Branle simple im langsamen Zeitmaß (für ältere Leute), Branle gay im lebhaften Dreiertakt (für junge Eheleute), Branle de Bourgogne und Branle de Champagne im schnellen Zweiertakt (für die jüngsten Tänzer). Mit 26 Abarten gehören die Branles zu den vielfältigsten und umfangreichsten Tanzformen des 16. Jahrhunderts.

Calata

Die ersten gedruckten Tänze dieses Namens finden sich bei Dalza (Intabulatura de lauto, Petrucci 1508). Die Zeichen **C**, **¢** oder **¢ 3** weisen auf Tänze mit variablen Tempi und Rhythmen.

»Calata de strambotti« ist eine Calata mit Strambotto-Melodien. In Dalzas Tabulaturwerk finden sich auch Tänze mit der Bezeichnung »Calata ala Spagnuola«.

Canarie

Mit diesem Namen bezeichnete man einen sehr schnellen, punktierten 3/8- oder 6/8-Tanz aus der Gigue-Familie. Als reines Instrumentalstück ist sie an keine Norm gebunden und kann auch im geraden Takt auftreten. Ihren Namen empfing sie vermutlich durch ihre Herkunft von den Kanarischen Inseln.

Canzon[e], Canzona (siehe unter »Kanzone«)

Capriccio

Das Lautencapriccio wird oft als präludienhaftes Stück aufgefasst (S. L. Weiß), das fallweise die Imitation verwendet, der Volte nahe steht und nicht selten ironische Bedeutung hat.

Carola (carole)

Diese vereinzelt in Lautentabulaturen auftretende Bezeichnung für eine Art Rundtanz ist wahrscheinlich vom mittelalterlichen »carole« abgeleitet, einer frühen Liedform.

Chaconne (Ciacona)

Unter Chaconne versteht man ursprünglich einen aus Mexiko (oder Indien?) stammenden und seit 1600 in Spanien nachweisbaren Tanz, der bald in die Instrumentalmusik Eingang fand und als Variationsform bis 1800 lebendig blieb. Die ältesten Chaconnebeispiele finden sich in den Fantasien des spanischen Vihuelisten Miguel de Fuenllana (1554) sowie in zahlreichen Gitarre- und Lautentabulaturen des 17. Jahrhunderts (Nicolas Vallet, L. Ruiz de Ribayaz, Gaspar Sanz, Luis de Briceño). Die rasche Aneignung der Chaconne durch italienische Gitarristen, besonders in Neapel, wo schon im 16. Jahrhundert Variationen über ostinate Bassmelodien gepflegt wurden, versteht sich aus der Tatsache, dass die »Chitarra spagnuola« zu Anfang des 17. Jahrhunderts in Italien ein aus Spanien kommendes

Modeinstrument war, wobei man mit dem Instrument zugleich auch sein Repertoire übernahm. Aus dem Bereich der Lauteninstrumente führte Frescobaldi die Chaconne in die Cembaloliteratur ein, von wo sie später in fast alle Bereiche instrumentaler und vokaler Musikliteratur Eingang fand. Als eine Reihe von Variationen über einen ostinaten Bass (d.h. über ein mehr oder weniger unverändertes, sich stets wiederholendes Bassthema von 4, 8 oder 16 Takten) ist die Chaconne nahe verwandt mit der Passacaglia, wobei Mattheson diese von jener dahingehend unterscheidet, dass die Chaconne mit größerer Freiheit vom vorgesetzten »Thema im Basse weichen darf als die Passecaille«.

Chanson

Bis zum 15. Jahrhundert versteht man unter Chanson jede Art weltliches Lied in der Volkssprache, sei es Ballade, Rondeau oder Virelai. Der Chansontyp, wie er um die Mitte des 16. Jahrhunderts in den Tabulaturdrucken von Attaingnant, Le Roy und Ballard vertreten ist, war hervorragend zur Wiedergabe durch eine Solostimme mit Lautenbegleitung geeignet. Die strophisch-homophonen Chansons in dieser, von der höfischen Gesellschaft der 2. Jahrhunderthälfte bevorzugten Darbietungsart erfreuten sich ganz außerordentlicher Beliebtheit und dürften die eigentlichen Gesellschaftslieder jener Zeit gewesen sein. Später erhielten sie auch die Bezeichnung »Air« (»Air de cour«) und bildeten die Hauptform der weltlichen Vokalmusik in Paris (siehe unter »Air«).

Chorea

Griechische Bezeichnung für Lautentänze, z.T. Volkstänze unterschiedlichen Charakters (»Chorea italiana«, »Chorea polonica«, »Chorea pastorum«, ein »Chorea Anglicana Doolandi« bei J.-B. Besard, 1603).

Courante (Corrente, Corranto)

Sie gehört zu den Tanzformen des 16. bis 18. Jahrhunderts und hatte als Nachtanz der Allemande ein längeres Leben als diese. Die älteren Couranten haben langsames Tempo, um die Mitte des 17. Jahrhunderts werden sie rascher, und Praetorius verlangt für sie ein schnelles Tempo. Typisch für die Courante im 17. Jahrhundert ist der ungerade Takt, im 18. Jahrhundert ein Auftakt mit kurzen Noten und das Auftreten punktierter Rhythmen. Von der im Tempo gemäßigteren französischen 3/2- oder 6/4-Courante unterscheidet sich die italienische 3/4- oder 6/8-Corrente durch ein schnelleres Zeitmaß in gleichförmig laufender Bewegung[114]. Beide Typen

---

[114] Vgl. die Couranten in Bachs Lautensuite e-Moll, BWV 996 und in der Cellosuite C-Dur, BWV 1009.

ähneln in manchen Fällen der Galliarde, der Gigue und dem italienischen Saltarello und sind mit dem deutschen Spring- oder Nachtanz (Hupfauf) verwandt.

Diferencia

Als erste unter den spanischen Tabulaturen für Vihuela enthält die von Luis de Narváez (»Los seys libros del Delphin de música«, 1538) Stücke mit der Bezeichnung »diferencias«. Wie bei der Chaconne handelt es sich auch hier um eine frühe Variationsform. Die sechs Diferencias über die Hymne »O gloriosa Domina« von Narváez zählen zur besten Instrumentalmusik des 16. Jahrhunderts (J. M. Ward).

Double (Diminution, Division)

Double ist der vom 16. bis 18. Jahrhundert gebräuchliche Name für die mit Verzierungen ausgestattete Wiederholung eines Suitensatzes und als solche identisch mit den Begriffen Diferencia, Diminution, Division, Glosa, Redoble und Variatio.

Echo (Rondeau en Echo)

Mehr als bei jedem anderen Instrument ist das »Echo« (forte-piano) ein reizvolles und willkommenes Stil- und Interpretationsmittel, die Ausdruckskraft bei Laute und Gitarre zu vertiefen, andererseits aber auch Mängel zu verdecken, wie etwa den lückenhaften vielstimmigen Lautensatz bzw. seine Scheinpolyphonie.

Die Musik des 17. und 18. Jahrhunderts kennt im erhöhten Maße elastische Dynamik; Titel wie »Echo en Marche«, »Rondeau en Echo«, »Air en Echo« (S. L. Weiß) und »Corant Echo« bestätigen diese Vermutung.

Entrée (siehe unter »Präludium«)

Fantasia (Fantasie, Fancy)

Unter Fantasia versteht man im 16. Jahrhundert ein nach polyphonen Kompositionsprinzipien (oder wenigstens in imitierender Satzkunst) gearbeitetes Instrumentalstück. Die ersten Kompositionen dieses Namens finden wir in den Lautentabulaturen von L. Milán[115], A. Mudarra und M. de Fuenllana (auch für vierchörige Gitarre), auf italienischem Boden erstmals bei F. da Milano (1536); S. Molinaro, G. A. Terzi und J.-B. Besard folgen zum Teil bereits dem englischen Lauten-Fancy

---

115 Luis Milán unterlegt in seinem Tabulaturbuch »El Maestro« (1535/36) erstmals dem Wort »Fantasia« folgende Erklärung: »Jedes in diesem Buch enthaltene Stück, welch immer seine Tonart, heißt Fantasie, denn es entstammt einzig und allein der Fantasie und Schöpfungskraft seines Urhebers.«

John Dowlands. Gegen die Mitte des 16. Jahrhunderts ist in verschiedenen zeit-genössischen Lautendrucken die Fantasia synonym mit dem italienischen »Ricer-car« und dem spanischen »Tiento«, die zur späteren Ausformung der Fuge geführt haben (siehe auch unter »Fuge« und »Ricercar«).

Favorito

Da der Name »Favorito« nur sehr vereinzelt in Lautentabulaturen erscheint, darf man daraus schließen, dass es sich hierbei um keinen Tanz eigenständigen Charak-ters handelt. Die Tatsache, dass Favoritos in Joachim van den Hoves Tabulaturbuch (1612) in einer Gruppe von Galliarden und Passamezzi eingeschlossen sind, legen vielmehr die Vermutung nahe, dass es sich bei den im Dreiertakt komponierten Stücken um besonders kunstvolle und bevorzugte Tänze der Galliarden-Familie handelt.

Folia (la Folia, les Folies d'Espagne)

»La Folia« war ursprünglich ein portugiesischer Tanz und ist als solcher seit dem Ende des 16. Jahrhunderts nachweisbar. Als »Moresca« (englisch: Morrisdance, deutsch: »Schwartz Knab«) dem primitiv-religiösen Dämonentanz zugehörig, wie er heute noch im Ritual des »Wilden Mannes« in Basel fortlebt und alljährlich die »Fasnacht« (mit »Leu« und »Vogel Gryff«) einleitet, hat sie auch Eingang in die höfi-sche Kultur gefunden. Mit der Familie des italienischen Passamezzo antico und der Romanesca aufs engste verwandt, taucht die Musik der Folia, in ihrer klassischen Form auf einem 16-tönigen Ostinato-Bass aufgebaut, zuerst in Spanien auf. Zu den frühesten Quellen der Folia gehören Lauten- und Gitarretabulaturen des 16. Jahr-hunderts, in denen sie recht zahlreich vertreten ist und dort oft als »Pavana« (Val-derrábano, Pisador) oder »Pavana Italiana« (Cabezón, Mudarra) bezeichnet wurde.

Frottola

Die Frottola ist eine altitalienische Liedform mit volkstümlichen, balladenhaften Elementen und vereinigt als Sammelbegriff verschiedene in Musik gesetzte Dich-tungsformen, wie Barzelletta, Strambotto, Oda, Giustiniana, Sonetto, Canzone, Capitolo, Canto Carnascialesco u. a. Sie konnte von einem A-cappella-Chor, einem einzelnen Sänger mit instrumentaler Begleitung (Laute, Spinett, Viole) oder einem Lautenisten vorgetragen werden. Die ersten Frottole für eine Singstimme mit Lau-tenbegleitung druckte Petrucci (F. Bossinensis, »Tenori e contrabassi intabulati col soprano in canto figurato per cantar e sonar col lauto«, Venezia 1509).

Ihre Hauptmeister sind Marco Cara und Bartolomeo Tromboncino. Dass die Frottola auch auf der Laute allein vorgetragen wurde, bezeugt Joan Ambrosio Dalzas »Intabulatura de lauto« (Petrucci, 1508).

Fuge (Fuga, Fugue)

Die Fuge ist die letztentwickelte Kunstform des kontrapunktischen Stils. Das Thema wird zu Beginn von einer Stimme allein vorgetragen (lat. dux, »Führer«). Die zweite Stimme (lat. comes, »Gefährte«) antwortet in der Oberquinte oder Unterquarte, mitunter auch in anderen Intervallen. Von der ersten Stimme wird unterdessen ein Kontrapunkt (Gegenstimme) zur zweiten Stimme ausgeführt. Die dritte Stimme greift (bei einer vierstimmigen Fuge) meist wieder das Thema der ersten Stimme auf, während die vierte Stimme auf den »Gefährten« Bezug nimmt. Ansätze zur Fugenform finden sich in der Lautenmusik des 16. Jahrhunderts, als Fantasia, Ricercare und Tiento. François Campions Gitarre-Tabulaturbuch (»Nouvelles découvertes sur la guitare«, Paris 1705) enthält mehrere Fugenkompositionen für die fünfchörige Gitarre. Die drei Fugen aus den Lautenwerken J. S. Bachs bilden den erhabenen Höhepunkt dieser Kompositionsgattung innerhalb der gesamten Lautenmusik.

Galliard (Galliarde, Gagliarda, Gaillarde)

Sie gehört wie der Saltarello, Proportio, Hupfauf usw. zur Gattung der im Tripeltakt stehenden Nachtänze, die mitunter jedoch auch als selbständige Tanzstücke auftreten. Einem Tanz in mäßigem oder langsamem Geradtakt folgend (Pavane, Passamezzo, Basse danse, Dantz), erfreute sich die Galliarde von ca. 1500–1700 großer Beliebtheit. Über das Tempo der Galliard liegen in zeitgenössischen Quellen widersprüchliche Aussagen vor. Offenbar war diese Tanzform mannigfaltigen Umwandlungen unterworfen. Das französische »gaillard« bedeutet fröhlich, munter, keck, das italienische »gagliardo« hingegen kraftvoll. Diese beiden unterschiedlichen Charaktereigenschaften französischer und italienischer Galliarden, die auch nach verschiedener Interpretation verlangen, erhalten bei Thomas Mace (in »Musick's monument«, London 1676) eine zusätzliche Variante: Er schreibt, dass die Galliard einem langsamen, breiten Tripeltakt folge und meistens ernsten Charakters sei (vgl. J. Dowlands »Melancholy Galliard«). Im Allgemeinen darf man ein mäßig bewegtes Tempo annehmen, etwa vergleichbar mit dem späten Menuett.

Gassenhauer (siehe unter »Hupfauf«)

Gavotte (Gavotta)

Im 16. Jahrhundert trifft man die Gavotte als einen Abkömmling des Branle, wo sie den ernsten Charakter der Basse danse als Nachtanz des Branle auflockerte. Zur Zeit Ludwigs XIV. war sie einer der bevorzugten Tänze. Im 17. Jahrhundert fand sie als Zwischensatz (ruhig bis mäßig bewegt, in **C**) zwischen Sarabande und Gigue Eingang in die Suite.

Gigue (Jig, Giga)

Der aus der Instrumentalmusik des 17. und 18. Jahrhunderts bekannte Tanz in sehr raschem Zeitmaß und fallweise mit punktierten Rhythmen taucht zuerst auf den britischen Inseln unter dem Namen »jig«, »jigg« u.a. auf. Die Ableitung vom altfranzösischen »gigue« (mittelhochdeutsch: gîge = Geige) ist nicht sicher belegbar. »Jig« bezeichnete im England des 16. Jahrhunderts auch eine Art Posse, mit einer in Versform gekleideten Handlung, mit populären Melodien und grotesken Tänzen. Mehrere Tanz-Jigs weisen auf diese Jig-Posse hin (»Kemp's Jig«). Die ersten Jigs finden sich in den Lautenwerken englischer Komponisten wie Francis Cutting, Thomas Ford und Thomas Robinson. Sie werden gelegentlich mit der »Toye« sowohl identifiziert als auch gekoppelt. Um die Mitte des 17. Jahrhunderts gelangte die Gigue – deutlich unterscheidbar von der fließenderen 6/8-»Giga« Italiens – durch englische Komödianten auf den Kontinent und erhielt durch die Aufnahme als letzter Satz in die Suite größere musikalische Bedeutung. Die Übernahme der Gigue in die französische Suite erfolgte auf dem Gebiet der Lautenmusik (D. Gaultier, E. Reusner d. J.).

Glosa (siehe unter »Double«)

Haulberroys

Bei Attaingnant nachzuweisender altfranzösischer Reigentanz, meist in geradem Takt, der gegen Ende des 16. Jahrhunderts bereits veraltet war.

Hornpipe (siehe unter »Musette«)

Hupfauf

Der dem Schreittanz (Dantz) folgende Springtanz wurde in Deutschland »Hupfauf«, »Nachtanz«, »Gassenhauer«, »Auff und Auff« und »Proporz« (»Proportio«), in Italien »Saltarello«, in Frankreich »Tourdion« (auch »Saulterelle«) und in Spanien »Alta danza« genannt. Der zur Pavane gehörige Nachtanz wurde »Galliard«, der der Allemande folgende »Tripla« genannt.

Intrada (siehe unter »Präludium« und »Pavane«)

Kanzone (Canzon[e], Canzona)

Unter diesem Terminus sind die verschiedensten Formen vokaler und instrumentaler Kompositionen bezeichnet. Die mit »Canzone« benannte *instrumentale* Kompositionsform ist aus der Übertragung der französischen Chanson auf das Instrument (Cembalo, Orgel oder Laute, später auch für Instrumentalensembles) entstanden.

Der in Lautenbüchern des 16. Jahrhunderts häufig anzutreffende Terminus »canzone francese« bezeichnet die Intavolierung einer französischen Chanson für die Laute. Imitierende Satzweise, Abschnittswiederholungen und ein schnelleres Zeitmaß waren im 16. Jahrhundert charakteristisch für diese Kompositionsform.

Kowaly

Aus dem polnischen Tanzrepertoire stammend, finden wir einen Schreittanz mit dieser Bezeichnung im »Lautenbuch des Albert Długoraj«, Leipzig 1619. Er zählt zu den sehr wenigen Beispielen unter den polnischen Lautentänzen des 16. bis 17. Jahrhunderts mit Imitationselementen.

Loure

»Loure« bezeichnet sowohl ein in Frankreich (Normandie) vom 13. bis 16. Jahrhundert gebräuchliches Musikinstrument von der Art eines Dudelsacks als auch einen Tanz oder Suitensatz im späteren 17. und 18. Jahrhundert. Möglicherweise ist bei der normannischen Loure die Sackpfeife nicht nur das aufspielende, sondern auch das Namen gebende Instrument. Mattheson nennt sie als Tanz »aufgeblasen«. Mit ihrem 3/4- oder 6/4-Takt (bestehend aus 2 x 3/4) und schwerem Auftakt (♪ ♩ | ♩. ♪♪ ♩ ♩ ♩)[116], ist die Loure ein langsamer Zweig der Gigue-Familie.

Marche

Die Lautensuite des 18. Jahrhunderts kennt die französische »marche« als Füllsatz, wobei der Einfluss von Lullys Ballettopern ebenso nahe liegt wie preußische Vorbilder.

Mascherada

Ein Karnevalstanz von schnellerem Tempo und punktiertem Rhythmus. Der »Maruscat Tantz« bei Wolff Heckel (1556) ist wohl damit identisch.

Menuett

Wenn die Courante den Übergang von der Renaissance zum Barock erlebte, so ist das Menuett Zeuge einer Wende vom Barock zur Klassik, wenngleich die Bezeichnung erstmals im 16. Jahrhundert für eine der 26 Abarten des Branle auftritt. Praetorius leitet das Menuett vom »Branle de Poitou« ab (»Terpsichore«, 1612). Unter Ludwig XIV. wurde es als Hoftanz eingeführt und übertraf an Beliebtheit bald alle anderen Tänze. Die Verbindung eines ersten mit einem zweiten Menuett

---

116   Vgl. J. S. Bachs Loure aus der Lautensuite E-Dur, BWV 1006a.

(als Alternativ-Satz) war seit dem 18. Jahrhundert häufig, wobei das erste Menuett nach dem zweiten wiederholt wird und so die Grundform der späteren Anlage A–B–A (Menuett – Trio – Menuett) vorwegnimmt. Das Menuett war vor 1700 ein langsamer Tanz im 3/4-Takt, um 1700 wird es schneller und um die Mitte des 18. Jahrhunderts wieder langsamer, wobei Mattheson, Quantz u.a. auf den Unterschied zwischen getanztem Menuett (schneller) und dem in Suiten, Sonaten usw. aufscheinenden Spielmenuett (langsamer) hinweisen. Die schnelle Abart des Menuetts wurde zum »Passepied«. Louis-Léon Pajot hat 1735 eine Art Metronom-Tabelle mit 22 Musikstücken aufgezeichnet, wie sie zur Zeit Ludwigs XIV. praktiziert wurden. Auf Grund dieser Studie, die sicher nicht Allgemeingültigkeit hat, aber doch Anhaltspunkte für die Interpretation der französischen Musik von ca. 1680 bis 1720 gibt, darf angenommen werden, dass die Tempi der meisten Tanzformen aus dieser Zeit erheblich schneller waren, als wir sie heute gewohnt sind zu interpretieren. Dabei ist es auffallend, dass Pajot vor allem für das Menuett das fast schnellste Tempo überhaupt vorschreibt. Eine Erklärung dafür könnte die verbürgte Tatsache liefern, dass Ludwig XIV. ein virtuoser, d.h. äußerst beweglicher Menuett-Tänzer gewesen ist. Pajot dürfte somit das Tempo seines Königs tabellisiert haben, mit dem er in engstem persönlichen Kontakt stand[117].

Moresca (siehe unter »Folia«)

Musette
Als Tanz- und Instrumentalstück gefälligen Charakters (im 6/8-, 3/4- oder 2/4-Takt) liegt die Besonderheit der Musette im liegenden Basston. Ihren Namen erhielt sie von der französischen Abart des Dudelsacks und hat in der englischen Hornpipe ihre schnellere Parallele. Sie war zur Zeit Ludwigs XIV. sehr beliebt.

Nachtanz (siehe unter »Hupfauf«)

Ouverture (siehe unter »Präludium«)

Padoana (Padovana, Paduana)
Diese drei synonymen Termini für eine italienische Tanzform des 16. Jahrhunderts sollten nicht mit der Pavane verwechselt werden, wenngleich der Begriff »Padoana« und »Pavane« bereits in den frühest überlieferten Quellen inkonsequent gebraucht wurde. Tatsächlich hat der Name zwei Bedeutungen:

---

[117] H. Chr. Wolff, Das Tempo der französischen Musik um und nach 1700, Musica 1973, Heft 5, Bärenreiter, Kassel.

1. Zu Beginn des 16. Jahrhunderts wurde »Paduana« und »Pavane« als Gattungs-begriff für Tänze des Pavana-(Pass'e mezzo-)Typs verwendet. In diesem Falle han-delte es sich um einen langsamen Schreittanz, dem Dalza in seiner »Intabulatura de lauto« (1508) einen »Saltarello« als Springtanz und die »Piva« oder »Spingardo« als zweiten schnellen Tanz hinzufügte und damit die frühest belegte Vorform der Suite schuf.

2. Seit der zweiten Hälfte des 16. Jahrhunderts wurde die Bezeichnung »Padoana« oder »Padovana« auf einen schnellen Tanz in vierzeitigem oder zweizeitig zusammen-gesetztem Metrum bezogen, der meistens als Nachtanz in der Reihenfolge Pass'e mezzo – Padoana – Saltarello (oder Pass'e mezzo – Gagliarda – Padovana) Ver-wendung fand (Lautentabulaturen von Bianchini, Gorzanis und Rotta; siehe auch unter »Passamezzo«).

Paisanne (Paysane, siehe unter »Pastorale«)

Passepied (siehe unter »Menuett«)

Passacaglia (siehe unter »Chaconne«)

Passamezzo (Pass'e mezzo, Passo e mezzo)
Der Passamezzo ist ein italienischer Tanz des 16. Jahrhunderts, eine Art Pavane (Arbeau bezeichnet ihn als eine schnellere Abart der Pavane), die aus mehreren, in der Art von Variationen über feststehende harmonische Modelle durchgeführ-ten Teilen besteht. Zwei Modelle haben sich besonders mit diesem Tanz verbun-den: der »Passamezzo antico« und der »Passamezzo moderno« (englisch »Quadro Pavan«). Die meisten Passamezzi des 16. Jahrhunderts sind figurationsreich und virtuos und wurden auch über andere Variationsthemen als den »Antico« und den »Moderno« geschrieben: über die »Romanesca« (ein weit verbreitetes Tanz- und Variationsthema des 16. und 17. Jahrhunderts), über »La Folia« sowie über verschiedene andere volkstümliche Melodien (»Guárdame las vacas«, »La rocha e 'l fuso«). Romanesca, Folia und Passamezzo antico ähneln einander sehr und sind mitunter sogar identisch. Luis de Narváez' »Diferencias sobre Guárdame las vacas« sind über die Romanesca, »Tres diferencias por otra parte« über den Passamezzo antico geschrieben. Die beiden Modelle des Passamezzo wurden nicht selten zu Variations-Suiten verwendet (Passamezzo – Saltarello; Passamezzo – Gagliarda; Passamezzo – Padoana – Saltarello) und zählten zu den umfangreichsten Instru-mentalstücken des 16. und 17. Jahrhunderts. A. Rotta liefert mit der Tanzfolge Pass'e mezzo – Gagliarda – Padovana (Padoana) einen wichtigen Beitrag zur Ent-wicklung der Suite, wobei die Gagliarda und die schnelle Padovana im Tripeltakt

sich durch rhythmische Variation aus dem Passamezzo ableiten. Beispiele für Passamezzi finden sich in den Lautenbüchern von Gorzanis, Galilei, Molinaro, Terzi u.a. Der Passamezzo antico wird oft auch als »Bolognese«, »Milanese«, »Ferrarese«, »Veneziano« usw. bezeichnet (u.a. bei Dalza und Judenkünig).

Pastorale (Paisanne, Paysane, Pastorella, Chorea pastorum)
Über ihre ursprüngliche Herkunft vom »Schäfer Tantz« sagen diese Stücke, die seit dem 17. Jahrhundert Eingang in die Lautensuite fanden, wenig aus. Sie ersetzen fallweise die Sarabande.

Pavane (Pavan, Pavana, Pavin)
Die Pavane gilt als Muster eines langsamen Schreittanzes; ihre Glanzzeit fällt ins 16. Jahrhundert. Die früheste überlieferte Quelle für diesen Tanz ist Dalzas »Intabulatura de lauto«, 1508. Weitere frühe Beispiele finden sich bei Judenkünig, Attaingnant und Milán und erreichten bei den englischen Lautenisten und Virginalisten (Dowland, Morley, Byrd, Bull u.a.) einen hohen Stand künstlerischer Aussage. Gewöhnlich folgte der geradtaktigen Pavane ein schnellerer Nachtanz im Dreiertakt (Saltarello, Galliard oder Piva). Beispiele von Pavanen im ungeraden Takt (3/2, 3/4) enthalten Miláns »El Maestro«, Mudarras »Tres libros de música« und Attaingnants »Dixhuit basses dances«. Zu Beginn des 17. Jahrhunderts wird die Pavane in die deutsche Tanzsuite (Variationensuite) aufgenommen: Pavane – Intrada – Dantz – Galliarda; Pavane – Galliard – Allemande – Courante (Schein, Peuerl).

Piva (siehe unter »Padoana«)

Präludium (Praeambulum, Preambel, Priamel, Preludio, Intrada, Entrée)
Unter diesen Bezeichnungen versteht man seit dem 16. Jahrhundert ein einleitendes Vorspiel von meist freier, oft auch improvisierender Form (auch eine Art Fantasie u.ä.), das zuerst in der Orgel- und Lautenmusik auftauchte. Auch Titel wie »Ricercare«, »Tastatura«, »Tastar de corde«, »Tiento«, »Toccata«, »Fantasia«, »Intrada« und »Entrée« (»Entrée de luth« bei Robert Ballard, 1611) sind weitgehend Sinnverwandte des Präludiums. Gegen Ende des 17. Jahrhunderts wird sein Charakter bestimmter. In den Lautensuiten von E. Reusner (1667) nimmt es die Stelle des ersten Satzes ein (Prélude – Allemande – Courante – Sarabande – Gigue) und behält im Barock seine Suiten-Einleitungsfunktion, die dann zur Form der Ouverture auswächst.

Proporz (Proportio, siehe unter »Hupfauf«)

Recoupe (siehe unter »Basse danse«)

Redoble (siehe unter »Double«)

Refrain (siehe unter »Rondeau«)

Ricercar (Ricercare, Recercar)
Die ersten Instrumentalstücke mit der Bezeichnung »Ricercar« erscheinen in italienischen Lautentabulaturen zu Beginn des 16. Jahrhunderts (F. Spinacino, 1507; A. Dalza, 1508; F. Bossinensis, 1508). Diese frühen Lauten-Ricercari haben Einleitungsfunktion; bei F. Bossinensis sind sie als Vorspiele den intavolierten Frottolen beigeordnet, bei J. A. Dalza werden die Stücke mit einem als »Tastar de corde« bezeichneten, bewegten improvisatorischen Teil eröffnet, dem dann in ruhigerem Tempo das eigentliche Ricercar (»Il ricercar dietro«) folgt.

Dem italienischen »Ricercare« (= suchen, forschen, im musikalischen Sinne ein Instrument anschlagen, präludieren, improvisieren) entspricht in Spanien das »Tiento« oder »Tento« (von »tentar« = betasten, versuchen, in der Tonart des folgenden Stückes intonieren). Im »El Maestro« von Luis Milán (1535/36) erscheint erstmals für Instrumentalstücke dieser Gattung die Bezeichnung »Fantasia« neben »Ricercar«. Von der Mitte des 16. Jahrhunderts an versteht man unter »Ricercar« eine in Imitationstechnik gearbeitete Instrumentalform, aus der später die Fuge hervorging. Schon zu Beginn des 17. Jahrhunderts wird der Terminus »Ricercare« synonym mit »Fuga« verwendet.

Rigaudon
»Übrigens ist der Rigaudon ein rechter Zwitter, aus Gavot und Bourrée zusammengesetzt und mögte nicht unfüglich eine vierfache Bourrée heissen.« So hat Mattheson (1739) diesen lebhaften, geradtaktigen Volks-, Ballett- und Hoftanz, der oft von einer Bourrée nur schwer zu unterscheiden ist, erklärt. In der Instrumental-Suite des 17. und 18. Jahrhunderts steht der Rigaudon gewöhnlich zwischen Sarabande und Gigue (in Suiten von J. A. Logy, S. L. Weiß sowie in anonymen Gitarren- und Lautenhandschriften).

Ritornell (siehe unter »Rondeau«)

Romance
Die »spanische Romance« der Vihuelisten im 16. Jahrhundert sollte nicht mit der deutschen »Romanze« des 19. Jahrhunderts verwechselt werden. Der Ursprung der spanischen Romance geht auf das 14. Jahrhundert zurück und ist die typischste

literarische Musikgattung spanischen Geistes und als solche bis heute lebendig geblieben. In ihrer reinsten Form findet sich die instrumental begleitete Romance als Strophenlied bei den Vihuelisten des 16. Jahrhunderts, z.T. mit Zwischenspielen und variierter Strophenbegleitung in der Vihuela.

Romanesca (siehe unter »Passamezzo«)

Rondeau (Ronde, Rondo)
Das instrumentale Rondeau (= Rundgesang) des 17. Jahrhunderts bezeichnet eine musikalische Form, bei der ein Hauptthema, das als eigentliches »Rondeau« auch mit »Refrain« oder »Ritornell« bezeichnet wird, mindestens einmal wiederkehrt. Das Rondeau wird besonders in der französischen Cembalo-Musik entwickelt (Couperin), doch ist es auch in Lauten- und Gitarrentabulaturen anzutreffen (Weiß, Visée, Saint Luc). Alle möglichen Tonsätze wie Air, Prélude, Gavotte, Menuett, Passepied, Chaconne, Passacaglia usw. können »en Rondeau« gestaltet sein (vgl. J. S. Bachs »Gavottes en rondeaux« in den Lautensuiten g-Moll und E-Dur). Das »Rondo« (zum »Sonatenrondo« umgestaltet) lebt in der Instrumentalmusik der Klassik weiter, wo es wegen seiner Leichtfasslichkeit oft Schlusssatz von Sonaten ist (Sor, Giuliani, Diabelli).

Ruggiero
Unter »Ruggiero« versteht man ein Bass-Modell, das als Thema für Instrumentaltänze und Variationszyklen verwendet wurde. Bei Gaspar Sanz (1674) als »Rujero« bezeichnet, dem ein Nachtanz (»Paradetas«) im Dreiertakt folgt.

Sarabande
Die Sarabande ist vermutlich mexikanischen Ursprungs und war im 16. Jahrhundert in Spanien ein wilder, obszöner Tanz; das Absingen der »Zarabanda« wurde mit Peitschen- und Galeerenstrafe gebüßt. Ein Jahrhundert später wurde sie trotz aller Proteste als Hoftanz in Spanien und Frankreich akzeptiert. Der ursprünglich übermütige Charakter der Presto-Sarabanden im 17. Jahrhundert (in Italien und England, auch bei Praetorius) wandelt sich erst um 1650 zu einem Tanz von sehr langsamer Bewegung im Tripeltakt. Als solcher wurde er im 17. Jahrhundert in die Suite aufgenommen und zwischen Courante und Gigue eingeschoben.

Saltarello (Sauterelle, siehe unter »Hupfauf«, »Padoana«, »Passamezzo«, »Pavane«)

Sonett (Soneto, siehe unter »Frottola«)

Spingardo (siehe unter »Padoana«)

Suite

Die Form der Suite hat im Laufe ihrer Geschichte mannigfache Wandlungen durchgemacht. Lose aneinandergereihte Lautentänze ergaben die Urform der Suite: Dantz – Proporz (Hupfauf); Basse danse – Recoupe – Tourdion; Pavana – Saltarello – Piva; Pavane – Galliarde; Suite des Branles; Passamezzo – Padoana – Saltarello usw.

Zu Anfang des 17. Jahrhunderts bestand die deutsche Variationensuite aus Paduana – Intrada – Dantz – Galliarda bzw. Pavane – Galliarde – Allemande – Courante (P. Peuerl, M. Praetorius, M. Franck, H. Schein, S. Scheidt und J. Staden). Der eigentliche, klassisch gewordene Suitentypus, wie er von Froberger, Chambonnières und L. Couperin geschaffen wurde (Allemande – Courante – Sarabande – Gigue), ist nicht ohne Lullys Orchestersuite und den Einfluss der französischen Lautenisten (besonders Denis Gaultier) denkbar. Gaultiers Präludientyp (vom Spieler improvisiert, mitunter nur andeutungsweise notiert), seine Verzierungen und Spielanweisungen sowie sein scheinpolyphoner Lautensatz haben die Clavecinisten in ihrer Schreibweise stark beeinflusst und darüber hinaus auf die Ausbildung der deutschen Klaviersuite eingewirkt. Als einer der ersten Lautenisten hat Gaultier die Sarabande in die Suite aufgenommen.

Tastar de corde (siehe unter »Präludium«)

Tastatura (siehe unter »Präludium«)

Tiento (siehe unter »Fantasia«, »Präludium«, »Ricercar«)

Toccata (siehe unter »Präludium«)

Tombeau

Die mit diesem Titel bezeichneten Instrumentalstücke erscheinen zuerst in den Tabulaturen der französischen Lautenisten Ennemond und Denis Gaultier. Man versteht darunter eine Instrumentalkomposition zum Gedächtnis einer bekannten Persönlichkeit. Neben der Laute und der Gitarre wurde das Tombeau auch vom Clavecin und von der Viole übernommen. Robert de Visée schrieb das »Tombeau de Mr. Francisque Corbet« seinem Lehrer zum Gedenken.

Tourdion (siehe unter »Basse danse« und »Hupfauf«)

Toy(e)

Toyes sind Tanzstücke heiteren Charakters aus dem elisabethanischen England, die sowohl mit der Jig identifiziert werden, als auch mit ihr gekoppelt vorkommen (Th. Mace: »Toys or Jiggs are Light-squibbish Things, only fit for Fantastical and Easie-Light-Headed People«). Toys finden sich u.a. bei Thomas Robinson und Francis Cutting.

Tripla (siehe unter »Allemande« und »Hupfauf«)

Villancico

»Villancicos« hießen im 16. Jahrhundert in Spanien volkstümliche weltliche und geistliche Lieder. Fast alle spanischen Vihuelisten verfassten Villancicos mit Lauten-begleitung, die zur grundlegendsten Form musikalischen Ausdrucks im Spanien des 16. Jahrhunderts gehörten, verwandt mit der italienischen »Ballata« und dem französischen »Virelay« des Mittelalters.

Villanella

»Villanella« nannte man das volkstümliche, schlichte (oft auch heitere und derbe) mehrstimmige Straßenlied italienischen Ursprungs. Auch Solostücke für die Laute trugen im 16. Jahrhundert diesen Titel.

Villano

Bei Gaspar Sanz (1674) vorkommender spanischer Volkstanz im 4/4-Takt.

Volte (Volta, Lavolta)

Als lebhafter Tanz aus der Provence erreichte die Volte zwischen 1550 und 1650 als Volks- und Gesellschaftstanz ihre größte Beliebtheit. Sie gehört als Typus der Galliarden-Familie an, wie Saltarello und Tourdion, und ist in zahlreichen Lauten-tabulaturen überliefert (A. Le Roy, G. Barbetta, G. A. Terzi sowie in deutschen und englischen Quellen).

Kapitel VI
Die Gitarre im Unterricht

1. Allgemeine Bemerkungen zur Unterrichtspraxis

Betrachtet man die Musikerziehung als Bestandteil einer breiteren musischen Erziehung, so ergeben sich für den Musiklehrenden neben den musikalisch-technischen vor allem auch pädagogische, soziale und kulturelle Bildungsaufgaben, die in der hier getroffenen Zusammenfassung ihrer Wirkungskräfte, ihrer methodischen Hilfsmittel und Zielsetzungen als Diskussionsgrundlage im Methodikunterricht dienen sollen.

Obwohl in unserer Gesellschaft nicht selten die Ansicht vertreten ist, dass Musik lediglich eine angenehme Freizeitbeschäftigung darstellt, die höchstens als kulturelles Aushängeschild dienen kann, obgleich der Musikunterricht als wesentlicher Bildungsfaktor den anderen Unterrichtsdisziplinen durchaus nicht gleichgestellt ist und »Ignoranz in musikalischen Dingen nicht als diskriminierend gilt, müssen Musikpädagogik und Musikerzieher auf dem harten Boden der Wirklichkeit das Kunststück vollbringen, die Anleitung zu fachlicher Erkenntnis mit der Aufgabe menschlicher Bildung im weitesten Sinne zu verbinden, und das gegen vielerlei Widerstände (Interesselosigkeit, Unwissenheit, Unsicherheit)«[118].

Soll also durch die Musikerziehung der ganze Mensch erfasst werden, durch die in ihm erst einmal die Fähigkeit geweckt wird, Musik als solche zu »vernehmen« und im weiteren Verlauf sie zu »verstehen« und auszuüben, so hat sich die Aufmerksamkeit des Musikerziehers auch der ganzen Persönlichkeit seines Schülers zuzuwenden. Besonders dann, wenn es sich um Jugendliche handelt, muss sich der Lehrer am Beginn der musikalischen Ausbildung nicht nur über *Alter*, *Vorbildung* und *Milieu* seines Schülers informieren; er soll sich im weiteren Verlaufe auch ein klares Bild schaffen über die *Leistungsfähigkeit*, die *Geschmacksneigungen*, über *Einfluss* und *Anregung durch Elternhaus* und *Freunde*.

Wenn ein Jugendlicher zum Musikberuf drängt, ist neben seinen musikalischen Anlagen, die in einer *Begabungsprüfung* (Intervalle nachsingen, Rhythmen nachklatschen, Erkennen von Dur und Moll, Blattsingen, kurze melodische und rhythmische Improvisation) erfasst werden können, auch auf seine *geistige* und *körperliche Eignung* zu achten. Der Beruf des Musikers sollte keinesfalls als Ersatz für Unzufriedenheit oder Misserfolg in einem anderen Tätigkeitsbereich gewählt werden.

---

[118] Handbuch des Musikunterrichts, herausgegeben von E. Valentin, W. Gebhardt und H. J. Vetter, a.a.O.

Die *fragende Lehrform* als Prinzip der Unterrichtsmethode fordert den Schüler vom Anfang an zu aktiver Mitarbeit am Unterricht auf. Je nach Alter, Begabung und Fortschritt des Schülers wird der Lehrer – vom Bekannten ausgehend – zwischen *Anweisen* und *Selbstfindenlassen*, *Vormachen* und *Nachmachen*, *Führen* und *Wachsenlassen* abwägen und dabei die musikalische Erziehung mit allgemeinen pädagogischen Zielen, wie die Förderung von *Konzentration, Aufmerksamkeit, Interesse, Ehrgeiz, Fortschritt* und *Zielbewusstsein* verbinden. »Das Geheimnis des guten Unterrichts, vor allem in der Arbeit mit Kindern, liegt darin, immer wieder neu zu fesseln und anzuregen, ohne deswegen den roten Faden des methodischen Aufbaus aus dem Auge zu verlieren.«[119]

Die Anweisungen des Lehrers sollten mit größtmöglicher *Anschaulichkeit* für den Schüler erfolgen. Er muss wissen, worauf er seine Aufmerksamkeit zu richten hat: auf richtige Haltung des Instruments, auf den rhythmischen Ablauf, auf saubere Tongebung, auf die Vorstellung von Melodie- und Begleitstimmen, auf technisch einwandfreie Interpretation usw., wobei *technische Schwierigkeiten* in der Koordination und Unabhängigkeit zwischen rechter und linker Hand zuweilen getrennt geübt werden müssen.

Der Aufbau für eine optimale *Unterrichtsgestaltung* ergibt sich aus der Betrachtung der verschiedenen *Lehrziele*.

Im Mittelpunkt steht das *Klangerlebnis*, das bewusste Wahrnehmen von Musik, die organische Entwicklung der musikalischen und technischen Kräfte, die in systematischem Aufbau von Anfang an gefördert werden müssen durch

— melodische und rhythmische Gehörerziehung (Anleiten zu bewusstem Hören);
— singendes Erfassen einer Melodie und ihre
— Aufzeichnung in Notenschrift und Wiedergabe auf dem Instrument;
— Schaffung theoretischer Grundlagen (Intervalle, Tonarten, Kadenzen, Agogik, Dynamik);
— systematische Erweiterung der Technik;
— Vorwegnehmen von musikalischen und technischen Problemen (Auftakte, Triolen, Punktierungen usw.) durch musikalische Erfindungsübungen unter Einbeziehung von Volksmelodien (singend und am Instrument), die später durch die Etüden ersetzt werden.
— Transpositionen einfacher Melodien (Fünftonreihen) in verschiedene Lagen und auf verschiedenen Saiten erleichtert die Kenntnis des Griffbretts.

---

[119] W. Gebhardt, Handbuch des Musikunterrichts, a.a.O.

148

Wenn die grundlegende Haltung des Instruments und die Tonerzeugung erläutert sowie eine manuelle Spielfertigkeit erreicht ist, empfiehlt es sich, die *Unterrichtsstunde* in ihrem Ablauf folgenderweise zu gestalten:

1. Technische und tonbildende Übungen (Tonleitern).
2. Etüde.
3. Vortragsstück, wobei nötige Korrekturen nicht während des Vorspielens, sondern erst am Ende des Vortrages besprochen werden sollen (Herausgreifen schwieriger Stellen).
4. Neue Aufgabenstellung mit Erläuterungen der technischen und musikalischen Besonderheiten (gegebenenfalls teilweises Vorspielen durch den Lehrer).
5. Kurze Blattspielübung, die auch mit dem neu zu erarbeitenden Spielstück verbunden sein kann.
6. Fallweises Duettspiel zwischen Lehrer und Schüler; auf der Unterstufe können hier noch eine Gehör bildende Aufgabe gestellt oder kadenzartige Verbindungen und deren Transposition geübt werden.

Für den Anfangsunterricht, besonders an Musikschulen, wird oft der *instrumentale Gruppenunterricht* empfohlen oder zur Pflicht gemacht. Hierbei sollte darauf geachtet werden, nicht mehr als vier Schüler in einer Gruppe gemeinsam zu unterrichten, da anderenfalls eine gewissenhafte Kontrolle durch den Lehrer nicht mehr gewährleistet ist. Vorspielen und Nachspielen durch Gruppenteilung (je zwei Schüler bilden eine Gruppe) oder das Zusammenspielen von Lehrer und einzelnen Schülern werden das gemeinsame Musizieren und kritische Zuhören fördern. Durch Gehör bildende und rhythmische Übungen in der Gruppe kann der Unterricht aufgelockert und bereichert werden. Der *Einzelunterricht* bleibt jedoch das Kernstück musikalischer Ausbildung und sollte auch innerhalb einer permanenten Gruppenunterrichtsgestaltung als optimale Unterrichtsform gepflegt werden.

Für das *Werkstudium* der Spielliteratur in der *Mittel- und Oberstufe* empfiehlt sich folgender Ablauf:

— Analyse über Charakter und Stil des zu studierenden Werkes (Tanz, Sonate, Variation, Fantasie usw.).
— Die Festlegung des Fingersatzes hat sich nach Tempo und Phrasierung des Werkes zu richten.
— Gedächtnismäßige Erarbeitung, fallweise in festzulegenden Abschnitten (optisch, akustisch und technisch-manuell); eventuelle Fingersatzkorrekturen.
— Üben der schwierigen Stellen durch langsames Spiel.
— Die Einschaltung einer *Denkpause* wird sich sehr oft als nützlich erweisen.
— Nachbereitung (Interpretation) des Werkes in seiner Gesamtheit.

Etwa bis ins dritte Lebensjahrzehnt steht der junge Musiker mehr oder weniger unter dem Einfluss seines Lehrers oder eines verehrten Vorbildes. Die Nützlichkeit der CD und des Tonbandes sollte heute in der Musikerziehung bei vernünftiger Verwendung nicht übersehen werden. Meisterhafte CD-Aufnahmen können – ergänzend zum unmittelbaren Konzerterlebnis – dem jungen Musiker helfen, die klanglichen und technischen Möglichkeiten seines Instruments von verschiedenen Gesichtspunkten aus kennen zu lernen. Die eigene Interpretation darf dabei freilich nicht als Spiegelbild der gehörten fixiert werden.

2. Anleitung zum täglichen Üben

Keine seriöse Lehr- und Unterrichtsmethode kann darauf verzichten, den Lernenden von der *ersten* Stunde an die lange Kontinuität einer fundierten technischen wie musikalischen Ausbildung nahe zu bringen, die in lebenslanger Betätigung erworben und in der Vollendung nur durch ständiges Üben erhalten werden kann. Ein Gewinn für die musikalische Gestaltung ist in der Regel nur dann erreichbar, wenn die täglichen Übungszeiten einen gesicherten Platz im Tagesablauf einnehmen. Das Üben erfordert eine besondere Technik, die jedoch unter Anleitung des Lehrers nach und nach erlernt werden kann. Folgende Regeln seien hier zur Erlangung einer leistungssteigernden Übetechnik kurz zusammengefasst:

— Das tägliche Übungsprogramm sollte gegliedert sein in *technische Übungen* (Tonleitern, Arpeggien, Übungen zur Koordination und Unabhängigkeit von Griff- und Anschlagtechnik, Barré, Legato, Perkussion), *Etüden* und *Vortragsstücke*[120].

— Tonleiterübungen in langsamem Tempo auch *mit Vibrato* üben, wodurch sich die jedem Spieler eigene Tonqualität am sinnfälligsten ausdrückt.

— Man übe in gut gelüfteten und eher kühleren als zu warmen Räumen.

— Eine regelmäßige Übedauer sollte eingehalten werden, die jedoch nur dann eine größtmögliche Leistungssteigerung erbringt, so lange man körperlich und geistig frisch ist. Bei Ermüdungserscheinungen Pausen zur Entspannung einschalten. Die tägliche Übedauer ist vom Talent, vom Lebensalter und der körperlichen Konstitution abhängig; sie sollte individuell flexibel gehandhabt werden.

— Technische Übungen und Etüden möglichst auswendig üben.

— Stets langsam üben, bis Sicherheit in allen technischen und musikalischen Details erreicht ist.

— Je nach Begabung und Fortschritt sind für das *Auswendiglernen* eines Werkes, das bereits beim konzentrierten Durchlesen beginnt, drei Faktoren von Bedeu-

---

120 Vgl. K. Ragossnig, Gitarrentechnik kompakt, a.a.O.

tung: die *visuelle* Aufnahme über das Notenbild, die *akustische* über das Gehör und die *muskuläre* (motorische) nach dem Ablauf der Fingerbewegung beider Hände. Eine Faustregel wäre etwa so zu formulieren: Man soll dann mit dem Auswendiglernen beginnen, wenn es möglich ist, im *langsamsten* Tempo eine gewisse Satzeinheit ohne gravierende Fehler, vor allem ohne Unterbrechungen zu produzieren.

Beim Auswendigüben sollte der Notentext in optischer Vorstellung mitverfolgt werden. Bei Gedächtnislücken zurück zum Text! Fehlerquellen sogleich korrigieren!

— Die Höhe der Sitz- und Fußbank sollte in einem natürlichen Verhältnis zur Körpergröße stehen: Sitzflächen eher niedriger als zu hoch, Fußbank eher höher als zu niedrig, damit der Oberkörper in seiner Stellung zum Instrument nicht zu stark gewölbt werden muss.

— Man achte darauf, beide Beine so aufzusetzen, dass sie eine flexible Haltung des Instruments gewährleisten, das heißt: linkes Bein nur mit etwa der Hälfte der Fußsohle auf die Kante der Fußbank aufgestützt, rechtes Bein leicht nach rückwärts in die Nähe des rechten Stuhlbeines so aufgestellt, dass die Ferse den Boden nicht berührt. Rechte wie linke Schulter nicht nach oben ziehen, sondern entspannt nach unten fallen lassen.

— Wird eine der zahlreichen Varianten von Gitarren-Haltungsstützen verwendet, gelten dieselben Richtlinien für eine entspannte Körperhaltung wie bei Verwendung einer Fußbank.

— Das Spielen vor Publikum kann als Vorübung im Familien- und Freundeskreis erprobt werden. Eine Faustregel, die Hans-Martin Linde den Blockflötenspielern zur wirkungsvollen Begegnung der Nervosität empfiehlt, kann wörtlich für Gitarristen übernommen werden – die Vorstellung: »Kopf hoch – Schulter fallen lassen.« »In Pausen soll tief durchgeatmet und der gesamte Körper, besonders die Finger, bewusst gelockert werden. Auch während des Spielens kann man Nacken und Schulterpartien entspannen und lösen.«[121]

— Fingersatzeintragungen oder, wenn nötig, deren Korrekturen erleichtern in hohem Maße ein sinnvolles Üben und nehmen auf die Festlegung der Phrasierung gewichtigen Einfluss. Fingersätze erfüllen jedoch nur dann ihren Zweck, wenn sie mit dem Notentext optisch zusammenhängend erfasst werden können. Dabei ist auf eine einheitliche Zeichensetzung zu achten:
1, 2, 3, 4 als Fingersatzbezeichnung für die *linke* Hand stehen am besten unmittelbar *vor* der betreffenden Note, nicht dahinter, darüber oder darunter;

---

121 H.-M. Linde, Handbuch des Blockflötenspiels, a.a.O.

p, i, m, a, als Fingersatzzeichen für die *rechte* Hand sollten unmittelbar *über* oder *unter* die zu bezeichnende Note gesetzt werden:

Technische Bindebögen (linkshändiges Legato) werden erstmals in Ausgaben von Julian Bream von Phrasierungsbögen sinnvoll durch einen punktierten Bogen ······· unterschieden.

Wird der allgemein übliche Bindebogen ⌣ verwendet, sollte ein Fingersatzhinweis für die rechte Hand (p, i, m, a) besonders dort angebracht werden, wo ein linkshändiges Legato über mehr als zwei Noten gesetzt wird, um den technischen Legatobogen vom Phrasierungsbogen zu unterscheiden:

Technisches Legato

Technisches Legato mit Phrasierungsbogen

»*Üben ist tätige Meditation.* Effektiv üben wird fast immer bedeuten müssen, die Spontaneität vorerst zurückdrängen. ›Im Sturm nehmen‹ erweist sich meist als Pyrrhussieg; das Ostinato des Lehrers: festina lente *(eile langsam)* ist nur so lange Pedanterie für den Lernenden, wie das Prinzip der Meditation noch nicht verstanden ist. In einer *Fingerübung* sollten die unangenehmsten Positionen unermüdlich geübt werden, in einem darzustellenden *Werk* (Vortragsstück) dagegen sollten alle vermeidbaren Schwierigkeiten vermieden werden.«[122]

Nur eine allumfassende Ausbildung sowohl in technischer als auch in musikalischer Hinsicht kann zum verantwortungsbewussten Musiker und Künstler führen.

---

[122]   J. Uhde, Eine Theorie des Übens am Klavier, Musica, Heft 1, Kassel 1973.

3. Literaturverzeichnis

Die Veröffentlichungen von alter und neuer Gitarrenmusik haben in den letzten Jahrzehnten ein Ausmaß erreicht, dass ihre Einordnung im Rahmen des vorliegenden Handbuches nur auf selektiver Basis sinnvoll erschien. So sind hier Werke der Sololiteratur, Konzerte mit Orchester, Kammermusikwerke, Lieder sowie Schulen und Etüden angeführt, die einerseits zum Standardrepertoire der Gitarristen gehören, andererseits Anregung bieten sollten, die verschiedenen Aspekte greifbarer Gitarrenliteratur miteinander zu vergleichen und das für seine Zwecke brauchbare Material auszuwählen.

Die nachfolgenden Literaturangaben für *Gitarre solo* wurden nach Schwierigkeitsgraden in *Lernstufen* zusammengefasst, die in progressiver Ordnung der musikalischen und technischen Entwicklung des Studierenden Rechnung tragen. Eine Lernstufe entspricht einem Studienjahr (zwei Semester). Je nach Alter, Begabung, Lernfortschritt und Studienziel (Laie oder Berufsmusiker) scheint es empfehlenswert, einzelne Werke aus späteren Lernstufen vorwegzunehmen, bzw. aus der Fülle des angebotenen Lehrstoffes eine Werkauswahl zu treffen. Die Literatur der ersten vier Lernstufen ist für den Unterrichtsbeginn an Musikschulen und Konservatorien gedacht, im Schwierigkeitsgrad einerseits für den Laien erreichbar, andererseits für ein Berufsstudium an einem Musikinstitut vom Range einer Hochschule als Vorbereitungsstoff geeignet.

Die hier angegebene Werkliste erhebt also keinen Anspruch auf Vollständigkeit im Hinblick auf die im Musikalienhandel angebotene Spielliteratur; sie will nur richtungweisend sein und bedarf in jedem Falle der individuellen Ergänzung.

Schulen

a) Klassische Gitarrenschulen in Faksimile-Ausgaben

Aguado, Dionisio: Nuevo Método para Guitarra, Madrid 1843 (TE)[*]
Carcassi, Matteo: Méthode complète, op. 59, Paris [1836] (EMR)
Carulli, Ferdinando: Méthode complète, op. 241, Paris 1825 (EMR)
Giuliani, Mauro: Studio per la chitarra, op. 1, Wien 1812 (TE)
Sor, Fernando: Méthode pour la guitare, Paris 1830 (EMR)
    Gitarre-Schule, Bonn 1830 (DIX)

---

[*]   Abkürzungen der Verlage siehe S. 296ff.

b) Moderne Lehrwerke für Gitarre und Laute

Albert, Heinrich: Moderner Lehrgang des künstlerischen Gitarrespiels (RL)

Azpiazu, José de: Gitarrenschule (R)

Brojer, Robert: Die Gitarre im Gruppenunterricht (MS)

Buetens, Stanley: Method for the Renaissance Lute (AP)

Carlevaro, Abel: School of Guitar – Exposition of Instrumental Theory (BHL)
   Deutsche Ausgabe: Schule der Gitarre (CHA)

Chiesa, Ruggero: Technica fondamentale della Chitarra (ESZ)

Damiani, Andrea: Method for the Renaissance Lute (OPH)

Dodgson, Stephen/Quine, Hector: Schule des Blattspiels auf der Gitarre (R)

Duarte, John W.: Bases of Classical Guitar Technique (NO)
   Foundation Studies in Classical Guitar Technique (NO)

Eickholt, Alfred et al.: Los geht's. Eine Gitarrenschule für Kinder (SCH)

Fernández-Lavie, Fernando: Ecole de guitare (ME)

Gerrits, Paul: Gitarren- und Lautenschule (MÖ)

Gerrits, Paul/Kirsch, Dieter: Vorschule für Gitarre (MÖ)

Gerwig, Walter: Ich lerne Gitarrespielen (für Kinder) (RL)
   Das Spiel der Lauteninstrumente (RL)

Götze, Walter: Gitarren- und Lautenschule (SCH)

Haberl, Walter: Gitarre live & easy, 3 Bände (UE)

Harz, Fred: a) Harmonielehre für Gitarre, mit Ergänzungsband: Lösungen der
   Theorieaufgaben (HG)
   b) Guitar Jazz Harmony, mit Ergänzungsband: Lösungen der Theorieaufgaben
   (HG)

Henze, Bruno: Das Gitarrespiel (MFH)

Johnson, Per-Olof: Gitarrskola I/II (AM)

Käppel, Hubert: Käppels Gitarrenschule (AMA)

Kappeler, René: Lehrgang für Gitarre I–III (AG)

Kreidler, Dieter: Gitarrenschule I/II (SCH)

Langer, Michael/Neges, Ferdinand: Play Guitar 1/2, mit 2 CDs (DO)

Lehner-Wieternik, Angela: Neue Notationsformen, Klangmöglichkeiten und Spiel-
   techniken der klassischen Gitarre (DO)

Mönkemeyer, Helmut: Wir spielen Gitarre (TO)

Noad, Frederick: Solo Guitar Playing (MP)

North, Nigel: A Continuo Method for Lute, Archlute and Theorbo (FA)

Papas, Sophocles: Method for the classic guitar (CO)

Parkening, Christopher: Guitar Method (AC)

Polasek, Barbara: Anleitung zum Gitarrespiel (R)

Poulton, Diana: A Tutor for the Renaissance Lute (SCH)
   An Introduction to Lute Playing (SCH)
Pujol, Emilio: Theoretisch-praktische Gitarrenschule (R)
Quine, Hector: Introduction to the Guitar (OUP)
Ranieri, Silvio: Gitarrenschule Band I/II (CRZ)
Rövenstrunck, Bernhard: Generalbaß für die Gitarre (TK)
Sagreras, Julio: Lecciones para Guitarra (R)
São Marcos, Maria Livia: Einführung in das klassische Gitarrespiel (HG)
Schaller-Scheit: Lehrwerk für die Gitarre (UE)
Scheit, Karl: Lehr- und Spielbuch für Gitarre (ÖBV)
Schwarz-Reiflingen, Erwin: Gitarrenschule (S)
Teuchert, Heinz: Gitarren-Schule (HS)
Zanoskar, Hubert: Neue Gitarrenschule (SCH)

Etüden

a) Für Anfänger

Aguado, Dionisio: Studi per chitarra (ESZ)
   24 Etüden (SCH)
Carcassi, Matteo: Etüden für die Mittelstufe aus op. 60 (UE)
   Etüden, op. 60 (SCH)
Giuliani, Mauro: 120 Arpeggi aus op. 1 (ESZ)
   Studien, op. 1a / op. 1b, 2 Hefte (SCH)
Hoppstock, Tilman: Fingertraining mit berühmten Meistern (mit Lehrerst.) (PR)
Moser, Wolf: Übungen und Kleine Stücke (R)
   Leichte Etüden und Stücke (R)
   Ausgewählt von Emilio Pujol, als ergänzendes Spielmaterial für seine »Theoretisch-praktische Gitarrenschule« Band 2
Scheit, Karl: Die ersten Etüden (UE)
   Tonbildungsstudien nach alten Weisen (UE)
Sor, Fernando: Zwölf leichte Etüden aus op. 60 (SCH; UE)
   Zwölf leichte Etüden aus op. 35 (SCH)

b) Für die Mittelstufe

Ablóniz, Miguel: 50 Arpeggios for the right hand (BE)
   Essential exercises for the left hand (BE)

Aguado, Dionisio: Studi per chitarra (ESZ)
   24 Etüden (SCH)
Brouwer, Leo: Etudes simples (Nr. 1–20, 4 Hefte) (ME)
Coste, Napoleon: Neun Studien (UE)
   25 Etüden, op. 38 (CHA, Faksimile der Erstausgabe); (H; SCH)
Dodgson, Stephen/Quine, Hector: Studies for Guitar (R)
Giuliani, Mauro: 24 Etüden, op. 48 (UE; SCH)
   120 Arpeggi aus op. 1 (ESZ)
   Studien, op. 1a /op. 1b, 2 Hefte (SCH)
Gnáttali, Radamés: 10 Studies (CHA)
Ponce, Manuel M.: 12 Préludes (SCH)
   24 Preludios (TE)
Pujol, Emilio: Etüden, aus »Theoretisch-praktische Gitarrenschule«, Band III (R)
Ragossnig, Konrad: Gitarrentechnik kompakt (SCH)
Smith Brindle, Reginald: Guitarcosmos 2 (SCH)
Sor, Fernando: Mittelschwere Etüden aus op. 6, 31, 35 (UE)
   Zwölf mittelschwere Etüden aus op. 35 (SCH)
   Mittelschwere und schwere Etüden aus op. 6, 29, 31 (UE)
Tárrega, Francisco: Sämtliche Präludien (UE)
   Sämtliche technische Studien (UE)

c) Zur virtuosen Ausbildung

Alard-Tárrega: Estudio sobre la Sonatina de D. Alard (R)
Carlevaro, Abel: Serie didactica, Heft 2, 3, 4 (BY)
Dodgson, Stephen/Quine, Hector: Studies for Guitar (R)
Gilardino, Angelo: 60 Etüden (BE)
Gnáttali, Radamés: 10 Studies (CHA)
Legnani, Luigi: 36 Capricen in allen Dur- und Molltonarten, op. 20 (SCH; CHA)
Pujol, Emilio: El abejorro (R)
Ragossnig, Konrad: Gitarrentechnik kompakt (SCH)
Reitz, Heiner: 12 Caprices für Gitarre (K)
Sagreras, Julio: El colibri (R)
Sor, Fernando: Mittelschwere und schwere Etüden aus op. 6, 29, 31 (UE)
Villa-Lobos, Heitor: 12 Etüden (ME)
Walker, Luise: Das tägliche Training (H)

Übungs- und Konzertliteratur*⁾

a) Gitarre solo

1. und 2. Lernstufe

Anonymi:
Tänze aus Österreich (UE)
Tänze und Weisen aus dem Barock
(UE)
Tänze aus der Renaissance (UE)
Leichte vergnügliche Original-
stücke aus dem 18. Jahrhundert
(UE)
Arien und Tänze der Renaissance,
Heft II (R)
Canzonen und Tänze aus dem
16. Jahrhundert (UE)

Diabelli, Anton:
Vortragsstücke für Anfänger, op. 39
(UE)
Fünf Wiener Tänze (UE)

Dowland, John:
Vier leichte Stücke (UE)

Götze, Walter:
Leichtes Gitarrespiel, Kleine Solostücke (SCH)

Kreidler, Dieter:
Warming up, 9 kleine Etüden für
junge Gitarristen (SCH)

Küffner, Joseph:
25 leichte Sonatinen, op. 80 (SCH)

Leichte Gitarrenstücke aus Spanien
(MC)

Logy, Johann Anton:
Partiten a-Moll, C-Dur (UE)

Neges, Ferdinand:
Super Mix (DO)

Schaller, Erwin:
Das Gitarren-Werk (EPM)

Scheit, Karl:
Erstes Musizieren auf der Gitarre
(UE)
Musizierbüchlein für Anfänger
(UE)
Dänische und schwedische Weisen
(UE)
Die leichtesten Solostücke berühm-
ter Lauten- und Gitarrenmeister
(UE)

Smith Brindle, Reginald:
Guitarcosmos 1 (SCH)

Sor, Fernando:
Leichte Stücke aus op. 35 (SCH;
UE)
Fantasie Nr. 2, op. 4 (OUP)

Stingl, Anton:
Spielbuch für den Anfang (SCH)

Stücke aus Shakespeares Zeit
(UE)

Tansman, Alexandre:
12 Pièces faciles (ME)

Weiß, Silvius Leopold:
Menuett, Sarabande, Menuett (UE)

Zanoskar, Hubert:
Österreichische Volkstänze (SCH)

---

*⁾ Sofern einzelne Werke des 16. bis 19. Jahrhunderts als Faksimiles in Urtext- oder Gesamtausgaben
vorliegen, sind sie in der Bibliographie angeführt.

3. und 4. Lernstufe

Anonymus (ca. 1750):
Partita C-Dur (UE)
Präludium und 2 Menuette (UE)
Anonymus (19. Jh.):
Notturno (Romance »Jeux
Interdits«) (UE)
*Antologia di chitarristi del barocco
spagnolo*
(Sanz, Guerau, Murcia) (ESZ)
Bach, Johann Sebastian:
Drei leichte Stücke: Präludium
BWV 999, Sarabande aus
BWV 995, Bourrée aus BWV 996
(UE)
Gavotte I/II aus der Cello-Suite
Nr. 6, nach BWV 1012 (UE)
Vier Stücke aus dem Notenbüch-
lein der A. M. Bach (UE)
Sarabande und Bourrée aus der
Cello-Suite Nr. 3, nach BWV 1009
(SCH; R)
Bellow, Alexander:
Cavatina (CHD)
Brescianello, Giuseppe Antonio:
Partita VII (ESZ)
Partita XVI (ESZ)
Brouwer, Leo:
Preludio (ME)
Pieza sin título (ME)
Deux Aires populaires Cubains (ME)
Buchrainer, Michael:
5 Studien (UE)
Etudes en Suite (UE)
Cardoso, Jorge:
24 Piezas Sudamericanas (UME)
Carlevaro, Abel:
Preludios Americanos Nr. 1–5 (BY)

Carulli, Ferdinando:
Sei Andanti (ESZ)
Diabelli, Anton:
24 leichte Altwiener Ländler (SCH)
Dodgson, Stephen/Quine, Hector:
Ode to the guitar, a sequence of 10
miniatures, 2 Hefte (R)
Dowland, John:
Air and Galliard (UE)
2 Galliarden (UE)
Melancholy Galliard and Alle-
mande (UE)
*Drei Gitarristen des italienischen
Barocks*
(Corbetta, Pellegrini, Roncalli) (R)
Duarte, John W.:
A Variety of Guitar Music (FA)
Europäische Gitarren- und Lautenmusik
(16.–18. Jahrhundert), 7 Hefte (R)
Frescobaldi, Girolamo:
Aria con variazioni detta »La Fresco-
balda« (UE; SCH)
Toccata per Spinettina sola over
Liuto (ESZ; DO)
Gaillards und Airs
(Dowland, Holborne u.a.) (SCH)
Giuliani, Mauro:
Leichte Variationen, op. 47 (UE)
Holborne, Anthony:
Five pieces (OUP)
Joplin, Scott:
Weeping willow (GWP)
Sunflower slow drag (GWP)
Langer, Michael:
Fingerstyle Guitar Solos (DO)
Legnani, Luigi:
6 leichte Capricen, op. 250 (SCH)
Llobet, Miguel:
Drei Catalanische Weisen (UE)

Logy, Johann Anton:
Ausgewählte leichte Stücke (UE)

Marschner, Heinrich:
Bagatellen, op. 4 (SCH; UE)

Mendelssohn Bartholdy, Felix:
Romanze, op. 30/3 (R)
Sechs Lieder ohne Worte (SCH)

Mertz, Johann Kaspar (Caspar Joseph):
3 Nocturnes, op. 4 (H)
Tarantella (BE)
Bardenklänge, Heft 1–7 und 8–15
(CHA)

Milán, Luis:
6 Pavanas (UE; SCH)

Moreno Torroba, Federico:
Burgalesa (SCH)
Aires de la Mancha (SCH)
Castillos de España (CA)

Mozart, Wolfgang Amadeus:
Allegro/Andante/Menuetto/Allegro,
KV 487 (UE)

Murcia, Santiago de:
Preludio/Allegro (ME)

Narváez, Luis de:
Canción del Emperador (SCH;
UE)

Negri, Cesare:
Lautentänze des 16. Jahrhunderts
(UE)

*Neue Musik für Gitarre – »Verwegene
Wege«*
Für eine und mehrere Gitarren.
Werke von G. Schneider, B. Furrer,
K. Schwertsik, J. Takács u. a.,
mit CD (UE)

Paganini, Niccolò:
Sonatina (UE)
Sechs Originalkompositionen (UE)
Fünf Stücke (R)

Ponce, Manuel M.:
Valse (SCH)

Rameau, Jean-Philippe:
Menuet I/II, D-Dur (R)
Menuet I/II, A-Dur (SCH)

Reusner, Esaias d. J.:
Two Pieces (UE)

Robinson, Thomas:
Toy, Air and Gigue (UE)
Fünf Stücke (UE)

Roncalli, Ludovico:
Suiten (UE; MFH)

Sanz, Gaspar:
Dieci composizioni (ESZ)
Pavanas, Fuge, Canarios (UE)
Folia – Españolcta   Matachin
u. a. (UE)

Schibler, Armin:
Every night I dream (EE)

Schwertberger, Gerald:
Glory Halleluja (DO)
Ragtime (DO)
Guitar Sounds (DO)

Schweyda, Willy:
Deux Pièces (ME)

Seierl, Wolfgang:
Blätter (NM)
Sonatine (NM)
Alles was Flügel hat fliegt (NM)

Sor, Fernando:
Andantino, op. 2/3 (UE)
Menuett aus der Sonate op. 25 (UE)
First Set of Divertimenti, op. 1
(OUP)
Second Set of Divertimenti, op. 2
(OUP)
Third Set of Divertimenti, op. 8
(OUP)
Andante Largo, op. 5/5 (UE)

Menuett aus der Sonate op. 22 (UE)
20 ausgewählte Menuette (SCH)

Tansman, Alexandre:
Barcarole aus der Cavatina in E (SCH)
Pezzo in modo antico (BE)
Trois pièces (ME)

Tárrega, Francisco:
Originalkompositionen (UE)

Uhl, Alfred:
10 Stücke (UE)

Villa-Lobos, Heitor:
Prélude Nr. 4 (ME)

Visée, Robert de:
Suiten (UE)

Wanek, Friedrich K.:
Zehn Essays (SCH)

Weiß, Silvius Leopold:
Tombeau sur la mort de Mr. Comte de Logy (UE; B & H)
Angloise (UE)
Zwei Menuette (SCH)
Elf Vortragsstücke aus der Londoner Handschrift (R)
Suite Nr. 4 in A (SCH)

5. und 6. Lernstufe

Ager, Klaus:
Atacama, op. 41 (ES)

Albéniz, Isaac:
Asturias, op. 47/5 (SCH)
Zambra granadina, op. 92/7 (SCH)
Capricho Catalán (CHD)
España, op. 165 (6 Stücke) (DO)

Asencio, Vicente:
Suite Valenciana (BE)

Elegia (Hommage à M. de Falla)/ Sonatina (Hommage à D. Scarlatti) (SCH)
Tango de la Casada Infiel (Hommage à G. Lorca) (SCH)

Bach, Johann Sebastian:
Sarabande aus der Lautensuite a-Moll, BWV 997 (SCH; CHD; R; UE)
Gavotte I und II aus der Cello-Suite Nr. 6, nach BWV 1012 (SCH; CHD)
Sarabande und Bourrée aus der Partita Nr. 1, h-Moll für Violine solo, nach BWV 1002 (UE)
Sarabande und Double, aus der Partita Nr. 1, h-Moll für Violine solo, nach BWV 1002 (SCH)
Fuge für Laute, BWV 1000 (ME; R; UE)
Suite Nr. 1 für Violoncello, nach BWV 1007 (CHD; SCH)
Suite Nr. 3 für Violoncello, nach BWV 1009 (CHD; R; SCH)

Bakfark, Valentin:
Drei Ricercari (SCH)

Baroque Guitar, The
Sammlung verschiedener Komponisten des 17. und 18. Jahrhunderts, u.a. Werke von Visée, Roncalli, Corbetta, Weiß, S. de Murcia, Purcell, Lawes, Sanz, Händel, Bach. Solostücke, Duette und Lieder, ausgewählt und für Gitarre übertragen von F. Noad (ARM)

Bellow, Alexander:
Prelude, Scherzetto & Gigue (CHD)
Study in Tremolo (CHD)

Bondon, Jacques:
Trois Nocturnes (ME)

Brescianello, Giuseppe Antonio:
    18 Partiten, original für Colascione
    (ESZ)
Brouwer, Leo:
    Elogio de la danza (SCH)
    Tres apuntes (SCH)
    Danza característica (SCH)
    Fuga Nr. 1 (ME)
Burkhart, Franz:
    Passacaglia (UE)
Cardoso, Jorge:
    24 Piezas Sudamericanas (UME)
Carulli, Ferdinando:
    Solo, op. 76/2 (ESZ)
    Sei Andanti (ESZ)
Cimarosa, Domenico:
    Three Sonatas (FA)
Classical Guitar, The
    Sammlung verschiedener Kompo-
    nisten des 18. und 19. Jahrhunderts,
    u. a. Werke von Carulli, Carcassi,
    Giuliani, Sor, Aguado, Diabelli,
    Legnani, Schubert. Solostücke,
    Duette und Lieder, ausgewählt und
    für Gitarre übertragen von F. Noad
    (ARM)
Corbetta, Francesco:
    Suite in A minor (UE)
Coste, Napoleon:
    Le Zuyderzée (CHA)
    Les Soirées d'Auteuil (CHA)
Couperin, Louis:
    Passacaglia (SCH)
    Tombeau de Mr. Blancrocher
    (CHD)
Diabelli, Anton:
    Drei Sonaten (SCH)
    Sonate C-Dur (UE)
    Zwei Fugen, op. 46 (R)

Döhl, Friedhelm:
    Nachklänge (SCH)
Dowland, John:
    Three Fantasies (CHD)
    Selected works for one and two
    lutes (ARM)
Dyens, Roland:
    Trois Saudades (HO)
Eben, Petr:
    Tabulatura nova. Rhapsodische
    Variationen über ein altböhmisches
    Liebeslied (SCH)
    Mare Nigrum (BHL)
Elizabethan Dances, Four
    (Dowland, Johnson, Batchelar)
    (OUP)
Françaix, Jean:
    Passacaille (ME)
Frescobaldi, Girolamo:
    5 Stücke (SCH)
    Passacaglia (R)
Froberger, Johann Jakob:
    Tombeau pour Mr. Blancrocher
    (CHD)
Fürst, Paul Walter:
    Homenaje por Coll Bardolet, op. 87
    (DO)
Gaultier, Denis:
    Tombeau de Mr. Blancrocher
    (CHD)
Genzmer, Harald:
    Sonatine 1962 (RL)
Giuliani, Mauro:
    Sonate C-Dur, op. 15 (ESZ; UE;
    ARM; B & H). Nach der Erstaugabe
    Wien, 1808 (MC)
    Variationen über ein Thema von
    Händel, op. 107 (ESZ)

Gnáttali, Radamés:
Brasiliana Nr. 13 (ME)
Petite Suite (ME)
Saudade (CHA)
Alma Brasileira (CHA)
Gomez Crespo, Jorge:
Norteña (E; CO; R)
Cuatro Temas Argentinos (HL)
Canción de Cuna et Milongueos
(HL)
Grieg, Edvard:
Drei lyrische Stücke, op. 12 (FA)
Guastavino, Carlos:
Sonata Nr. 3 (R)
Händel, Georg Friedrich:
8 Aylesforder Stücke (SCH)
Haubenstock-Ramati, Roman:
Hexachord 1/2 (UE)
Haug, Hans:
Alba (BE)
Haydn, Joseph:
Menuett D-Dur (R)
Andante (CEM)
Menuett E-Dur (SCH)
Henze, Hans Werner:
Drei Märchenbilder, aus der Oper
»Pollicino«, bearb. von R. Evers
(SCH)
Hunt, Oliver:
Introduction und Allegro (SCH)
Two pieces (Arioso/Moto perpetuo)
(SCH)
The Storm (SCH)
Kleynjans, Francis:
A l'aube du dernier jour (HL)
Kölz, Ernst:
Quodlibet (fünf Sätze) (DO)
Kohaut, Karl:
Sonate (OUP)

Koshkin, Nikita:
»Les Elfes«, Suite pour guitare (HL)
Usher Waltz, op. 29 (EMX)
Kováts, Barna:
Minutenstücke (SCH)
Trois Mouvements (ME)
Andante und Toccatina (SCH)
Kratochwil, Heinz:
Triptychon (UE)
Kropfreiter, Augustinus Franz:
Sonate für Gitarre (DO)
Langer, Michael:
Fingerstyle Classix (DO)
Advanced–Fingerstyle (AMA)
Jazz Sonata (DO)
Suite Latina (DO)
Lauro, Antonio:
Two Venezuelan Waltzes (UE)
Triptico (UE)
Legnani, Luigi:
Fantasia (ZA; Z)
Llobet, Miguel:
Diez Canciones populares Catala-
nas (UME)
Malats, Joaquín:
Serenata española (BE)
Manén, Joan:
Fantasia-Sonate (SCH)
Meier, Jost:
Trois reflets (BE)
Mendelssohn Bartholdy, Felix:
Sechs Lieder ohne Worte (SCH)
Mertz, Johann Kaspar (Caspar Joseph):
Preghiera, op. 13/5 (BE)
Milán, Luis:
Fantasia XVI (ME)
Fantasia XXXVIII (B & VP)
Fantasien aus »El Maestro«
(ESZ)

162

Mittergradnegger, Günther:
Canti Carinthiae (SCH)
Moreno Torroba, Federico:
Serenata burlesca (SCH)
Piezas características (SCH)
Música para guitarra Vol. I/II (OT)
Mudarra, Alonso:
Ausgewählte Stücke aus »Tres libros de música… para vihuela« (MC)
4 Fantasien, Pavana, Romanesca (R)
2 Fantasien, 2 Tientos (R)
Muthspiel, Wolfgang:
Drei Tonspiele (DO)
Paganini, Niccolò:
2 Sonaten aus op. 3, Nr. 1/Nr. 6 (SCH)
Piazzolla, Astor:
Adios Nonino (BE)
4 Estaciones Porteñas: Primavera, Verano, Otoño, Invierno (EL)
Pisador, Diego:
Neun Stücke aus »Libro de música para vihuela« (MC)
Ponce, Manuel M.:
Tres Canciones populares Mexicanas (SCH)
Scherzino Mexicano (PM)
Suite Antigua (PM)
Sonatina meridional (SCH)
Thème varié et Finale (SCH)
Poulenc, Francis:
Sarabande, aus »Antalogia per chitarra« (R)
Rautavaara, Einojuhani:
Partita pour guitare (HL)
Rawsthorne, Alan:
Elegy (OUP)
Renaissance Guitar, The
Sammlung verschiedener Komponisten des 16. Jahrhunderts, u.a.

Werke von Milano, Mudarra, Campion, Holborn, Dowland, Rosseter, Besard. Solostücke, Duette und Lieder, ausgewählt und für Gitarre übertragen von F. Noad (ARM)
Reutter, Hermann:
Fantasiestücke (SCH)
Cinco Caprichos sobre Cervantes (SCH)
Die Passion in 9 Inventionen (SCH)
Rodrigo, Joaquín:
Por los Campos de España (EMM; EJR)
Zarabanda lejana (ME; EJR)
Ruiz-Pipó, Antonio:
Estancias (BE)
Tiento antiguo (B & B)
Canción y Danza Nr. 1, revidiert von N. Yepes (EMM)
Seis Canciones y Danzas (EMM)
Sainz de la Maza, Eduardo:
Habanera (UME)
Santórsola, Guido:
Suíte antiga (R)
Sanz, Gaspar:
Suite española (UME)
16 Tänze (Tabulatur und moderne Notation) (R)
Sauguet, Henri:
Musiques pour Claudel (EMT)
Scarlatti, Domenico:
Due Sonate, K 32, K 431 (ZA)
Sonata, L 23/ Sonata, L 108/ Sonata, L 497 (ME)
Sonata, L 23 (BE)
Sonata e-Moll, L 352 (SCH)
Sonate a-Moll, L 187 (SCH)
Five Sonatas, L 7, L 31, L 423, L 483, C.V. XIV, 45b (SCH)

163

Four Sonatas, K 291/L 61;
K 452; K 213/L 108; K 301/L 493
(UE)
Three Sonatas, K 176/L 163; K 177/
L 364; K 208/L 238 (UE)
Schedl, Gerhard:
Rhythmen, op. 7: Tänze für Gitarre
(DO)
Schibler, Armin:
My own Blues (EE)
The Black Guitar (EE)
Seierl, Wolfgang:
Variations sur un thème de L.W.
[für Luise Walker] (TK)
Smith Brindle, Reginald:
Do not go gentle (ESZ)
Sonata Nr. 3 »The Valley of Esdra-
lon« (SCH)
Sonata Nr. 4 »La Breve« (SCH)
Sonata »El Verbo« (MNS)
Sojo, Vicente E.:
Five pieces from Venezuela (B & VP)
Sor, Fernando:
Fantasie Nr. 2, op. 4 (OUP)
Fantasie Nr. 3, op. 10 (OUP)
Zwei Menuette, c-Moll, D-Dur (UE)
Largo aus der Fantasie Nr. 1, op. 7
(UE; OUP)
Sonate C-Dur, op. 15 b [Nr. 2] (UE;
NS; ARM)
Introduction et Variations sur l'Air
Malbrough (ESZ; UE)
Menuett und Rondo aus der Sonate
op. 22 (SCH)
Zwanzig ausgewählte Menuette
(SCH)
30 Minuetos (R)
Tansman, Alexandre:
Suite in modo polonico (ME)

Tárrega, Francisco:
Zwei spanische Stücke (Danza
mora, Capricho árabe) (SCH)
Opere per Chitarra, 4 Hefte (BE)
Originalkompositionen (UE)
Transkriptionen: Werke von J. D.
Alard, J. Albéniz, J. Haydn, J. Malats,
F. Mendelssohn Bartholdy,
F. Schubert, R. Schumann (UE)
Uhl, Alfred:
10 Stücke (UE)
Sonata classica, Neufassung
(SCH)
Urbanner, Erich:
Ballade (DO)
… apropos Orgelpunkt …, Stück
für Gitarre (DO)
Villa-Lobos, Heitor:
Préludes Nr. 1, 3, 5 (ME)
Visée, Robert de:
Suiten (UE)
Vogel, Wladimir:
Musette (SCH)
Wagner, Wolfram:
Arioso (DO)
Wagner-Régeny, Rudolf:
Fünf Miniaturen (MFH)
Weiß, Silvius Leopold:
Fantasie (SCH; UE)
Passacaglia (UE)
Sonate a-Moll »L'infidèle« (B & H)
Sonate d-Moll (UE)
Suite in D (SCH)
Suite für Laute e-Moll (identisch
mit der d-Moll-Fassung bei UE)
(MÖ)
Three pieces (UE)

Werkauswahl für Gitarre in Renaissance-Lautenstimmung (③= fis)

Antologia di Musica Antica
Vol. I–IV. Werke von Spinazino, Dalza, Borrono, F. da Milano, Capirola, Gorzanis, Barbetta, Cutting, Dowland, Holborn, R. Johnson, Pilkington, Milán, Narváez, Mudarra, Fuellana; herausgegeben von R. Chiesa (ESZ)

Bach, Johann Sebastian:
Suite E-Dur, BWV 1006a (UE)

Bakfark, Valentin:
Das Lautenbuch von Lyon (EMB)

Die Tabulatur
Ausgewählte Werke der Renaissance in ihrer Originalnotation mit Übertragungen für Gitarre. 34 Hefte, herausgegeben von H. Mönkemeyer (MFH)

Dowland, John:
Lachrimae Pavan und Fantasie (UE)
Six pieces (BE)
Nine pieces (UE)
Sämtliche Fantasien für Gitarre (MC)
The Complete Lute Fantasias, in Tabulatur herausgegeben von S. Buetens (IA)

Dowland, Robert:
Varietie of Lute-Lessons. Werke von Dowland, Morley, Holborn, Prinz Moritz von Hessen, Huwet, Ferrabosco, Batchelar u. a., aus der Tabulatur übertragen und herausgegeben von J. W. Duarte, 6 Hefte (BE)

Europäische Gitarren- und Lautenmusik
herausgegeben von H. Teuchert, 7 Hefte (R)
H. 1 Italienische Meister / H. 2 Deutsche Meister / H. 3 Englische Meister / H. 4 Französische Meister / H. 5 Spanische Meister / H. 6 Holländische Meister / H. 7 Polnische Meister

Ferandiere, Fernando:
Thema mit 10 Variationen (DO)

Francesco da Milano:
Ricercari und Fantasien (UE)

Hispanae Citharae Ars Viva
Werke spanischer Vihuelisten von Milán, Mudarra, Narváez, Pisador und Valderrábano, aus der Tabulatur übertragen und herausgegeben von E. Pujol (SCH)

Lieder, Tänze und Präambeln
(HE)

Lieder und Tänze auf die Lauten
(SCH)

Lute Ricercars
Werke von Dalza, Bossinensis, Spinacino und Capirola, in Tabulatur und Transkription für Gitarre herausgegeben von S. Buetens (IA)

Milán, Luis:
El Maestro, Vol. I (Kompositionen für Vihuela) (ESZ)

Musik der Renaissance
Werke von Dalza, Capirola, Garsi da Parma, Mudarra, Le Roy, Besard, Neusidler, Sweelinck, Długoraj, Bakfark, R. Johnson, Bulman, Cutting und J. Dowland, aus der Tabulatur übertragen und herausgegeben von K. Ragossnig (SCH)

Narváez, Luis de:
    Canción del Emperador (UE)
Neusidler, Melchior:
    Ausgewählte Lautenwerke,
    1566/1572 (R)
Sweelinck, Jan Pieterszoon:
    Lautenstücke (EMB)

7. und 8. Lernstufe

Aguado, Dionisio:
    3 Rondos, op. 2 (ESZ) (CHA,
    Faksimile der Erstausgabe)
Albéniz, Isaac:
    Granada, op. 47/1 (SCH)
    Torre bermeja op. 92/12 (SCH)
    Sevilla, op. 47/3 (SCH; ESZ)
Antologia per Chitarra
    Werke von G. Auric, M.Guarnieri-
    Camargo, G. F. Ghedini, G. F. Mali-
    piero, G. Petrassi, F. Poulenc,
    J. Rodrigo, H. Sauget, C. Surinach
    (R)
Apostel, Hans Erich:
    Sechs Musiken, op. 25 (UE)
Arnold, Malcolm:
    Fantasy (FA)
Asencio, Vicente:
    Col·lectici íntim (SCH)
    Suite Mistica (BE)
Bach, Johann Sebastian:
    Werke für Laute (CHD; ESZ; FA;
    MFH; MÖ; OUP; R; SCH; UE)
    Suite E-Dur, BWV 1006a (SCH)
    Partita Nr. 1 h-Moll, nach BWV
    1002 (MC)
    Chaconne d-Moll, aus der Partita
    Nr. 2 für Violine solo, nach
    BWV 1004 (SCH; UE)

Sonate e Partite für Violine solo,
    nach BWV 1001–1006, 2 Hefte
    (EMB)
    Sechs Suiten für Violoncello solo,
    nach BWV 1007–1012 (CHD)
Barrios, Agustín:
    18 Concert Pieces, Vol. 1 (SCH)
    La Catedral (ZA)
    Oración (ZA)
    Danza Paraguaya (ZA)
    Medallon antiguo (ZA)
    Obras Completas para Guitarra,
    Vol. I/II (OT)
Baur, Jürg:
    Drei Fantasien (B & H)
Bennett, Richard Rodney:
    Impromptus (UE)
Berio, Luciano:
    Sequenza (UE)
Berkeley, Lennox:
    Sonatina, op. 51 (CH)
    Theme and Variations (BE; CH)
Bobrowicz, Jan Nepomucen:
    Grandes Variations on a Duo from
    Don Giovanni (EO)
Bogdanović, Dušan:
    Introduction, Passacaglia and Fugue
    (BE)
    Sonate Nr. 1 / Nr. 2 (BE)
Britten, Benjamin:
    Nocturnal, op. 70 (FA)
Brouwer, Leo:
    Canticum (SCH)
    La Espiral Eterna (SCH)
    Tarantos (ME)
    Parábola (ME)
    El Decameron Negro (EMT)
    Sonate (OT)

Bussotti, Sylvano:
Rara (éco sierologico) (R)
Ultima rara (R)
Buxtehude, Dietrich:
Suite e-Moll, BuxWV 236 (FA)
Castelnuovo-Tedesco, Mario:
Sonata, op. 77 (SCH)
Capriccio diabolico, op. 85a (R)
Tarantella (R)
24 Caprichos de Goya, op. 195 (BE)
Coste, Napoleon:
Le Départ (CHA)
Grande Sérénade (CHA)
David, Johann Nepomuk:
Sonate, op. 31/5 (B & H)
Davies, Peter Maxwell:
Sonata (CH)
Debussy, Claude:
2 Préludes (FA)
Denissow, Edison:
Sonate für Gitarre solo (S)
Diabelli, Anton:
Sonate A-Dur (FA)
Dodgson, Stephen:
Partita Nr. 1 / Nr. 2 (OUP)
Partita Nr. 3 (BE)
Merlin for Guitar (MC)
Domeniconi, Carlo:
Koyunbaba, op. 19 (EMX)
Hommage à Jimi Hendrix, op. 52 (EMX)
Donatoni, Franco:
Algo (ESZ)
Dyens, Roland:
Hommage à Villa-Lobos (HL)
Tango en Skaï (HL)
Libra Sonatina (HL)
Einem, Gottfried von:
Drei Studien (B & B)

Falla, Manuel de:
Homenaje (CH)
Danza del molinero (Farruca) (CH)
Fricker, Peter Racine:
Paseo (FA)
Froberger, Johann Jakob:
Suite a-Moll (FA)
Ginastera, Alberto:
Sonata, op. 47 (BHL)
Gismonti, Egberto:
Central guitar (ME)
Giuliani, Mauro:
Grande Ouverture, op. 61 (ESZ; SCH)
Gran Sonata Eroica, op. 150 (ESZ)
Giulianate, op. 148 (ESZ)
Le Rossiniane, op. 119 – op. 124 (Faksimile der Erstausgaben, TE; BM) (ESZ; FA)
Rossiniana Nr. 6, op. 124 (MC)
Gnáttali, Radamés:
3 Concert Studies (CHA)
Granados, Enrique:
Danza española, op. 37 Nr. 5, Nr. 10 (R; UME)
La Maja de Goya (R; UME)
Valses Poéticos (ME; VT)
Halffter, Cristóbal:
Codex I (UE)
Henze, Hans Werner:
Drei Tentos (SCH)
Memorias de »El Cimarrón« (bearb. von L. Brouwer) (SCH)
Royal Winter Music: Sonate Nr. 1 / Nr. 2 (SCH)
Hétu, Jacques:
Suite op. 41 (DM)
Ibert, Jacques:
Française (AL)

Jolivet, André:
    Deux Etudes (BHL)
José, Antonio:
    Sonata (BE)
Kagel, Mauricio:
    Faites votre jeu, enthalten in
    »Sonant« (EP)
Křenek, Ernst:
    Suite (DO)
Kruisbrink, Anette:
    Homenaje a Andrés Segovia (HL)
    60+ (DN)
Kubizek, Augustin:
    Sonate, op. 13a (DO)
Kučera, Václav:
    Diario (PP)
    Novellen (MC)
Labrouve, Jorge:
    Trois Evocations (ME)
Lauro, Antonio:
    Quatro Valses Venezolanos (B & VP)
    Carora (Valse Venezolano) (B & VP)
    Suite Venezolana (B & VP)
Legnani, Luigi:
    Introduzione, tema, variazioni e
    finale, op. 64 (ESZ)
    Introduktion, Thema und Variatio-
    nen, op. 224 (SCH)
    Introduktion und Thema, op. 237
    (SCH)
Maderna, Bruno:
    Y Despues, für zehnsaitige Gitarre
    mit Einrichtung für sechssaitige
    Gitarre (R)
Martin, Frank:
    Quatre pièces brèves (UE)
Mendelssohn Bartholdy, Felix:
    Canzonetta, aus dem Streichquar-
    tett Nr. 1, op. 12 (R; SCH)

Mertz, Johann Kaspar (Caspar Joseph):
    Fantaisie Hongroise, op. 65
    (CHA)
Milhaud, Darius:
    Segoviana (HC)
Miroglio, Francis:
    Choreïque 1958 (UE)
Mompou, Federico:
    Suite Compostelana (SA)
Morançon, Guy:
    Suite latine (ME)
Moreno Torroba, Federico:
    Sonatina (R)
    Suite castellana (SCH)
    Nocturno (SCH)
    Madroños (UME; B & B)
Mozart, Wolfgang Amadeus:
    Larghetto und Allegretto, KV 439b
    (FA)
    Menuett E-Dur (SCH)
Muthspiel, Wolfgang:
    Voicings (DO)
Obrovská, Jana:
    Hommage à Béla Bartók (ME)
Ochoa, Luis:
    Remembranzas [Suite Homenaje a
    Leo Brouwer] (DM)
    Tríptico Botánico (DM)
Ohana, Maurice:
    Tiento (GB)
    Cadran Lunaire (GB)
Paganini, Niccolò:
    Grand Sonata (ESZ)
Petrassi, Goffredo:
    Nunc (ESZ)
Piazzolla, Astor:
    Cinco Piezas (BE)
    Four pieces (u. a. Milonga del Angel,
    La Muerte del Angel) (CHA)

Ponce, Manuel M.:
  Sonata clásica (SCH)
  Sonata romántica (SCH)
  Sonate III (SCH)
  Suite a-Moll [»im barocken Stil«]
  (EMT)
Pujol, Emilio:
  3 Morceaux espagnols: Tonadilla/
  Tango/Guajira (ME)
Purcell, Henry:
  Four pieces (FA)
Regondi, Giulio:
  Rêverie (CHA)
Rodrigo, Joaquín:
  Invocation et Danse (EJR; EFM)
  Tres piezas españolas (SCH)
  Sonata giocosa (CH)
  Sonata a la Española (ME)
Roussel, Albert:
  Valse, op. 29 (D)
Sainz de la Maza, Eduardo:
  Suite »Platero y yo« (UME)
Scarlatti, Domenico:
  7 Sonatas, 4 Hefte (EMM)
  4 Sonatas K 292, K 380, K 208,
  K 209 (SCH)
  Sonata K 208 (ZA)
Schedl, Gerhard:
  Fantasie über einen ostinaten Bass,
  op. 12 (DO)
Schibler, Armin:
  Un homme seul (EE)
Schönberg, Arnold:
  Sechs kleine Klavierstücke, op. 19
  (UE)
Scott, Cyril:
  Sonatina [1927] (BE)
Searle, Humphrey:
  Five, op. 61 (FA)

Smith Brindle, Reginald:
  El polifemo de oro (AB)
  Nocturne (SCH)
  Sonatina Fiorentina (SCH)
  November memories (ESZ)
  Guitarcosmos 3 (SCH)
  Sonata Nr. 5 (SCH)
Sor, Fernando:
  Variationen, op. 9 über ein Thema
  von Mozart (ESZ; SCH; UE; ARM)
  Sonate, op. 22 (ESZ; NS)
  Menuett und Rondo aus der Sonate
  op. 22 (SCH)
  Seconda Grande Sonata, op. 25
  (ESZ)
  Sonate, op. 25 (R)
  Fantasie, op. 30/7 (ME)
  Grand Solo, op. 14 (ESZ; UME)
  2 Themen mit Variationen und
  12 Menuette, op. 11 (NS)
Stadlmair, Hans:
  Fünf Stücke (DO)
Stockhausen, Karlheinz:
  Spiral (UE)
Takemitsu, Tōru:
  All in Twilight (SCH)
  Equinox (SCH)
  In the Woods (SCH)
  The last Waltz (SCH)
  Folios (SA)
Tansman, Alexandre:
  Cavatina in E (SCH)
  Danza pomposa (SCH)
  Mazurka (SCH)
  Ballade »Hommage à Chopin« (ME)
Tárrega, Francisco:
  Gran Jota Aragonesa (R)
  Fantasia on themas »La Traviata«
  (SCH)

Opere per Chitarra, 4 Hefte (BE)
Tippett, Michael:
  The Blue Guitar (SCH)
Turina, Joaquín:
  Fandanguillo, op. 36 (SCH)
  Hommage à Tárrega, op. 69
  (SCH)
  Ráfaga, op. 53 (SCH)
  Sevillana (Fantasia), op. 29 (CO)
  Sonata, op. 61 (SCH)
Villa-Lobos, Heitor:
  Prélude Nr. 2 (ME)
  Chôro Nr. 1 (CO)
  12 Etüden (ME)
Visée, Robert de:
  Suiten (UE)
Walton, William:
  Five Bagatelles (OUP)
Weiß, Silvius Leopold:
  Intavolatura di liuto, 28 Suiten und
  Einzelstücke (ESZ)

b) Zwei Gitarren

Absil, Jean:
  Suite, op. 135 (HL)
Ager, Klaus:
  Migrations (ES)
Albéniz, Isaac:
  Córdoba (R)
  Granada und Cataluña (UE)
Anonymi:
  More of these Anon (10 pieces from
  the Fitzwilliam Virginal Book) (NO)
  2 Elizabethan Duets (BE)
Bach, Johann Christian:
  Sonate (B & H)
Bach, Johann Sebastian:
  Gavotte et Musette (R)

Suite e-Moll, BWV 818; A-Dur,
BWV 819; D-Dur, BWV 820 (DO)
Bartók, Béla:
  Duos (UE)
Beethoven, Ludwig van:
  Sonatine (UE)
  Sonatina e Adagio, WoO 43, origi-
  nal für Mandoline und Cembalo
  (EMB)
  Sonatina e Variazioni, WoO 44, ori-
  ginal für Mandoline und Cembalo
  (EMB)
Bogdanović, Dušan:
  Sonata fantasia (BE)
Brahms, Johannes:
  Theme and Variations, op. 18, bearb.
  von J. Williams (BHL)
Brouwer, Leo:
  Micro piezas (ME)
Bull, John:
  Three pieces (OUP)
Burkhart, Franz:
  Toccata (DO)
  Tema con variazioni (DO)
  Duo (DO)
Byrd, William:
  Three Dances (OUP)
Cabezón, Antonio de:
  2 Diferencias (SCH)
Carulli, Ferdinando:
  3 Serenaden, op. 96 (ESZ)
  Largo und Rondo D-Dur aus
  op. 146 (DO)
  Zwei Duos, op. 146 (SCH)
  Duos aus op. 241 (DO)
  Sechs kleine Duette, op. 34 (SCH)
  Dodici Romanze (ESZ)
  12 Duos (SCH)
  Notturno, op. 128/1 & 2 (Z)

Castelnuovo-Tedesco, Mario:
  »Les guitares bien tempérées«,
  24 préludes et fugues, op. 199
  (AB)
  Sonatina canonica (ME)
Corrette, Michel:
  Suite a-Moll (MS)
Coste, Napoleon:
  Grand Duo (CHA)
Couperin, François:
  Sechs Stücke (EMB)
Debussy, Claude:
  Danse bohémienne, 2 Gi oder
  Oktavgitarre und Gi (SCH)
Diabelli, Anton:
  Fuge E-Dur (EE)
Domeniconi, Carlo:
  Sonata, op. 14 (EMX)
Dowland, John:
  2 Duette (SCH)
Duarte, John W.:
  Greek Suite (BE)
  Six friendships (NO)
Elizabethan Duets
  Werke von Robinson, J. Johnson,
  J. Dowland, Daniel und Pilkington
  (ST & B)
Falla, Manuel de:
  Danza española Nr. 1 (ME)
Françaix, Jean:
  Divertissement (EMT)
Frescobaldi, Girolamo:
  Canzona seconda detta »La Bernar-
  dinia« (ESZ)
Gerwig, Walter:
  Das Spiel der Lauteninstrumente,
  11. Spielbuch: Werke von Milano,
  Robinson, G. Gabrieli und Hassler
  (RL)

Ginastera, Alberto:
  Tres Danzas (BY)
Giuliani, Mauro:
  Grandi variazioni concertanti,
  op. 35 (ESZ)
  Variazioni concertanti, op. 130 (ESZ)
Granados, Enrique:
  Intermezzo aus »Goyescas« (R)
  Danza española Nr. 2, Nr. 6, Nr. 11
  (UME)
  Acht Tänze aus »Danzas españolas«,
  op. 37 (UE)
  Valses poéticos (UE)
Guitar Duets
  S. Joplin, F. Poulenc u.a. (CH)
Haberl, Walter:
  Alexander's Latin (UE)
  Andreas' Swing tune (UE)
  Chanson et Danse (UE)
Haydn, Joseph:
  Duett in G, nach Hob. VII:4 (SCH)
Henze, Hans Werner:
  Minette, eingerichtet von J. Ruck
  (SCH)
Hindemith, Paul:
  Rondo, bearb. nach dem Original
  für 3 Gi (SCH)
Ibert, Jacques:
  Paraboles (2 pièces) (AL)
Jolivet, André:
  Sérénade (HC)
Kounadis, Arghyris:
  Rebetiko (Z)
Kronsteiner, Josef:
  Partita (DO)
Lauffensteiner, Wolff Jakob:
  Duetto A-Dur (DO)
Lawes, William:
  Suite (FA)

171

Lechthaler, Josef:
  Suite, op. 49/1 (DO)
Marella, Giovanni Baptista:
  Suite (UE)
Masterpieces of early music
  (AMP)
Mendelssohn Bartholdy, Felix:
  5 Lieder ohne Worte (SCH)
Mozart, Wolfgang Amadeus:
  Duo (nach Waldhornduetten aus
  KV 487) (DO)
Neges, Ferdinand:
  Spielen wir! (DO)
Pasquini, Bernardo:
  Sonate d-Moll (DO)
Piazzolla, Astor:
  Tango Suite (BE)
  Lo que vendrá (HL)
Piccinini, Alessandro:
  Toccata per due liuti (ESZ)
Pierre-Petit:
  Toccata (ME)
  Tarentelle (ME)
Polyphones Spielheft
  s. unter »Gitarren-Ensemble«
  (DO)
Poulenc, Francis:
  L'Embarquement pour Cythère
  (ME)
Presti, Ida:
  Danse d'Avila (R)
Pujol, Emilio:
  Manola del Avapies (ME)
Ravel, Maurice:
  Pavane pour une Infante défunte
  (ME)
Rodrigo, Joaquín:
  Fandango del ventorillo (ME; EJR)
  Tonadilla (R)

Rosenmüller, Johann:
  Pavane e-Moll (SCH)
Rosetta, Giuseppe:
  Sonate (BE)
Ruiz-Pipó, Antonio:
  Homenaje a Villa-Lobos (BE)
Santórsola, Guido:
  Sonata a Duo (PM)
  Triptico (BE)
Scarlatti, Domenico:
  Sonate d-Moll (R)
  Sonata, L 288 (ME)
  5 Sonaten (EMB)
  2 Sonatas, K 472, K 512 (UE)
Scheidler, Christian Gottlieb:
  Sonate D-Dur (UE)
  Duo D-Dur (DO)
Scheit, Karl:
  Erstes Musizieren auf der Gitarre
  (UE)
  Dänische und schwedische Weisen
  (UE)
Schubert, Franz:
  Duo in a-Moll, nach dem Streich-
  quartett D 173, für 2 Gitarren
  gesetzt von J. Bream (CHA)
Segovia, Andrés:
  Divertimento (SCH)
Shimoyama, Hifumi:
  Dialogo (ESZ)
  Dialogo Nr. 2 (ESZ)
Six Elizabethan Duets
  Werke von J. Johnson, J. Dowland,
  Th. Robinson u.a. (OUP)
Smith Brindle, Reginald:
  Chaconne and Interludes
  (SCH)
  Las Doce Cuerdas (SCH)
  The Pillars of Karnak (SCH)

Sor, Fernando:
Divertissement, op. 38 (Z)
L'Encouragement, op. 34 (ARM;
UE; Z)
Souvenir de Russie, op. 63 (NS)
Les Deux Amis, op. 41 (TE)

Stravinsky, Soulima:
Six Sonatinas (EP)

Surinach, Carlos:
Una rosa en cada galta (AMP)

Susato, Tilman:
Sieben Tänze (DO)
Altflämische Tänze (SCH)

Telemann, Georg Philipp:
Sonate (DO)
Partita A-Dur / D-Dur (SCH)

Teuchert, Heinz:
Leichtes Zusammenspiel (R)
Lied und Gitarre, Heft 1/2 (HS)

Uray, Ernst Ludwig:
Variationen und Fuge (DO)

Villa-Lobos, Heitor:
Therezinha de Jesus (ME)
A Canõa Virou (ME)

Vivaldi, Antonio:
Andante (ME)

Weiß, Silvius Leopold:
Duett (SCH)

Williams, Len:
Spanish and South American Folk-
Songs (SCH)

Wissmer, Pierre:
Barbaresque (BE)
Prestilagoyana (BE)

c) Gitarren-Ensemble
(drei bis sechs Gitarren)

Albéniz, Isaac:
Tango, op. 165/2, 5 Gi (HL)

Apostel, Hans Erich:
Es waren zwei Königskinder, 4 Gi
[auch chorisch zu besetzen] (DO)
Höhe des Jahres, 4 Gi [auch
chorisch zu besetzen] (DO)

Balada, Leonardo:
Apuntes, 4 Gi (GS)

Boccherini, Luigi:
Introduktion und Fandango, 3 Gi
(UE)

Brouwer, Leo:
Cuban landscape with rain, 4 Gi
(DM)
Toccata, 4 Gi (DM)

Bussotti, Sylvano:
Ultima rara, 3 Gi (R)

Call, Leonhard von:
Trio, op. 26, 3 Gi (SCH; Z; ESZ)

Cerf, Jacques:
Espoir, op. 90, 4 Gi (HL)

Cottin, Alfred:
Ballade de fou, 3 Gi (TE)

David, Johann Nepomuk:
Drei Volksliedsätze, 4 Gi [auch chorisch zu besetzen] (DO)

David, Thomas Christian:
3 Kanzonen, 3 Gi [auch chorisch zu
besetzen] (DO)

Diabelli, Anton:
Trio F-Dur, op. 62, 3 Gi (ESZ)

Dodgson, Stephen:
Follow the Star, 3 Gi (B & VP)

Duarte, John W.:
Madrigalia, 3 Gi (B & VP)

Dyens, Roland:
Hamsa, 4 Gi [auch chorisch zu besetzen] (HL)

Englische Renaissance Musik
Werke von J. Dowland, Morley, Hume und Anonymus, herausgegeben von F. Neges, 3 Gi (DO)

Faber, Johann Christian:
Partita, 3 Gi (DO)

Farkas, Ferenc:
Citharoedia Strigoniensis, 3 Gi [auch chorisch zu besetzen] (BE)

Gerwig, Walter:
Der Lautenchor, Spielbuch 7: Werke von Palestrina, Rohwer und Hassler, 4 Gi/Lt [auch chorisch zu besetzen] (RL)
Spielbuch 8: Werke von Franck, Kukuck und Gumpelzheimer, 3–5 Gi/Lt [auch chorisch zu besetzen] (RL)

Gounod, Charles:
Funeral March of a Marionette, 4 Gi (GWP)

Guitar Trios
Werke von S. Joplin, F. Poulenc u.a. (CH)

Haydn, Joseph:
12 Cassationsstücke, 3 Gi (SCH)

Heiller, Anton:
Heidi pupeidi, 4 Gi [auch chorisch zu besetzen] (DO)
Es liegt ein Schloß in Österreich, 4 Gi [auch chorisch zu besetzen] (DO)

Hindemith, Paul:
Rondo, 3 Gi (SCH)

Jasbar, Helmut:
Tango sans soleil, 4 Gi (EMX)

Kleynjans, Francis:
Les quatres élements, op. 123, 4 Gi (OT)

Kruisbrink, Anette:
10 Miniaturas, 4 Gi (BE)

Laurent, François:
Impressions de habanera, 4 Gi (ME)
Impressions de mouvement, 4 Gi (ME)
Impressions mécaniques, 4 Gi (ME)
Impressions nocturnes, 4 Gi (ME)
Tarantelle, 4 Gi (ME)

Leichte Stücke alter Meister
Werke von Dacquin, Händel, Couperin, Lully, Beethoven, Pachelbel, Purcell u.a.; 3 Hefte, 3 Gi (DO)

Marco, Tomás:
Arboreal, 4 Gi (BE)

Mattheson, Johann:
Sonata, op. 1/8, 3 Gi (DO)

Moreno Torroba, Federico:
Estampas, 4 Gi (OT)

Peruzzi, Aurelio:
Commentare, 3 Gi (ESZ)

Polyphones Spielheft
Werke von Heiller, Kratochwil, Kubizek, Schollum, 2 bis 4 Gi (DO)

Praetorius, Michael:
Puer natus in Bethlehem, 4 Gi [auch chorisch zu besetzen] (DO)

Rodrigo, Joaquín:
Dos piezas caballerescas (orig. für Cello-Ensemble), 4 Gi (SCH)

Romantische Musik
Werke von Weber, Mendelssohn, Schumann, Grieg u.a., 3 Gi (SCH)

Ruiz-Pipó, Antonio:
 Cuatro para Cuatro, 4 Gi (UME)
Schein, Johann Hermann:
 Suite zu fünf Stimmen, aus
 »Banchetto musicale«, 5 Gi (V & F)
Serocki, Kazimierz:
 Krasnoludki (Sieben Miniaturen),
 3 Gi (MC)
Smith Brindle, Reginald:
 Music for 3 Guitars (ESZ)
 Concerto »Cum Jubilo«, 3 Gi (SCH)
 Concerto de Angelis, 4 Gi (SCH)
Soewandi, Stefan:
 Ismaya – Sonatina II, 4 Gi (EMX)
Susato, Tilman:
 Sieben Tänze, 2 oder 4 Gi [auch
 chorisch zu besetzen] (DO)

Teuchert, Heinz:
 Der Lautenkreis, Heft 1– 4; 3 und
 4 Gi [auch chorisch zu besetzen]
 (HS)
Tittel, Ernst:
 O, du lieber Augustin, 4 Gi [auch
 chorisch zu besetzen] (DO)
Villa-Lobos, Heitor:
 Aria da Bacchianas Brasileiras Nr. 5,
 5 Gi (HL)
Vivaldi, Antonio:
 Concerto a-Moll, op. 3/8, 3 Gi
 (DO)
Zehn Renaissance Tänze
 Werke von W. Brade und M. Praeto-
 rius, bcarb. von F. Neges, 3 Gi
 (DO)

Kammermusik[123]

a) Duos

Albéniz, Isaac:
 Córdoba (Nocturne) aus »Chants
 d'Espagne«, op. 232, Vc/Gi (SCH)
Anonymi:
 Fantasia (1650), Blfl/Bc (SCH)
 Tunes of Queen Elizabeth's Time,
 2 Blfl/2 Gi (NO)
 Greensleeves to a Ground, Blfl/Bc
 (DO)
Bach, Carl Philipp Emanuel:
 Sonate G-Dur, »Hamburger Sonate«,
 Wq 133, Fl(Ob/Vl)/Bc (DO)

Sonate D-Dur, Wq 131, Fl/Bc
 (B & H)
 Rondo aus der Sonate G-Dur,
 Wq 133, Fl/Bc, im Sammelband
 »Da Capo! Encore! Zugabe!« (SCH)
Bach, Johann Christian:
 Sonate C-Dur, Vl/Gi (B & H)
 Sonate A-Dur, op. 16/4, Fl(Vl)/Gi
 (SCH)
Bach, Johann Sebastian:
 Sonate C-Dur, BWV 1033, Fl/Bc
 (ME)

---

123 a) Vgl. A. Nagytothy-Toth, Checklist of Guitar and Piano, in: Repertoire for Guitar in Chamber
    Music and Orchestra, a.a.O.
    b) M. Sicca, La Chitarra e gli strumenti a tastiera. Ein Werkverzeichnis über Kompositionen für
    Gitarre und Tasteninstrumente, a.a.O.

Sonate E-Dur, BWV 1035, Fl/Bc
(B & H)
4 Sonaten: C-Dur, BWV 1033/
e-Moll, BWV 1034/ E-Dur, BWV
1035/ Es-Dur, BWV 1031, Fl/Bc
(DO)
Siciliano aus der Sonate Es-Dur,
BWV 1031, Fl/Gi, im Sammelband
»Da Capo! Encore! Zugabe!« (SCH)

Baron, Ernst Gottlieb:
Sonate, Fl/Gi (B & H)

Bartók, Béla:
Rumänische Volkstänze, Fl/Gi (UE)

Baumann, Max:
Duo, op. 62, Vc/Gi (Z)

Beaser, Robert:
Mountain songs, Fl/Gi (HMC)

Beethoven, Ludwig van:
Sonatine, Vl(Fl)/Gi (DO)
Zwei Themen mit Variationen,
Vl(Fl)/Gi (MS)
Vier Stücke, WoO 43/1–2 und
WoO 44/1–2, Gi/Cb(Kl) (H)

Benary, Peter:
Vier Fantasien, Fl/Gi (MÖ)

Biberian, Gilbert:
8 Bagatelles, Vc/Gi (BM)

Blavet, Michel:
8 pièces, Fl/Gi (AL)

Bloch, Waldemar:
Sonate, Vl/Gi (DO)

Boccherini, Luigi:
Introduction und Fandango, Gi/Cb
(FA)
Menuett und Rondo aus op. 13/5
und op. 28/4, Vc/Gi (SCH)

Bozza, Eugène:
Berceuse et Sérénade, Fl/Gi
(AL)

Burkhard, Willy:
Serenade, op. 71/3, Fl/Gi (BÄR)

Caldara, Antonio:
Sonate a-Moll, Vl/Bc (DO)

Carulli, Ferdinando:
Serenade, op. 109/1, Fl/Gi (SCH)
Fünf Serenaden, op. 109/2–6, Fl/Gi
(LEU)
Nocturne, op. 190, Fl/Gi (B & H)
Sonate, op. 21/1, Gi/Kl (Z)
Duo, op. 134, Gi/Kl (ESZ)
Fantasie, op. 337, Fl/Gi (H)

Carulli–Beethoven:
Variazioni, op. 169, Gi/Kl (ESZ)

Castello, Dario:
Sonata prima, Blfl/Bc (SCH)

Castelnuovo-Tedesco, Mario:
Sonatina, op. 205, Fl/Gi (ME)

Chopin, Frédéric:
Variationen über ein Thema von
Rossini, Fl/Gi, im Sammelband
»Da Capo! Encore! Zugabe!«
(SCH)

Corelli, Arcangelo:
Sonate e-Moll, op. 5/6, Vl/Bc
(DO)
Sonate d-Moll, op. 5/7, Vl/Bc (DO)

Da Capo! Encore! Zugabe!
Sammelband mit Zugabestücken
für Flöte und Gitarre. Werke von
J. S. Bach, C. Ph. E. Bach, Mozart,
Chopin, Gossec, Paganini, Joplin,
hg. von Konrad Ragossnig (SCH)

Dallinger, Fridolin:
Sonatine, Fl/Gi (DO)

Dances from Shakespeare's Time
Blfl/Gi (CH)

David, Thomas Christian:
Sonate, Vc/Gi (DO)

Debussy, Claude:
First Arabesque, Klar/Gi (BMP)
Danse, Klar/Gi (BMP)

Denissow, Edison:
Sonate, Fl/Gi (S)

Diabelli, Anton:
Serenade, Fl/Gi (NS)
Duo A-Dur, Vl(Fl)/Gi (DO)
Sonatine, Gi/Kl (UE)
Grande Sonate brillante, op. 102,
Gi/Kl (B & B)

Dodgson, Stephen:
Duo concertant, Gi/Cb (ME)

Döhl, Friedhelm:
Pas de deux, Vl(Fl)/Gi (HG)
Two Songs of Palamidi, Fl/Gi
(MC)

Dowland, John:
Drei Tänze: The Earl of Essex his
Galliard; Lachrimae Pavan; The
King of Denmark's Galliard, Blfl
(Fl,Vl)/Gi(Lt) (SCH)

Duarte, John W.:
Sonatina, op. 15, Fl/Gi (B & VP)
Danse Joyeuse, Fl/Gi (B & VP)

Early Renaissance Dances, Six
Blfl/Gi (B & VP)

Eastwood, Tom:
Uirapurú, Ob/Gi (CHA)

Erbse, Heimo:
Drei Studien, op. 30, Fl/Gi
(DO)

Falla, Manuel de:
Suite populaire espagnole, Vc/Gi
(ME)

Feld, Jindřich:
Deux Danses, Fl/Gi (AL)

Françaix, Jean:
Sonata, Blfl(Fl)/Gi (SCH)

Frescobaldi, Girolamo:
Canzona III detta »La Bernardinia«,
Blfl/Bc (SCH)
Canzoni per Canto solo, MI/Bc
(DO)

Fürstenau, Kaspar:
12 Originalkompositionen, Fl/Gi
(BÄR)
12 Stücke, op. 16, Fl/Gi (B & H)
12 Stücke, op. 38, Fl/Gi (SCH)

Füssl, Karl Heinz:
Ragtime, op. 18, Gi/Kl (UE)

Gebauer, Michel-Joseph:
Polonaise, Fl/Gi (B & H)

Geminiani, Francesco:
Sei Sonate, Gi/Bc (ESZ)

Giuliani, Mauro:
Gran Duetto concertante, op. 52,
Fl (Vl)/Gi (SCH; BM)
Duo concertant e-Moll, op. 25,
Vl(Fl)/Gi (Z)
Grand Duo Concertant A-Dur,
op. 85, Fl/Gi (Z)
Große Serenade D-Dur, op. 82,
Fl (Vl)/Gi (B & H)
Duettino facile, op. 77, Fl(Vl)/Gi
(SCH)
Serenade, op. 127, Fl(Vl)/Gi (UE)

Gnáttali, Radamés:
Sonata, Vc/Gi (CHA)
Sonatina, Fl/Gi (CHA)

Gossec, François-Joseph:
Tambourin, Fl/Gi, im Sammelband
»Da Capo! Encore! Zugabe!« (SCH)

Granados, Enrique:
Danza española »Andaluza«,
op. 37/5, Vc/Gi (SCH)
Danses espagnoles, op. 37 Nr. 4, 5,
10, 11 (2 Hefte) Fl/Gi (HL)

Grassl, Herbert:
   Invention IV, Gi/Marimbaphon (ES)
Grétry, André-Ernest-Modeste:
   Entr'acte, Fl/Gi (BE)
Händel, Georg Friedrich:
   Sonate a-Moll, op. 1/4, Blfl/Bc (DO)
   Sonate F-Dur, Blfl/Bc (DO)
   Sonate g-Moll, Blfl/Bc (H)
   Sonate C-Dur, Blfl/Bc (H)
   Sonate e-Moll, Fl/Bc (B & H)
   Fitzwilliam-Sonate d-Moll, Blfl/Bc (DO)
Hallnäs, Hilding:
   3 Dialoge, Fl/Gi (AM)
Hand, Frederic:
   Four excursions, Fl/Gi (BHL)
Hartig, Heinz Friedrich:
   Reflexe, op. 52, Gi/Cb (B & B)
   Fünf Stücke, Blfl/Gi (B & B)
Haug, Hans:
   Capriccio, Fl/Gi (ME)
Humble, Keith:
   Arcade IV, Gi/Sch (UE)
Humel, Gerald:
   Sonate 1965, Fl/Gi (B & B)
Ibert, Jacques:
   Entr'acte, Fl/Gi (AL)
Jelinek, Hanns:
   Ollapotrida, op. 30, Fl/Gi (EM)
Joplin, Scott:
   Original Rags, Fl/Gi, im Sammel-
   band »Da Capo! Encore! Zugabe!«
   (SCH)
   Quatro Ragtimes, Fl/Gi (ZA)
Kelterborn, Rudolf:
   Musik für Vl/Gi (H)
Klebe, Giselher:
   Recitativo, Aria e Duetto, op. 44,
   Fl/Gi (B & B)

Kont, Paul:
   Ballade, Blfl(Va)/Gi (DO)
   Suite en passant, Fl/Gi (ME)
Küffner, Joseph:
   Serenade C-Dur, op. 44, Fl(Vl)/Gi
   (SCH)
   Serenade, Fl/Gi (MÖ)
Kuhlau, Friedrich:
   Divertissement G-Dur, op. 68/5,
   Fl/Gi (R)
Lauffensteiner, Wolff Jakob:
   Duetto A-Dur, Vl(Fl)/Gi (DO)
Linde, Hans-Martin:
   Musica da camera, Blfl/Gi (SCH)
Locatelli, Pietro:
   Sonate G-Dur, Vl(Fl)/Bc (DO)
   Sonate D-Dur, Vl(Fl)/Bc (DO)
Loeillet, Jean Baptiste:
   Sonate a-Moll, Blfl/Bc (DO)
Maderna, Bruno:
   Aulodia per Lothar, Ob. d'amore/
   Gi (ESZ)
Mancini, Francesco:
   Sonata IV a-Moll, Fl(Blfl)/Bc (Z)
Marini, Biagio:
   Sonata, Vl(Cor)/Gi (MS)
Migot, Georges:
   Sonate, Fl/Gi (EMT)
Molino, Francesco:
   Notturno, op. 38, Fl(Vl)/Gi (B & H)
Moscheles–Giuliani:
   Grand Duo concertant, Gi/Kl (NS)
Mozart, Wolfgang Amadeus:
   Sonate V, C-Dur KV 14, Fl/Gi
   (MC)
   Sonate A-Dur KV 331 (300i), Fl/Gi
   (Z)
   Türkischer Marsch aus der
   Sonate A-Dur KV 331, Fl/Gi, im

Sammelband »Da Capo! Encore!
Zugabe!« (SCH)
Nin, Joaquín:
Suite espagnole (Seguida española),
Vc/Gi (ME)
Novák, Jan:
Sonata serenata Vl/Gi (MC)
Paganini, Niccolò:
6 Sonaten, op. 2, Vl/Gi (Z)
6 Sonaten, op. 3, Vl/Gi (Z)
Große Sonate A-Dur, Gi/Vl (Z)
12 Duette (2 Hefte), Vl/Gi (Z)
Sonata concertata, Gi/Vl (Z)
Centone di Sonate, Vl/Gi (Z; ZA)
Variazioni di Bravura, Vl/Gi (Z)
Quatro Sonatine, Vl/Gi (ESM)
Polacca, aus der Sonate für Vl/Gi
Nr. 7 F-Dur, bearb. für Fl/Gi, im
Sammelband »Da Capo! Encore!
Zugabe!« (SCH)
Pepusch, Johann Christoph:
Sonate d-Moll, Blfl/Bc (DO)
Petrassi, Goffredo:
Alias, Cb/Gi (ESZ)
Pfister, Hugo:
Ballade, Klar/Gi (EE)
Piazzolla, Astor:
Histoire du Tango, Fl/Gi
(HL)
Pilss, Karl:
Sonatine, Ob/Gi (DO)
Playford, John:
Tunes, Blfl/Bc (CH)
Ponce, Manuel M.:
Sonata, Gi/Cb (PM)
Prelude, Gi/Cb (YO)
Präger, Heinrich Aloys:
Introduction, Thema und Variatio-
nen, op. 21, Fl/Gi (B & H)

Prieto, Claudio:
Solo a Solo, Fl/Gi (EA)
Prosperi, Carlo:
In nocte, Vl/Gi (ESZ)
Purcell, Daniel:
Sonata F-Dur, Vl/Gi (MS)
Sonata d-Moll, Vl/Gi (MS)
Quagliati, Paolo:
Toccata, Vl(Blfl)/Bc (R)
Ravel, Maurice:
Pavane pour une Infante défunte,
Fl/Gi (ME)
Rodrigo, Joaquín:
Serenata al Alba del dia, Fl/Gi
(SCH)
Aria Antigua, Fl/Gi (EJR)
Roman, Johann Helmich:
Sonate e-Moll, Fl/Gi (Z)
Romberg, Bernhard:
Divertimento, op. 46, Vc/Gi (NS)
Rust, Friedrich Willhelm:
Sonate G-Dur, Vl(Fl)/Gi (LEU)
Sonate d-Moll, Vl(Fl)/Gi (LEU)
Sonate e-Moll (identisch mit der
Sonate d-Moll), Vl/Gi (DO)
3 Sonaten G-Dur, d-Moll, C-Dur,
Lt(Gi)/ Vl(Fl) (LC)
Santórsola, Guido:
Sonata a Duo Nr. 4, Fl/Gi (PM)
Schaller, Erwin:
Rhapsodie und Hochzeitstanz nach
finnischen Volksweisen, Vl/Gi
(B & H)
Scheidler, Christian Gottlieb:
Sonate D-Dur, op. 21, Vl(Fl)/Gi
(UE)
Duo D-Dur, Vl/Gi (DO)
Schiff, Helmut:
Partita brevis, Gi/Blfl (DO)

Schubert, Franz:
Sonate »Arpeggione«, Vc(Va/Fl)/Gi
(SCH)
Schubert–Boehm:
Six Lieder, Fl/Gi (GG)
Schwertberger, Gerald:
Cuatro piezas para dos, Gi/Kl
(DO)
Selma e Salaverde, Bartolomeo de:
Canzona, Blfl/Bc (R)
Siegl, Otto:
Sonatine d-Moll, Fl/Gi (DO)
Singer, Lawrence:
Musica a Due, Ob/Gi (ESZ)
Smith Brindle, Reginald:
Ten string music, Vc/Gi (SCH)
Five Sketches, Vl/Gi (SCH)
Sor, Fernando:
La Romanesca, Vl/Gi (SCH)
Romanze (= La Romanesca),
op. posth., Vl(Fl)/Gi (UE)
Sprongl, Norbert:
Suite, op. 80, Fl/Gi (ME)
Stingl, Anton:
Stücke op. 34, Blfl(Fl)/Gi (Z)
Straube, Rudolf:
Tre Sonate, Gi/Cb (ESZ)
Takács, Jenö:
Dialoge, op. 77, Vl/Gi (DO)
Divertimento op. 61a, Vl(Fl)/Gi
(DO)
Takemitsu, Tōru:
Toward the sea, Alt-Fl/Gi (SCH)
Telemann, Georg Philipp:
Sonate F-Dur, Fl/Bc (DO)
Partita G-Dur, Vl(Blfl/Ob/Fl)/Bc
(DO)
Sonate C-Dur, Blfl/Bc (Z)
Sonate F-Dur, Blfl/Bc (MFH)

Tschaikowsky, Peter Iljitsch:
Andante cantabile, Vc/Gi (DO)
Valse sentimentale, Vc/Gi (SCH)
Vanhal, Johann Baptist:
6 Variationen über »Nel cor piú non
mi sento«, Fl/Gi (SCH)
Veracini, Francesco Maria:
Sonata terza, Blfl/Bc (B & H)
Viozzi, Giulio:
Fantasia II, Kl/Gi (Za)
Visée, Robert de:
Suite c-Moll, MI/Gi (UE)
Vivaldi, Antonio:
Sonate g-Moll, Gi/Cb [org. Trio
RV 85, Lt/Vl/Bc] (Z)
Sonate d-Moll, Vl/Bc (DO)
Sonate g-Moll, Vl/Bc (DO)
Third Sonata in A Minor, Vc/Bc
(BMP)
Fifth Sonata in E Minor, Vc/Bc
(BMP)
Wagenseil, Georg Christoph:
Divertimento, Gi/Kl (DO)
Weber, Carl Maria von:
Divertimento, op. 38, Gi/Kl
(UE)
Welfens, Peter:
Tafelmuziek, Vc/Gi (JM)
Wissmer, Pierre:
Sonatine, Fl/Gi (ME)
Zbinden, Julien François:
Quatre Miniatures, op. 14, Fl/Gi
(SID)
Zehm, Friedrich:
Serenade, Fl/Gi (SCH)
Sonatine, Mand/Gi (SCH)
Zugabe! Encore! Da Capo!
Sammelband mit Zugabestücken
für Flöte und Gitarre. Werke von

J. S. Bach, C. Ph. E. Bach, Mozart, Chopin, Gossec, Paganini, Joplin, hg. von Konrad Ragossnig (SCH)

b) Trios

Angerer, Paul:
Trio, Vl/Blfl/Gi (DO)
Apostel, Hans Erich:
Studie op. 21, Fl/Va/Gi (DO)
Kleines Kammerkonzert, op. 38, Fl/Va/Gi (DO)
Bach, Johann Sebastian:
Sonate G-Dur, BWV 1039, 2 Fl/Bc (MC)
Borris, Siegfried:
Conversazione a tre, Blfl/Gi/Cb (SI)
Bussotti, Sylvano:
Sette Fogli – Mobile stabile, Gi/St/Kl (UE)
Carulli, Ferdinando:
Notturno a-Moll, Fl/Vl/Gi (LEU)
David, Johann Nepomuk:
Sonate op. 26, Fl/Va/Gi (B & H)
Debussy, Claude:
Quatre Préludes, Fl/Klar in B/Gi (DO)
Diabelli, Anton:
Trio op. 66, Fl (Vl)/Va/Gi (DO)
Serenata concertante, op. 105, Fl/Va/Gi (ESZ)
Dünser, Richard:
Threnodie, Fl/Klar in A/Gi (DO)
Fossa, François de:
3 Trios Concertants, op. 18, Gi/Vl/Vc (CHA)
Gattermeyer, Heinrich:
Kassation I, op. 109/1, Fl/Va/Gi (DO)

Giuliani, Mauro:
Serenata, op. 19, Vl/Vc/Gi (ESZ)
Granata, Giovanni Battista:
Nuovi Capricci Armonici, Gi/Vl/Vc (BE)
Haydn, Joseph:
Cassation C-Dur, Hob. III:6, Gi/Vl/Vc (DO)
Trio F-Dur, Hob. IV:F2, Gi/Vl/Vc (B & H)
Divertimento F-Dur, Hob. XI:44, Gi/Vl/Vc (DO)
Henze, Hans Werner:
Carillon, Récitatif, Masque, Mand/Gi/Ha (SCH)
Selbst- und Zwiegespräche, Va/Org/Gi (SCH)
Humel, Gerald:
Arabesque, Gi/Vc/Sch (SCH)
Kont, Paul:
Trio, Fl/Va/Gi (DO)
Kopelent, Marek:
Tukâta, Ha/Cb/Zy(Gi) (HG)
Kotoński, Włodzimierz:
Trio, Fl/Gi/Sch (PW)
Kreutzer, Joseph:
Trio D-Dur, Fl/Vl(2 Vl)/Gi (DO)
Linde, Hans-Martin:
Serenata a tre, Blfl/Gi/Vc (SCH)
Matiegka, Wenzel:
Notturno, op. 21, Fl/Va/Gi (Z)
Paganini, Niccolò:
Terzetto concertante, Va/Vc/Gi (Z)
Terzetto, Vl/Vc/Gi (Z)
Petrassi, Goffredo:
Seconda Serenata (Trio), Ha/Gi/Mand (MER)
Skorzeny, Fritz:
Trio, Fl/Va/Gi (DO)

181

Stetka, Franz:
Kleine Suite a-Moll, 2 Blfl/Gi (DO)
Stockmeier, Wolfgang:
Divertimento, 2 Blfl/Gi (MC)
Takács, Jenö:
Verwehte Blätter, op. 113,
Fl/Va(Vl)/Gi (DO)
Frühlingsmusik, Fl(Altblfl)/Vc/Gi
(DO)
Takemitsu, Tōru:
Ring, Terz-Gi/Lt/Fl (SA)
Uhl, Alfred:
Trio, Vl/Va/Gi (DO)
Kleine Suite, Vl/Va/Gi (DO)
Vivaldi, Antonio:
Trio in Do Maggiore, RV 82 [F. XVI
Nr. 3], Vl/Gi(orig. Lt)/Vc (EMB; R)
Trio in Sol Minore, RV 85 [F. XVI
Nr. 4], Vl/Gi(orig. Lt)/Vc (EMB; R)

c) Triosonaten

Corelli, Arcangelo:
Sonata da camera, op. 2/2, 2 Vl/Bc
(DO)
Gabrieli, Domenico:
Balletto, 2 Vl/Bc (MS)
Händel, Georg Friedrich:
Concerto D-Dur, 2 Vl/Bc (DO)
Hasse, Johann Adolf:
Sonate C-Dur, Fl/Vl/Bc (DO)
Peroni, Giuseppe:
Concerto a tre, 2 Vl/Bc (DO)
Pez, Johann Christoph:
Sonate C-Dur, 2 Blfl/Bc (DO)
Rosenmüller, Johann:
Sonate e-Moll, 2 Vl/Bc, in
»Lehrwerk für Gitarre«, Heft 5
(UE)

Ruggieri, Giovanni Maria:
Sonate da chiesa, op. 3, 10 Sonaten,
2 Vl(oder andere MI)/Bc, Vc ad lib.
(DO)
Telemann, Georg Philipp:
Sonata a-Moll, Blfl/Vl/Bc (DO)
Sonata e-Moll, Ob/Vl/Bc (DO)
Sonate C-Dur, Blfl/Vl(Blfl II)/Bc,
Va ad lib. (B & H)
Sonate F-Dur, 2 Blfl/Bc, Va ad lib.
(B & H)
Torelli, Giuseppe:
Concerto G-Dur, 3 Vl/Bc (MS)

d) Quartette

Bartolozzi, Bruno:
Repitu, Fl/Va/Gi/Sch (ESZ)
Fossa, François de:
Quartet, op. 19, Nr. 3, 2 Gi/Vl/Vc
(CHA)
Haydn, Joseph:
Quartett D-Dur, Hob. III:8, Gi/Vl/
Va/Vc (DO)
Quartetto G-Dur op. 5/4, Hob. II:1,
Fl/Vl/Va/Bc (DO)
Kubizek, Augustin:
Quartetto da camera, Ob/Klar/
Fg/Gi (DO)
Paganini, Niccolò:
Quartet, Vl/Va/Vc/Gi (Z)
Quartetto primo, Vl/Va/Vc/Gi
(ESM)
Santórsola, Guido:
Quartet Nr. 2, Fl/Va/Vc/Gi (PM)
Schubert, Franz:
Quartett, Fl/Gi/Va/Vc, nach dem
Notturno op. 21 von W. Matiegka
(EP)

Notturno D 96, Fl/Gi/Va/Vc, nach dem Notturno op. 21 von W. Matiegka. Erste vervollständigte Ausgabe anhand beider Quellen von Frans Vester (MR)

Schwertsik, Kurt:
Sotto Voce, op. 39, Fl/Vl/Vc/Gi (BHL)

Truhlář, Jan:
Quartetto, Fl/Vl/Vc/Gi (PP)

e) Solo-Violine, Streichquartett und Basso continuo

Torelli, Giuseppe:
Concerto d-Moll (DO)
Concerto A-Dur (DO)

f) Quintette

Artner, Norbert:
Quintett, Gi/Strqu (R)

Boccherini, Luigi:
Sei Quintetti, G. 445–450[124], Gi/Strqu (ESZ; HC)
3 Quintette, Gi/Strqu (Z)

Bozza, Eugène:
Concertino da camera, Gi/Strqu (EMT)

Brouwer, Leo:
Quintett, Gi/Strqu (R)

Bussotti, Sylvano:
Rara, Gi/Strqu (R)

Castelnuovo-Tedesco, Mario:
Quintett, op. 143, Gi/Strqu (SCH)

Giuliani, Mauro:
Quintett, op. 65, Gi/Strqu (NS)

Henze, Hans Werner:
Neue Volkslieder und Hirtengesänge, Fg/Gi/StrTrio (SCH)

Süßmayr, Franz Xaver:
Quintett, Vl/Ob/Va/Vc/Gi (SCH)

Konzerte mit Orchester[125]

Albrechtsberger, Johann Georg:
Concertino in D per flauto, chitarra ed archi (EMB)

Arnold, Malcolm:
Guitar concerto, op. 67 (PA)
Serenade for guitar and strings, op. 50 (PA)

Bacarisse, Salvador:
Concerto in a-Moll, op. 72 (EAR)

Balada, Leonardo:
Concierto (GM)
Persistencias, Sinfonía concertante (GS)
Concierto, 4 Gi/Orch (GS)

Bartolozzi, Bruno:
Memorie per tre chitarre concertanti (ESZ)

---

124 Y. Gérard, Thematic, Bibliographical and Critical Catalogue of the Works of Luigi Boccherini, a.a.O.

125 Vgl. A. Nagytothy-Toth, Checklist of concerti for Guitar (Lute) and Orchestra, in: Repertoire for Guitar in Chamber Music and Orchestra, a.a.O.

Baumann, Herbert:
    Konzert (Str-Orch) (S)
    Memento (Str-Orch) (Z)
Bennett, Richard Rodney:
    Konzert (Ka-Orch) (UE)
Berkeley, Lennox:
    Concerto, op. 88 (CH)
Boccherini, Luigi/Cassadó, Gaspar:
    Konzert E-Dur (SCH)
Bondon, Jacques:
    Concerto de Mars (ME)
    Concerto con fuoco (ME)
Bresgen, Cesar:
    Kammerkonzert (SCH)
Brouwer, Leo:
    Concerto pour guitare et petit
    orchestre (ME)
    Tres Danzas Concertantes (Str-
    Orch) (ME)
    Concerto Nr. 3 »Elegiaco« (ME)
    Retras Catalans (ME)
    Concierto de Liège (Quasi una Fan-
    tasia) (R)
    Concerto Nr. 4 »Toronto Concerto«
    (DM)
    Concerto of Helsinki (BE)
Carulli, Ferdinando:
    Konzert A-Dur (Str-Orch, 2 Hörner
    ad lib.) (DO; S)
    Konzert e-Moll, op. 140 »Petit Con-
    certo« (SCH)
    Concerto per flauto, chitarra e
    orchestra (ESZ)
Castelnuovo-Tedesco, Mario:
    Concerto in D, op. 99 (SCH)
    Sérénade, op. 118 (Ka-Orch)
    (SCH)
    2. Concerto in C, op. 160 (SCH)
    Concerto for 2 guitars, op. 201 (BE)

Cordero, Ernesto:
    Concierto Evocativo (SCH)
David, Thomas Christian:
    Konzert (Ka-Orch) (DO)
Denissow, Edison:
    Konzert (S)
Dodgson, Stephen:
    Guitar Concerto Nr. 1 (Ka-Orch)
    (BE)
    Guitar Concerto Nr. 2 (Ka-Orch)
    (BE)
Falckenhagen, Adam:
    Concerto F-Dur (orig. Lt/Str) (EMA)
Fasch, Johann Friedrich:
    Concerto d-Moll (orig. Lt/Str)
    (ESZ)
Françaix, Jean:
    Concerto (Str-Orch) (SCH)
Genzmer, Harald:
    Konzert, 2 Gi (EP)
Giuliani, Mauro:
    Concerto A-Dur, op. 30 (ESZ; TE)
    Concerto A-Dur, op. 30 (Str-Orch)
    (OZ)
    Concerto A-Dur, op. 36 (ESZ; TE)
    Concerto F-Dur, op. 70 (für Terz-
    Gitarre) (ESZ; TE)
Gnáttali, Radamés:
    Concertino Nr. 1 (BMP)
    Concerto de Copacabana (BMP)
    Concerto à Brasileira (Concerto
    Nr. 4) (Str-Orch) (BMP)
Halffter, Ernesto:
    Concierto (UME)
Hartig, Heinz Friedrich:
    Concertante Suite, op. 19 (B & B)
Haug, Hans:
    Doppelkonzert für Flöte und
    Gitarre (HN)

Concertino für Gitarre und kleines Orchester (BE)

Henze, Hans Werner:
Ode an eine Äolsharfe, Musik für konzertierende Gitarre und 15 Soloinstrumente (SCH)

Hétu, Jacques:
Concerto, op. 56 (Str-Orch) (DM)

Kelkel, Manfred:
Zagreber Konzert, op. 19 (SCH)

Kohaut, Karl:
Fünf Konzerte (orig. Lt/Str), Nr. 1 F-Dur, Nr. 2 D-Dur, A-Dur, B-Dur, F-Dur; Einzelausgaben (EMA)

Kotoński, Włodzimierz:
Concerto per quattro, Ha/Gi/Cb/Kl/Str/Sch (MC)

Krebs, Johann Ludwig:
Concerto F-Dur (orig. Lt/Str, transponiert für Gi nach G-Dur) (ESZ)
Concerto C-Dur (orig. Lt/Str) (ESZ)

Kropfreiter, Augustinus Franz:
Concertino (Str-Orch) (DO)

Marco, Tomás:
Concierto Eco (ESZ)
Concierto »Guadiana« (Str-Orch) (EA)

Moreno Torroba, Federico:
Concierto de Castillia (S)
Romancillos (S)
Sonatina, bearb. für Gi/Orch (OT)

Ohana, Maurice:
Concerto »Trois Graphiques« (A)

Piazzolla, Astor:
Double Concerto, Gi/Bandoneon (HL)

Pierre-Petit:
Concerto pour deux guitares (EFM)

Ponce, Manuel M.:
Concierto del Sur (PM)

Porrino, Ennio:
Concerto dell' Argentarola (R)

Previn, André:
Concerto (GS)

Rodrigo, Joaquín:
Concierto de Aranjuez (SCH)
Fantasía para un Gentilhombre (SCH)
Concierto para una Fiesta (SCH)
Concierto Madrigal, 2 Gi (SCH)
Concierto Andaluz, 4 Gi (SCH)

Ruiz-Pipó, Antonio:
Tablas (UME)
Tres en Raya (Concertino) (Str-Orch) (BE)

Santórsola, Guido:
Concertino (PM)
Concierto, 2 Gi (BE)
Concierto, 4 Gi (BE)
Concierto Nr. 3 (Ka-Orch) (BE)

Schedl, Gerhard:
Konzert, Gi/Jazzensemble (DO)

Schwertsik, Kurt:
Concerto pour guitare et petit orchestre (BHL)

Smith Brindle, Reginald:
Guitar Concerto (Studienpartitur/Solostimme) (SCH)

Stradella, Alessandro:
Concerto grosso in Re Maggiore, 2 Vl/Lt(Gi)/Str (ESZ)

Takács, Jenö:
Partita, op. 55 (Str-Orch) (DO)

Takemitsu, Tōru:
To the edge of dream (SCH)
Vers l'arc-en-ciel, Palma. Gi/Oboe d'amore/Orch (SCH)

185

Tansman, Alexandre:
Musique de Cour (UE)
Concertino (ME)
Villa-Lobos, Heitor:
Concerto (ME)
Vivaldi, Antonio:
Concerto D-Dur, RV 93, Gi/Str
(orig. Lt, 2 Vl/Bc) (DO; ESZ; R)
Concerto d-Moll, RV 540, für Viola
d'amore/Gi/Str (orig. Lt/Str/Bc)
(DO; R; Z)

Concerto en la majeur, Gi/Vl/Va/
Vc (orig. Trio C-Dur, RV 82, Lt/Vl/
Bc) (ME)
Weiss, Harald:
Nachtmusik für Solo-Gitarre, Gitar-
renchor, Streicher und Schlagzeug
(SCH)
Wissmer, Pierre:
Concerto (GB)

Lieder

Auf Flügeln des Gesanges
Ausgewählte Lieder von Mozart,
Beethoven, Schubert, Mendelssohn
und Schumann; eingerichtet und
herausgegeben von Konrad Ragoss-
nig (DO)
Bach–Gounod:
»Ave Maria« mit F. Schubert
»Hymne an die Jungfrau« D 839.
Hohe und tiefe Stimmlage (DO)
Berkeley, Lennox:
Songs of the Half-Light, op. 65 (CH)
Bialas, Günter:
Drei Gesänge nach Gedichten von
Lope de Vega, für Bariton, Flöte
und Gitarre (BÄR)
Blech, Leo:
Sechs Liedchen (UE)
Brahms, Johannes:
7 Deutsche Volkslieder aus WoO33,
eingerichtet und herausgegeben
von Konrad Ragossnig (SCH)
Britten, Benjamin:
Songs from the Chinese (BHL)
Folksongs Arrangements (BHL)

Brouwer, Leo:
Dos Canciones, nach Texten von
García Lorca (DM)
Bruder Singer
Volksliedsätze (BÄR)
Burkhart, Franz:
Drei Adventlieder für mittlere
Singstimme/Ob(Blfl)/Gi (DO)
Burkhart–Scheit:
Gitarrelieder für alle (DO)
Volksliederbuch, I/II (DO)
Bussotti, Syvano:
Ultima rara. Popsong für eine
oder mehrere Gitarren und
Sprechstimme (R)
Carter, Elliott:
Tell me where is the fancy bred (AMP)
Castelnuovo-Tedesco, Mario:
The Divan of Moses-Ibn-Ezra (BE)
(auch als Ausgabe mit dt. Text)
Vogelweide, op. 186.
Ein Liederzyklus nach Gedichten
von Walther von der Vogelweide,
Bariton/Gi (BE)
Ballata dall' Esilio (BE)

186

Platero y Yo, op. 190, für einen
  Erzähler und Gitarre (BE)
Deutsche Volkslieder, 24
  in Sätzen von W. Haberl und
  K. Ragossnig (H)
Dowland, John:
  Drei Lieder: Come again; Awake
  sweet love; Wilt thou, unkind, thus
  reave me (UE)
  English Lute Songs, mit Tabulatur
  und Gitarrenotation (TE)
Duarte, John:
  Fünf stille Lieder, op. 37 (BE)
Einem, Gottfried von:
  Leib- und Seelen-Songs, op. 53, nach
  Texten von Lotte Ingrisch (B & B)
  Liderliche Lieder, op. 68 (UE)
Eisler, Hanns:
  Lieder (DV)
Elizabethan and Jacobean Songs
  (ST & B)
Elizabethan Composers
  7 Songs (SCH)
Elizabethan Song Book
  Lautenlieder von Campion, Caven-
  dish, Corkine, Dowland, Ferrabosco,
  Ford, Morley, Rosseter u.a., Klavier-
  notation (FA)
English Renaissance Songs
  Lautenlieder von Morley, Rosseter,
  Dowland, Pilkington, Campian u.a.
  (EMB)
Falla, Manuel de:
  Siete canciones populares españolas
  (ME)
Farkas, Ferenc:
  Cinque canzoni dei trovatori (BE)
Françaix, Jean:
  Prière du soir/Chanson (SCH)

French Renaissance Songs
  Lautenlieder von Sermisy, Clemens
  non Papa, Le Roy, Besard u.a. (EMB)
Fricker, Peter Racine:
  O Mistress mine (SCH)
García Lorca, Federico:
  13 Canciones españolas antiguas
  (UME)
Gerwig, Walter:
  Das Spiel der Lauteninstrumente
  (RL)
  Heft 3: Volkslieder
  Heft 4: Weihnachtslieder
Giuliani, Mauro:
  Sechs Lieder, op. 89 (B & H); s.a.
  Bibliographie
Händel, Georg Friedrich:
  Cantata spagnuola (DO)
  Zwei Gesänge aus den »Deutschen
  Arien«, Sopran/Vl(Fl)/Bc (DO)
Haydn, Joseph:
  Drei Lieder: Die Landlust / Die zu
  späte Ankunft der Mutter / Eine
  sehr gewöhnliche Geschichte (DO)
Henze, Hans Werner:
  Drei Fragmente aus »Kammermusik
  1958« (SCH)
Iadone, Joseph:
  Four centuries of song. Von Mono-
  dien des späten 12. Jahrhunderts
  (mit unterlegten Gitarrensätzen des
  Herausgebers) bis zu italienischen,
  französischen, spanischen und
  englischen Lautenliedern des frühen
  17. Jahrhunderts (AMP)
Italian Renaissance Songs
  Lautenlieder, Canzonen, Madrigale
  von Verdelot, Caccini, Bottegari,
  Vecchi, Gastoldi u.a. (EMB)

Knab, Armin:
Lautenlieder (MÖ)
Kukuck, Felicitas:
Ich hab die Nacht geträumet
(MÖ)
Drei Mädchenlieder nach Gedichten der Romantik (MÖ)
Die Weihnachtsgeschichte in
Liedern (MÖ)
Kunad, Rainer:
Schattenland und Ströme (DV)
Von der Kocherie (DV)
Mittergradnegger, Günther:
Heiteres Herbarium, nach Texten
von K. H. Waggerl (DO)
Ich hab dir ein Lied gesponnen, Liederzyklus nach afrikanischer und
lateinamerikanischer Lyrik (DO)
Nielsen, Tage:
Attisk Somer St/Sch/Gi (DMIC)
Ragossnig, Konrad:
siehe unter: Auf Flügeln des Gesanges; Brahms, Johannes, 7 Deutsche
Volkslieder; Deutsche Volkslieder, 24
Redel, Martin:
Epilog nach Worten von A. Gryphius, Bass-Bariton/Fl(Alt-Fl)/Gi
(B & B)
Rodrigo, Joaquín:
Drei spanische Lieder (SCH)
Drei Villancicos (SCH)
Folias Canarias (SCH)
Ruders, Poul:
Pestilence songs, St/Kl/Gi (DMIC)
Schaller, Erwin:
Finnische Volkslieder/Nordische
Volkslieder, 2 Hefte (BÄR)
Rinke-Ranke-Rosenschein, Kinderlieder, besonders an Bildungs-

anstalten für Kindergärtnerinnen
und für Pädagogische Akademien
geeignet (BÄR)
Schubert, Franz:
Terzetto für drei Männerstimmen
(DO)
Songs by Schubert (BE)
Lieder (E)
Die schöne Müllerin, op. 25, D 795
(SCH)
Fünf Lieder (H)
Ausgewählte Lieder aus der
Sammlung Franz von Schlechta
(DO)
»Hymne an die Jungfrau« D 839 mit
Bach-Gounod »Ave Maria«. Hohe
und tiefe Stimmlage
Fünf Quartette »für 4 Männerstimmen mit Begleitung des Pianoforte oder der Guittare«: D 422,
D 641, D 724, D 740, D 747
(BÄR)
Schütz, Heinrich:
Zwei geistliche Konzerte für Tenor
und Bc (Z)
Seiber, Mátyás:
Four french folk songs (SCH)
The owl and the pussy-cat,
St/Vl/Gi (SCH)
Seventeenth Century English Songs
Lautenlieder von J. Dowland,
Campian, Ford, Lawes, Bartlett,
Morley, Rosseter und Pilkington
(ST & B)
Sor, Fernando:
Seguidillas (siehe Bibliographie)
Strawinsky, Igor:
Vier Russische Lieder, St/Fl/Ha/Gi
(CH)

Suter, Robert:
  Kammerkantate »Heilige Leier,
  sprich, sei meine Stimme«, Sopran/
  Fl/Gi (H)
Teuchert, Heinz:
  Lied und Gitarre, 2 Hefte, mit
  Anleitung zur Liedbegleitung nach
  Gehör (HS)
Tippett, Michael:
  3 Songs from »King Priam« (SCH)
Ukrainische Volkslieder
  (SCH)

Villa-Lobos, Heitor:
  Bachianas Brasileiras Nr. 5 (AMP;
  B & B)
Volkslieder aus aller Welt
  12 Hefte (B & B)
Walton, William:
  Anon in Love (OUP)
Weber, Carl Maria von:
  Gitarrelieder (DO; LEU)
Webern, Anton:
  Drei Lieder, op. 18, St/Klar in Es/Gi
  (UE)

Chorwerke

Baumann, Herbert:
  »Die Moritat vom eigensinnigen
  Eheweib«, Bass/Chor/Gi (B & B)
  Contrasti (S)
Bialas, Günter:
  Eichendorff-Liederbuch, 2 Gi
  (BÄR)

Castelnuovo-Tedesco, Mario:
  Romancero Gitano, op. 152
  (SCH)
Hartig, Heinz Friedrich:
  Perché, op. 28 (B & B)

Die Gitarre in Ensemble-, Orchester- und Opernwerken[126]

Amy, Gilbert:
  Sonata Pian'e Forte, Sopran/
  Mezzosopran/Instr-Ens (UE)
Berg, Alban:
  Wozzeck
Berlioz, Hector:
  Béatrice et Bénédict

Boccherini, Luigi:
  Sinfonia Nr. 30, C-Dur, op. 10/4
  G. 523 (»Concertante«) (DO)
Boulez, Pierre:
  Le Marteau sans Maître (Instr-Ens)
  (UE)
  Eclat (Orch) (UE)

---

126 Vgl. A. Nagytothy-Toth, Checklist of Operas with Guitar, a.a.O.

Bussotti, Sylvano:
Rara (eco sierologico), 5 Stücke
(Instr-Ens) (R)
Cerha, Friedrich:
Manifesto per Kalinowski (UE)
Langegger Nachtmusik I und III
(UE)
Quellen für Ensemble (UE)
Baal (Oper) (UE)
Baal-Gesänge (Bariton/Instr-Ens)
(UE)
Der Rattenfänger (Oper) (UE)
Donizetti, Gaetano:
Don Pasquale
Falla, Manuel de:
La vida breve
Fheodoroff, Nikolaus:
Drei Zwölftonspiele (Instr-Ens) (UE)
Fortner, Wolfgang:
Bluthochzeit
Fürst, Paul Walter:
Fantasia representativa, 2 Gi/E-Bass/
2Vl/Va/Vc/Kb (DO)
Henze, Hans Werner:
Kammermusik 1958 (Tenor/Instr-
Ens) (SCH)
El Cimarrón (Instr-Ens) (SCH)
Elegie für junge Liebende (Oper)
(SCH)
Drei Arien aus »Elegie für junge
Liebende« (Bariton/Orch) (SCH)
Undine, 1. und 2. Suite für Orches-
ter (SCH)
2. Concerto (Vl/Bariton/Tonband/
Orch) (SCH)
Mahler, Gustav:
Sinfonie Nr. 7 e-Moll (4. Satz)
Nilsson, Bo:
Frequenzen für acht Spieler (UE)

Penderecki, Krzysztof:
Partita (SCH)
Diably z Loudun (Oper) (SCH)
Pfitzner, Hans:
Palestrina (2 Gi)
Von Deutscher Seele (Kantate)
(LEU)
Rossini, Gioacchino:
Der Barbier von Sevilla
Schönberg, Arnold:
Serenade, op. 24 (Instr-Ens)
(WH)
Strawinsky, Igor:
Ebony Concerto (Klar/Jazz-
Ensemble) (B & H)
Tango, Orchester-Fassungen 1940/
1953 (MY)
Takemitsu, Tōru:
Stanza I (Sopran/Instr-Ens) (UE)
Dream Window (Orch) (SCH)
Verdi, Giuseppe:
Othello
Falstaff
Villa-Lobos, Heitor:
Sextuor Mystique (ME)
Weber, Carl Maria von:
Abu Hassan
Oberon
Webern, Anton:
Fünf Stücke für Orchester, op. 10
(UE)
Zwei Lieder, op. 19 (Chor/Instr-
Ens) (UE)
Zimmermann, Bernd Alois:
Concerto en forme de »Pas de trois«
Vc/Orch (SCH)

Kapitel VII
Bibliographie

Literatur, Lexika, Kataloge, Traktate, Faksimiledrucke und andere Quellenwerke

Abondante, Giulio: Intabolatura di lauto, libro primo, [-secondo, -quinto], Venezia 1546, 1548, 1587; Minkoff Reprint, Genève 1982

Adriaenssen, Emanuel: a) Pratum musicum longe amoenissimum …, Antwerpen 1584, Reprint with an Introduction and Bibliography by Kwee Him Yong; Frits Knuf BV, Buren (Gld.), Niederlande 1977

b) Novum pratum musicum, Antwerpen 1592; Minkoff Reprint, Genève 1977

c) siehe auch unter Spiessens, Godelieve

Agricola, Martin: Musica instrumentalis deudsch, Wittenberg 1529; Reprint Georg Olms Verlagsbuchhandlung, Hildesheim 1969

Aguado, Dionisio: a) Méthode complète pour la guitare, Paris 1826; Minkoff Reprint, Genève 1980

b) New Guitar Method (org. »Nueva Método para Guitarra«); Tecla Editions, London 1981

c) Complete Guitar Works, Vol.1–4, herausgegeben von Brian Jeffery; Editions Chanterelle, Monaco 1994

d) The Selected works, Faksimile-Ausgabe, herausgegeben von Simon Wynberg; Editions Chanterelle, Monaco 1981

Airs de cour pour voix et luth (1603–1643): Herausgegeben von André Verchaly, Publications de la société Française de Musicologie; Heugel & Cie., Paris 1961

Airs de différents autheurs mis en tablature de luth … 7e–15e livre: Paris 1617–1632; Minkoff Reprint, Genève 1985

Alison (Allison), Richard: The psalmes of David in meter, 1599; siehe unter »English Lute Songs a)«

Amat, Joan Carles: Guitarra Española, ca. 1761, Faksimile-Ausgabe; Editions Chanterelle, Monaco 1980

Ancelet: Observations sur la musique, les musiciens et les instruments, Amsterdam 1757; Minkoff Reprint, Genève 1984

Apel, Willi: Die Notation der polyphonen Musik; Breitkopf & Härtel, Leipzig 1962

Arcas, Julián: Obras completas para guitarra, Faksimile-Ausgabe der Erstdrucke; Soneto Ediciones Musicales, Madrid 1993

Attaingnant, Pierre: a) Très brève et familière introduction pour ... jouer toutes chansons réduictes en la tabulature de lutz, Paris 1529; Minkoff Reprint, Genève 1988 b) Preludes, Chansons and Dances for Lute, published by Pierre Attaingnant (1529–1530); aus der Tabulatur übertragen und herausgegeben von Daniel Heartz; Société de Musique d'Autrefois, Neuilly-sur-Seine 1964

Attey, John: The First Booke of Ayres 1622; siehe unter »English Lute Songs a)«

Bach, Johann Sebastian: a) Drei Lautenkompositionen in zeitgenössischer Tabulatur (BWV 995, 997, 1000). Faksimiledruck nach den in der Musikbibliothek der Stadt Leipzig aufbewahrten handschriftlichen Originalen, mit einer Einführung von Hans-Joachim Schulze; Zentralantiquariat der Deutschen Demokratischen Republik, Leipzig 1975 (Ausgabe für Bärenreiter, Kassel)
b) Einzeln überlieferte Klavierwerke II und Kompositionen für Lauteninstrumente (BWV 995–1000 und 1006a), herausgegeben von Hartwig Eichberg und Thomas Kohlhase, Neuausgabe sämtlicher Werke, Serie V, Band 10; Bärenreiter, Kassel 1976; Kritischer Bericht zum vorliegenden Band, Kassel 1982
c) »Prelude pour la Luth. ò Cèmbal«, BWV 998. The Facsimile Reproduction of J. S. Bach's autograph, possessed by Ueno Gakuen, with an introduction by Hiroshi Hoshino; Ueno Gakuen College, Tokio 1974
d) Opere per liuto, 3 Bände; Stamperia musicale E. Cipriani, Rovereto 1977
e) siehe auch unter Bruger, Hans Dagobert; Klotz, Hans; Rhodes, David; Thoene, Helga; Tokawa, Seiichi

Bacheler, Daniel: siehe unter »Music for the Lute«

Bailleux, Antoine: Méthode de guittarre par musique et tablature, Paris 1773; Minkoff Reprint, Genève 1972

Baillon, Pierre-Jean: Nouvelle méthode de guitarre selon le sistème des meilleurs auteurs, Paris 1781; Minkoff Reprint, Genève 1977

Baines, Anthony: Die Musikinstrumente; Verlag Prestel, München o. J.

Bakfark, Valentin: Opera omnia, Band I: Das Lautenbuch von Lyon (1553), Band II: Das Lautenbuch von Krakau (1565), Band III: Einzelne Werke aus verschiedenen Quellen. Die Ausgabe erschien in zwei Serien. Serie A: Kritische Ausgabe mit Tabulatur und Übertragung für Tasteninstrument. Serie B: Übertragung für Gitarre. Herausgegeben von István Hómolya und Dániel Benkö; Editio Musica, Budapest 1976

Ballard, Robert: a) Premier Livre de tablature de luth, 1611, Faksimile-Ausgabe; Edition J. M. Fuzeau, o. O., o. J.
b) Premier Livre, 1611. Deuxième Livre, 1614; siehe unter »Corpus des Luthistes Français«

Balletti moderni facili per sonar sopra il liuto: Arie diverse ... da diversi autori, Venezia 1611; Minkoff Reprint, Genève 1980

Barbetta, Giulio Cesare: Il Terctio Libro de Intavolatura de Liuto, Strasbourg 1582, Faksimile-Ausgabe; Institución »Fernando el Católico« (C.S.I.C.) Excma. Diputación Provincial, Zaragoza 1984

Baron, Ernst Gottlieb: a) Untersuchung des Instruments der Lauten, Nürnberg 1727, Faksimile-Ausgabe; Antiqua, Amsterdam 1965

b) siehe auch unter Seidel, Ferdinand

Bartlet, John: A Booke of Ayres 1606; siehe unter »English Lute Songs a)«

Bartolotti, Angelo Michele: Libro primo, [-secondo] di chitarra spagnola,[Firenze 1640 – ca. 1655]; Minkoff Reprint, Genève 1984

Bataille, Gabriel: Airs de différents autheurs mis en tablature de luth, Paris 1608– 1615; Minkoff Reprint, Genève 1981

Beck, Leonhard: Harmonielehre auf der Gitarre; Muziekuitgeverij van Teeseling, Nijmegen o. J.

Belin, Julien: Œuvres de Julien Belin; siehe unter »Corpus des Luthistes Français«

Belleville, Jacques, Sieur de: Œuvres de Belleville; siehe unter »Corpus des Luthistes Français«

Bellow, Alexander: The Illustrated History of the Guitar; Belwin Mills Publishing Corp., New York 1970

Berlioz, Hector: Grand traité d'instrumentation modernes, op. 10, Paris 1844. Deutsche Ausgabe: Große Instrumentationslehre, herausgegeben von Felix Weingartner; Breitkopf & Härtel, Leipzig 1911

Bermudo, Fray Juan: Comiença el libro llamado declaración de instrumentos musicales, Ossuna 1555; Reprint Bärenreiter, Kassel 1968

Berner, Alfred: Artikel »Vihuela« in »Die Musik in Geschichte und Gegenwart«, Band 13; Bärenreiter, Kassel 1966. Siehe auch unter MGG

Besard, Jean-Baptiste: a) Thesaurus harmonicus, Köln 1603; Minkoff Reprint, Genève 1975

b) »Novus Partus«, zusammen mit »Isagoge in artem testudinariam«, Augsburg 1617; wie oben, 1983

c) Isagoge in artem testudinariam, Instruktionen für die Laute, London 1610 und Augsburg 1617; Institutio pro arte testudinis, Serie C, Band 1; GbR-Junghänel-Päffgen-Schäffer, Neuss 1974

d) Œuvres pour le luth seul; siehe unter »Corpus des Luthistes Français«

Bianchini, Domenico: a) Intabolatura de lauto…, Venezia 1546; Institutio pro arte testudinis, Serie A, Band 4; Peter Päffgen OHG, Neuss 1977

b) Intabolatura de lauto…, Venezia 1554 (Nachdruck der 1. Ausgabe 1546); Minkoff Reprint, Genève 1981

Bianchini, Francesco: Tablature de luth, Lyon 1547; siehe unter »Corpus des Luthistes Français«

Bildatlas der Musikgeschichte: Deutsche Ausgabe H. Schnoor; Gütersloher Verlags-
haus Gerd Mohn, 1963

Bisig, Maja: Gitarre-Lehrplan; Universal Edition, Wien 1977

Bittner, Jacques: a) Pièces de luth, Nürnberg 1682; Minkoff Reprint, Genève 1975
b) ebenso bei Institutio pro arte testudinis, Serie B, Band 1, GbR-Junghänel-
Päffgen-Schäffer, Neuss 1974

Bobri, Vladimir: The Segovia Technique; The Macmillan Company, New York 1972.
Deutsche Ausgabe: Eine Gitarrenstunde mit Andrés Segovia; Hallwag Verlag,
Bern/Stuttgart 1977

Bocquet, Charles: Œuvres de Bocquet; siehe unter »Corpus des Luthistes Français«

Boetticher, Wolfgang: a) Studien zur solistischen Lautenpraxis des 16. und 17. Jahrhunderts; Dissertation, Berlin 1943
b) Artikel »Gitarre« in »Die Musik in Geschichte und Gegenwart«, Band 5;
Bärenreiter, Kassel 1956. Artikel »Laute«; MGG Band 8; wie oben, 1960. Siehe
auch unter MGG

Bone, Philip J.: The Guitar and Mandoline, 1. Ausgabe London 1914; 2. und erweiterte Ausgabe 1954. Faksimile-Ausgabe der 2. Ausgabe; Schott & Co. Ltd.,
London 1972

Bossinensis, Franciscus: a) Tenori e contrabassi intabulati col sopran in canto figurato per cantar e sonar col lauto, Libro primo, Venezia 1509; Minkoff Reprint,
Genève 1978
b) Tenori e contrabassi …, Libro secundo, Venezia 1511; wie oben, 1983
c) siehe auch unter Disertori, Benvenuto

Bottegari, Cosimo: The Bottegari Lutebook, 1574, aus der Tabulatur übertragen
und herausgegeben von Carol MacClintock; Wellesley College 1965

Bouvier: Œuvres de Bouvier; siehe unter »Corpus des Luthistes Français«

Brenet, Michel: Notes sur l'histoire du luth en France, Paris 1899; Minkoff Reprint,
Genève 1973

Briceño, Luis de: Metodo mui facilissimo para aprender a tañer la guitarra a lo
Español, Paris 1626; Minkoff Reprint, Genève 1972

Board Lute Book, The: siehe unter »Reproductions of Early Music«

Brogyntyn Lute Book, The: siehe unter »Reproductions of Early Music«

Brojer, Robert: Der Weg zur Gitarre; Bärenreiter, Kassel 1973

Brown, Howard Mayer: a) Instrumental Music printed before 1600; Harvard University Press, Cambridge, Massachusetts, USA 1965
b) Embellishing 16th Century Music, Early Music Series I; Oxford University
Press, London 1976

Bruck, Wilhelm: Pro Musica Nova. Studien zum Spielen Neuer Musik für Gitarre
zu Werken von Mauricio Kagel, Giacinto Scelsi, Michael Gielen, Hans-Joachim

Hespos, Helmut Lachenmann, Dieter Schnebel, Klaus K. Hübler, Cornelius Schwehr, Thomas Lauck; Breitkopf & Härtel, Wiesbaden 1992

Brüchle, Bernhard: Musik-Bibliographien für alle Instrumente; Bernhard Brüchle Edition, München 1976

Bruet: Fantaisie pour flûte et guitare, Paris ca. 1820; Minkoff Reprint, Genève 1993

Bruger, Hans Dagobert: a) Schule des Lautenspiels; Georg Kallmeyer Verlag, Wolfenbüttel, renewed by Möseler Verlag, Wolfenbüttel 1965

b) J. S. Bach, Kompositionen für die Laute; Julius Zwissler Verlag, Wolfenbüttel 1925. Unveränderter Nachdruck im Möseler Verlag, Wolfenbüttel und Zürich, o. J.

c) Alte Lautenkunst aus drei Jahrhunderten, 2 Hefte; Simrock, Berlin 1923

d) Deutsche Meister des ein- und zweistimmigen Lautensatzes (16.–18. Jahrhundert); Möseler Verlag, Wolfenbüttel und Zürich 1953. Nachdruck der Ausgabe 1926 bei Georg Kallmeyer

Buek, Fritz: Die Gitarre und ihre Meister; Robert Lienau, Berlin-Lichterfelde 1926

Burwell Lute Tutor, The: siehe unter »Reproductions of Early Music«

Byrd, William: siehe unter »Music for the Lute«

Cabezón, Antonio de: Obras de Música para tecla, arpa y vihuela …, Madrid 1578, Primera edición por Filipe Pedrell, nueva edición corregida por Mons. Higinio Anglés; Monumentos de la música española XXVII, Instituto español de musicología, Barcelona 1966

Campbell, Richard G.: Zur Typologie der Schalenhalslaute; Verlag Heitz GmbH, Strasbourg/Baden-Baden 1968

Campion, François: a) Nouvelles découvertes sur la guitarre … , Paris 1705; Minkoff Reprint, Genève 1977

b) »Traité d'accompagnement et de composition, selon la règle des octaves de musique«, Paris 1716, zusammen mit »Addition au Traité d'accompagnement … du théorbe, de la guitare et du luth«, Paris 1730; wie oben, 1977

Campion (Campian), Thomas: a) Two Bookes of Ayres (The First and the Second), ca. 1613. The Third and the Fourth Booke of Ayres, ca. 1618. The Discription of a Maske, in honour of the Lord Hayes, 1607. The Description of a Maske presented at the mariage of the Earle of Somerset, 1614; siehe unter »English Lute Songs a)«

b) Songs from Rosseter's Booke of Ayres, 1601, Part I und II; siehe unter »English Lute Songs b)«

Capirola, Vincenzo: Composizione di meser Vincenzo Capirola, ca. 1517, herausgegeben von Otto Gombosi; Société de Musique d'Autrefois, Neuilly-sur-Seine 1955

Carcassi, Matteo: a) Méthode complète pour la guitare…, Paris [1836]; Minkoff Reprint, Genève 1988

b) Selected Works, Faksimiledruck der Erstausgaben, herausgegeben von Frederick Noad; Golden Music Press, New York 1976

Caroso, Fabritio: a) Il Ballarino, Venezia 1581, Faksimile-Ausgabe; Broude Brothers, New York 1967

b) Il Ballarino, Venezia 1581; P. J. Tonger Musikverlag, Rodenkirchen/Rhein 1971

c) Nobiltà di dame, Venezia 1600, Faksimile-Ausgabe; Forni Editore, Bologna 1970

Carré, Antoine: a) Livre de guitare…, Paris 1671; Minkoff Reprint, Genève 1977

b) Livre de pièces de guitare…, Paris ca. 1720; wie oben, 1985

Carulli, Ferdinando: a) Méthode complète pour parvenir à pincer de la guitare…, Paris [1825]; Minkoff Reprint, Genève 1987

b) Œuvres choisies pour guitare seule, Paris ca. 1820; wie oben, 1979

c) Méthode complète pour le Décacorde, Nouvelle Guitare, op. 293, Faksimile-Ausgabe; Archivum Musicum, o. O., o. J.

Castaldi, Bellerofonte: Capricci a due stromenti cioe tiorba e tiorbino…, Modena 1622; Minkoff Reprint, Genève 1981

Casteliono, Giovanni Antonio: a) Intabolatura de leuto di diversi autori…, Milano 1536; Minkoff Reprint, Genève i. Vorb.

b) Intabolatura de leuto di diversi autori…, Milano 1536, aus der Lautentabulatur übertragen und herausgegeben von Reginald Smith Brindle; Edizioni Suvini Zerboni, Milano 1977

Cavendish, Michael: 14 Ayres in tabletorie to the lute 1598; siehe unter »English Lute Songs a)«

Chancy, François de: Œuvres de Chancy; siehe unter »Corpus des Luthistes Français«

Chansons au Luth et Airs de Cour Français du XVIe siècle: a) Publications de la Société Française de Musicologie; Libraire E. Droz, Paris 1934

b) Chansons au luth…, Introduction de Lionel de la Laurencie, Transcription par Adrienne Mairy, Commentaire et Etude des sources par Geneviève Thibaut; Publications de la Société Française de Musicologie; Heugel et Cie., Paris 1976

Chevalier: Œuvres de Chevalier; siehe unter »Corpus des Luthistes Français«

Chiesa, Ruggero: siehe unter Fr. da Milano; L. Milán; M. Galilei und S. L. Weiß

Chilesotti, Oscar: a) Da un codice »Lautenbuch« del Cinquecento; Breitkopf & Härtel, Leipzig 1890. Faksimile-Nachdruck; Forni Editore, Bologna 1968

b) Lautenspieler des 16. Jahrhunderts; Breitkopf & Härtel, Leipzig 1890. Faksimile-Nachdruck; Forni Editore, Bologna 1969

c) siehe auch unter Roncalli, Ludovico

Colona, Giovanni Ambrosio: Intavolatura di chitarra spagnuola, Milano 1637, Faksimile-Ausgabe; Forni Editore, Bologna 1971

Cooper, John: Funeral Tears, 1606. Songs of the Mourning, 1613. Siehe unter »English Lute Songs a)«

Coperario, John: Funeral Tears, 1606. Songs of the Mourning, 1613. The Masque of Squires 1614; siehe unter »English Lute Songs a) und b)«

Corbetta, Francesco: a) La guitare royalle, Paris 1670; Minkoff Reprint, Genève 1975

b) La guitare royale, Paris 1674, Faksimile-Ausgabe; Forni Editore, Bologna 1971

c) The Role of Francesco Corbetta (1615–1681) in the History of Music for the Baroque Guitar. Complete Works. Aus der Tabulatur übertragen und herausgegeben von Richard Tilden Pinnel , Vol. I/II, Dissertation, University of California, Los Angeles 1976; Xerox University Microfilms, Ann Arbor, Michigan 1977

Corkine, William: Ayres to be Sing and Play to the Lute, 1610. The Second Booke of Ayres, 1612; siehe unter »English Lute Songs a)«

Corpus des Luthistes Français: In Einzelbänden Werke von Ballard, Belin, Belleville, Besard, Bianchini, Bocquet, Bouvier, Chancy, Chevalier, Dubuisson, DuBut, Dufaut, Edinthon, Gallot, D. Gautier, P. Gautier, V. Gaultier, Gumprecht, LaBarre, LaGrotte, Le Roy, Mercure, Mesangeau, Montbuysson, Morlaye, Mouton, Paladin, Perrichon, Pinel, Raël, de Rippe, Saman, Vallet; Edition du Centre National de la Recherche Scientifique, Paris 1957–78

Coste, Napoleon: The Guitar Works, Faksimile-Ausgabe, Vol. I–IX, herausgegeben von Simon Wynberg; Editions Chanterelle, Monaco 1981

Courtnall, Roy: Making Master Guitars (Torres, Santos Hernández, Hauser, Hernández y Aguado, Fleta, Bouchet, Friederich, Romanillos), Illustrations by Adrian Lucas; Robert Hale, London 1993. Neuausgaben 1994 und 1999

Cutting, Francis: siehe unter »Music for the Lute«

Cutts, John P.: Musique de la troupe de Shakespeare; Edition du Centre National de la Recherche Scientifique, Paris 1959

Dalza, Joan Ambrosio: Intabulatura de lauto, Venezia 1508; Minkoff Reprint, Genève 1980. Neuausgabe 1999

Danyel, John: Songs for the Lute, 1606; siehe unter »English Lute Songs a)«

Dart, Thurston: Practica Musica; Francke Verlag, Sammlung Dalp, Band 29, Bern 1959

Dausend, Gerd-Michael: Die Gitarre im 16.–18. Jahrhundert, Schriftenreihe Gitarre, Band 1; Verlag Hubertus Nogatz, Düsseldorf 1992

Daza, Esteban: Libro de música en cifras para vihuela, intitulado el Parnasso, Valladolid 1576; Minkoff Reprint, Genève 1979

Delair, Denis: Traité d'accompagnement pour le théorbe et le clavecin, Paris 1690; Minkoff Reprint, Genève 1972

197

Denkmäler der Tonkunst in Österreich: a) Österreichische Lautenmusik im 16. Jahrhundert, Band 37; Akademische Druck- und Verlagsanstalt Graz/Wien, 1959
b) Österreichische Lautenmusik zwischen 1650 und 1720, Band 50; wie oben, 1960
c) Wiener Lautenmusik im 18. Jahrhundert, Band 84; wie oben, 1966

Disertori, Benvenuto: Le Frottole per canto e liuto intabulate da Franciscus Bossinensis; Ricordi, Milano 1964

Doisy, Charles: Principes généraux de la guitare, Paris 1801; Minkoff Reprint, Genève 1979

Dombois, Eugen M.: Die Temperatur Hans Gerles auf der Laute (1532), Basler Jahrbuch für historische Musikpraxis, II/1978; Amadeus Verlag, Winterthur

Dorfmüller, Kurt: Studien zur Lautenmusik in der ersten Hälfte des 16. Jahrhunderts; Hans Schneider Verlag, Tutzing 1967

Dowland, John: a) The First booke of Songes or Ayres, 1597. The First Booke of Songs or Ayres, 1613. The Second Booke of Songs or Ayres, 1600. The Third and last Booke of Songs or Ayres, 1603. A Pilgrimes Solace, 1612; siehe unter »English Lute Songs a)«
b) First Booke of Songes or Ayres, 1597, Part I/II. Second Booke of Songs or Ayres, 1600, Part I/II. Third Booke of Songs or Ayres, 1603, Part I/II. A Pilgrimes Solace (Fourth Booke of Ayres, 1612) and Three Songs from »A Musical Banquet«, 1610; siehe unter »English Lute Songs b)«
c) The Collected Lute Music of John Dowland, aus der Tabulatur übertragen und herausgegeben von Diana Poulton und Basil Lam; Faber and Faber Ltd., London 1974
d) Lachrimae, or seaven teares, 1604 (1605?); siehe unter »Reproductions of Early Music«
e) Lachrimae, or seaven tears, aus der Tabulatur übertragen und herausgegeben von Peter Warlock; Oxford University Press, London 1927
f) siehe auch unter Poulton, Diana

Dowland, Robert: a) A Musicall Banquet, 1610; siehe unter »English Lute Songs a)«
b) Varietie of Lute Lessons, London 1610, Faksimile-Ausgabe; Schott London, 1958

Duarte, John W.: Andrés Segovia, As I knew him; Mel Bay Publications, Inc. Pacific, Missouri 1998

Dubuisson: Œuvres de Dubuisson; siehe unter »Corpus des Luthistes Français«

DuBut: Œuvres de DuBut; siehe unter »Corpus des Luthistes Français«

Dufaut: Œuvres de Dufaut; siehe unter »Corpus des Luthistes Français«

Earsden, John/Mason, George: The Ayres that were Sung and Played at Brougham Castle; siehe unter »English Lute Songs a)«

198

Early Music Reprinted: siehe unter »Reproductions of Early Music«

Easy Lute Music: siehe unter »Music for the Lute«

Edinthon: Œuvres de Edinthon; siehe unter »Corpus des Luthistes Français«

Eitner, Robert: Biographisch-bibliographisches Quellen-Lexikon der Musiker und Musikgelehrten der christlichen Zeitrechnung bis zur Mitte des 19. Jahrhunderts; Breitkopf & Härtel, Leipzig 1900–1904. Reprint Akademische Druck- und Verlaganstalt Graz, 1959–60

Elizabethan Popular Music: siehe unter »Music for the Lute«

English Lute Songs: a) A Collection of Lute Songs (1597–1632), Faksimile-Ausgaben, herausgegeben von David Greer. In Einzelbänden Werke von Alison (Allison), Attey, Bartlet, Campion, Cavendish, Cooper, Coperario, Corkine, Danyel, J. Dowland, R. Dowland, Earsden, Ferrabosco, Ford, Greaves, Handford, Hume, Jones, Mason, Maynard, Morley, Pilkington, Porter, Rosseter; The Scolar Press Limited, Menston, England 1967–77 (37 Bände)

b) The English Lute-Songs, aus der Tabulatur übertragen und herausgegeben von Edmund H. Fellowes, revidiert von Thurston Dart. First Series: Mit Tabulatur und in Notation für Tasteninstrument. In Einzelbänden Werke von Campian, Coperario, Dowland, Ford, Maynard, Morley, Pilkington, Rosseter; Stainer & Bell, Ltd., London 1921–1966

Evans, Tom and Mary Anne: Guitars from the Renaissance to Rock (Music, History, Constructions and Players); Paddington Press, Ltd., New York/London 1977

Falckenhagen, Adam: »Sonate di liuto solo …« zusammen mit »Sei partite a liuto solo …«, Nürnberg 1740–1742; Minkoff Reprint, Genève 1983

Fellowes, Edmund Horace: siehe unter »English Lute Songs b)«

Ferandiere (Fernandiere), Fernando: Arte de tocar la guitarra española por música, Madrid 1799, Faksimile-Ausgabe; Tecla Editions, London 1977

Ferrabosco Alfonso: Ayres, 1609; siehe unter »English Lute Songs a)«

Finé, Oronce: Epithoma musice instrumentalis, Paris 1530; Minkoff Reprint, Genève 1993

Fleury, Nicolas: Méthode pour apprendre facilement à toucher le théorbe sur la basse-continue, Paris 1660; Minkoff Reprint, Genève 1972

Flotzinger, Rudolf: siehe unter Thurner, Jakob

Ford, Thomas: Musicke of Sundrie Kindes, 1607; siehe unter »English Lute Songs a) und b)«

Francesco (Canova) da Milano: a) Intavolatura de viola o vero lauto…, Libro I/II, Napoli 1536; Minkoff Reprint, Genève 1977. Zweite korrigierte Ausgabe 1988

b) Opere complete per liuto, 2 Vol., aus der Tabulatur übertragen und herausgegeben von Ruggero Chiesa; Edizioni Suvini Zerboni, Milano 1971

c) The Lute Music of Francesco Canova da Milano, 2 Vol., aus der Tabulatur übertragen und herausgegeben von Arthur J. Ness; Harvard Publications in Music, 3 und 4, Cambridge, Massachusetts 1970

Francesco da Milano/Perino Fiorentino: Intavolatura di liuto…, Venezia 1562; Minkoff Reprint, Genève 2003

Francisque, Antoine: Le Trésor d'Orphée, Paris 1600; Minkoff Reprint, Genève 1973

Frotscher, Gotthold: Aufführungspraxis alter Musik; Heinrichshofen's Verlag, Wilhelmshaven 1976 (3. Auflage)

Fuenllana, Miguel de: Libro de música para vihuela, intitulado Orphenica lyra, Sevilla 1554; Minkoff Reprint, Genève 1981

Fuhrmann, Georg Leopold: Testudo gallo-germanica 1615, Faksimile-Ausgabe, Institutio pro arte testudinis, Serie A, Band 2; GbR-Junghänel-Päffgen-Schäffer, Neuss 1975

Galilei, Michelangelo: a) Il primo libro d'intavolatura di liuto …, München 1620; Minkoff Reprint, Genève 1988

b) ebenso bei Tree-Edition, München 1981

c) Il primo libro d'intavolatura di liuto, München 1620, aus der Tabulatur übertragen und herausgegeben von Ruggero Chiesa; Edizioni Suvini Zerboni, Milano 1977

Galilei, Vincenzo: Il Fronimo, 1584, Faksimile-Ausgabe; Forni Editore, Bologna 1969

Gallot, Jacques: a) Pièces de luth, composées sur différens modes…, Paris 1684; Minkoff Reprint, Genève 1978

b) Œuvres de Gallot; siehe unter »Corpus des Luthistes Français«

Ganassi, Sylvestro: Regola Rubertina, Venezia 1542/43. Deutsche Ausgabe von Hildemarie Peter; Robert Linau, Berlin 1972

García, Manuel: Caprichos liricos Españoles, Paris 1830; Minkoff Reprint, Genève 1993

Garsi da Parma, Santino: siehe unter Osthoff, Helmuth

Gaultier, Denis: a) La Rhétorique des Dieux, Berlin ca. 1650; Minkoff Reprint, Genève 1989

b) La Rhétorique des Dieux et autres pièces de luth, 2 Vol., aus der Tabulatur übertragen und herausgegeben von André Tessier; Publications de la Société Française de Musicologie, Libraire E. Droz, Paris 1932

c) Œuvres de Denis Gautier; siehe unter »Corpus des Luthistes Français«

Gaultier, Denis et Ennemond: Pièces de luth/Livre de tablature des pièces de luth, Paris ca. 1670 und ca. 1680; Minkoff Reprint, Genève 1975

Gautier, Pierre: a) Les Œuvres … [pour luth], Roma 1638; Minkoff Reprint, Genève 1989

b) Œuvres de P. Gautier; siehe unter »Corpus des Luthistes Français«

Gautier, le Vieux: Œuvres du Vieux Gautier; siehe unter »Corpus des Luthistes Français«

Gérard, Yves: Thematic, Bibliographical and Critical Catalogue of the Works of Luigi Boccherini; Oxford University Press, London 1969

Gerle, Hans: a) Musica und Tablatur, auff die Instrument der kleinen und grossen Geygen, auch Lautten…, Nürnberg 1546; Minkoff Reprint, Genève 1977

b) Tabulatur auf die Laudten, Nürnberg 1533. I Préludes, II Pièces Allemandes, III Chansons Françaises et Trios, IV Psaumes et Motets Latins à trois Voix, V Psaumes et Motets Latins à quatre Voix. Transcription automatique par le Groupe E.R.A.T.T.O. du C.N.R.S., Heugel et Cie., Paris 1975/76/77

Gerwig, Walter: Gitarremusik des Barock; Verlag Robert Lienau, Berlin 1962

Giesbert, Franz Julius: a) Schule für die Barocklaute; Edition Schott, Mainz 1939/40

b) Bach und die Laute, Die Musikforschung, XXV. Jahrgang, 1972; Bärenreiter, Kassel

c) Lautenbuch »Livre pour le lut«, Köln 18. Jahrhundert, aus der Tabulatur übertragen und herausgegeben von F. J. Giesbert; B. Schott's Söhne, Mainz 1965

Gilmore, George/Pereira, Mark: Guitar Music Index. A cross-indexed and graded-listing of music in print for classical guitar and lute; Galliard Press, Ltd., Honolulu, Hawaii 1976

Giovanni (Joan) Maria da Crema: a) Intabolatura de lauto… libro primo, Venezia 1546; Minkoff Reprint, Genève 1981

b) Intabolatura di liuto, libro primo, Venezia 1546, aus der Tabulatur übertragen und herausgegeben von Guiseppe Gullino; Edizioni musicali ditta R. Maurri, Firenze 1955

Giuliani, Mauro: a) The Complete Works, in reprints of the original early 19th century editions, Vol. 1–39, herausgegeben von Brian Jeffery; Tecla Editions, London 1984–88

b) Selected Works, Faksimiledruck der Erstausgaben, herausgegeben von Frederick Noad; Golden Music Press, New York 1976

c) Sechs Lieder, op. 89, für Singstimme und Gitarre oder Klavier, Wien 1817, Faksimile-Ausgabe, herausgegeben von Thomas F. Heck; Tecla Editions, London 1976

d) Œuvres choisies pour guitare (Th. F. Heck); Heugel & Cie, Paris 1973

Gombosi, Otto: Der Lautenist Valentin Bakfark; Bärenreiter, Kassel 1967

Gorzanis, Giacomo: a) Intabolatura di liuto…, Libro primo [– tertio], Venezia 1561, 1563, 1564; Minkoff Reprint, Genève 1982

b) Libro de intabulatura di liuto 1567, aus der Tabulatur übertragen und herausgegeben von Bruno Tonazzi; Edizioni Suvini Zerboni, Milano 1975

Gostena, Giovanni Battista: Intavolatura di liuto, Venezia 1599, aus der Tabulatur übertragen und herausgegeben von Giuseppe Gullino; Edizioni musicali ditta R. Maurri, Firenze 1968

Graf, Peter-Lukas: Interpretation, Grundregeln zur Melodiegestaltung; Schott Musik International, Mainz 1996

Granata, Giovanni Battista: Soavi concenti di sonate musicali per la chitarra spagnuola, 1659, Faksimile-Ausgabe; Editions Chanterelle, Monaco 1979

Greaves, Thomas: Songes of Sundrie Kindes, 1604; siehe unter »English Lute Songs a)«

Grenerin, Henry (Henri): a) Livre de guitarre, Paris 1680; Minkoff Reprint, Genève 1977

b) Livre de théorbe, Paris 1682; wie oben, 1984

Grondona, Stefano/Waldner, Luca: Masterpieces of Guitar Making; L'officina del libro, Sondrio 2002

Grunfeld, Frederic V.: The Art and Times of the Guitar; The Macmillan Company, New York 1971

Guerau, Francisco: Poema harmónico, Madrid 1694, Faksimile-Ausgabe; Tecla Editions, London 1977

Gumprecht: Œuvres de Gumprecht; siehe unter »Corpus des Luthistes Français«

Handbuch des Musikunterrichts: Herausgegeben von Erich Valentin, Wilhelm Gebhardt und Hans Jochim Vetter; Gustav Bosse Verlag, Regensburg 1970

Handford, George: Ayres to be Sunge to the Lute, ca. 1609; siehe unter »English Lute Songs a)«

Harich-Schneider, Eta: Die Kunst des Cembalo-Spiels; Bärenreiter, Kassel 1970 (3. Auflage)

Heartz, Daniel: siehe unter Attaingnant, Pierre

Heck, Thomas F.: a) The birth of the classic guitar and its cultivation in Vienna, reflected in the career and compositions of Mauro Giuliani, with Vol. II: Thematic catalogue of the complete works of M. Giuliani. Dissertation Yale University, 1970; University microfilms, A Xerox Company, Ann Arbor, Michigan, USA

b) siehe auch unter Giuliani, Mauro

Hirsch Lute Book, The: siehe unter »Reproductions of Early Music«

Hofmeister, Adolph: C. F. Whistling's Handbuch der musikalischen Litteratur; siehe unter Whistling, Carl Friedrich

Holborne, Anthony: The complete works, Vol. I: Music for Lute and Bandora. Vol. II: Music for Cittern. Aus der Tabulatur übertragen und herausgegeben von M. Kanazawa; Harvard Publications in Music, Cambridge, Massachusetts 1967/73

Hume, Tobias: The First Part of Ayres, 1605. Captaine Humes Poeticall Musicke, 1607; siehe unter »English Lute Songs a)«

Hurel, Charles: Tablature de luth et de théorbe, ca. 1680; Minkoff Reprint, Genève 1989

Jähns, Friedrich Wilhelm: Carl Maria von Weber in seinen Werken, chronologisch-thematisches Verzeichnis seiner sämtlichen Compositionen; Verlag der Schlesinger'schen Buch- und Musikhandlung (Robert Lienau), Berlin 1871

Jahnel, Franz: Die Gitarre und ihr Bau; Verlag »Das Musikinstrument«, Frankfurt a. M. 1963. Neuausgabe Verlag Erwin Bochinsky, Frankfurt a. M.

Jeffery, Brian: a) Fernando Sor, Composer and Guitarist; Tecla Editions, London 1977
b) siehe auch unter Sor, Fernando und Guiliani, Mauro

Jobin, Bernhard: Das erste [-ander] Buch newerlessner fleissiger ettlicher viel schöner Lautenstück, Strasbourg 1572–1573; Minkoff Reprint, Genève 1989

Johnson, Robert: siehe unter »Music for the Lute«

Jones, Robert: The First Booke of Songes or Ayres, 1600. The Second Booke of Songes and Ayres, 1601. Ultimum Vale (or the Third Booke of Ayres), 1605. A Musicall Dreame (or the Fourth Booke of ayres), 1609. The Muses Gardin (or the Fift Booke of Ayres), 1610; siehe unter »English Lute Songs a)«

Kapsberger, Giovanni Girolamo: a) Libro primo d'intavolatura di lauto, Roma 1611; Minkoff Reprint, Genève 1982
b) idem: Faksimile-Ausgabe; Forni Editore, Bologna 1970

Kargel, Sixt: Novae, elegantissimae, gallicae … in tabulaturam …, Strasbourg 1574; Minkoff Reprint, Genève 1983

Kargel, Sixt/Lais, Johan Dominico: Nova eaque artificiosa et valde commoda ratio ludendae cytharae …, Strasbourg 1575; Minkoff Reprint, Genève 1989

Kasha, Michael: A New Look at the History of the Classic Guitar; Guitar Review No. 30, New York 1968

Kellner, David: XVI auserlesene Lauten-Stücke, Hamburg 1747; Minkoff Reprint, Genève 1985

Kessel, Barney: The Guitar; Windsor Music, Co., Hollywood. 4th Edition 1967

Klima, Josef: a) Ausgewählte Werke aus der Ausseer Gitarretabulatur des 18. Jahrhunderts; Akademische Druck- und Verlagsanstalt, Graz 1958
b) Fünf Partiten aus einem Kärntner Lautenbuch; wie oben, 1965
c) Tabulaturen als Quelle der Volksmusik alter Zeiten; Journal of the International Folk Music Society, Vol. XIII, 1961, o. O.
d) Das Volklied in der Lautentabulatur, Sonderdruck aus Handbuch des Volksliedes, Band II, herausgegeben von R. W. Brednich, L. Röhrich und W. Suppan; Wilhelm Fink Verlag, München o. J.

e) Die Paysanne in den österreichischen Lautentabulaturen, Sonderdruck aus dem Jahrbuch des Österreichischen Volksliedwerkes, Band X, 1961, o. O.

f) Das Volkslied vor 1800 und die Lautentabulaturen; Jahrbuch des Österreichischen Volksliedwerkes, Band XVI, 1967, o. O.

g) Karl Kohaut, der letzte Wiener Lautenist; Österreichische Musikzeitschrift XXVI, Wien 1971

Klotz, Hans: Die Ornamentik der Klavier- und Orgelwerke von J. S. Bach. Bedeutung der Zeichen – Möglichkeiten der Ausführung; Bärenreiter, Kassel 1984

Koczirz, Adolf: a) Über die Fingernageltechnik bei Saiteninstrumenten, Studien zur Musikgeschichte, Festschrift für Guido Adler; Universal Edition, Wien 1930

b) Wiener Lautenmusik im 18. Jahrhundert, Landschaftsdenkmale der Musik, Alpen- und Donau-Reichsgaue, Band 1; wie oben, 1942

Körte, Oswald: Laute und Lautenmusik bis zur Mitte des 16. Jahrhunderts; Breitkopf & Härtel, Leipzig 1901, Reprint 1968

LaBarre: Œuvres de LaBarre; siehe unter »Corpus des Luthistes Français«

LaGrotte: Œuvres de LaGrotte; siehe unter »Corpus des Luthistes Français«

Lais, Johan Dominico: siehe unter Kargel, Sixt

Lam, Basil: siehe unter Dowland, John

Lauffensteiner, Wolff Jakob: siehe unter Radke, Hans

Lautentabulaturen des Böhmischen Barocks: Aus der Tabulatur übertragen und herausgegeben von Emil Vogl; Editio Supraphon, Praha 1977

Le luth et sa Musique: a) Volume 1, Colloques Internationaux du Centre National de la Recherche Scientifique, Etudes réunies et présentées par Jean Jacquot, 2., korrigierte Ausgabe; Editions du Centre National de la Recherche Scientifique, Paris 1976

b) Volume 2, herausgegeben von Jean-Michel Vaccaro; wie oben, 1984

Lemoine, Antoine-Marcel: Nouvelle méthode court et facile pour la guitare, Paris 1773; Minkoff Reprint, Genève 1972

Le Roy, Adrian: a) Fantaisies, Motets, et Chansons (premier livre – 1551)

b) Fantaisies et Danses (Instruction 1568)

c) Psaumes (1567)

d) Les instructions pour le luth (1574)

e) Sixiesme livre de luth (1559)

siehe unter »Corpus des Luthistes Français«

Lhoyer, A.: Œuvres pour la guitare, Paris ca. 1823–1825; Minkoff Reprint, Genève 1996

Libbert, Jürgen: Die Gitarre im Aufbruch. Festschrift Heinz Teuchert zum 80. Geburtstag; Ricordi, München 1994

Linde, Hans-Martin: a) Kleine Anleitung zum Verzieren alter Musik; Schott, Mainz 1958

b) Handbuch des Blockflötenspiels, 2., erweiterte Ausgabe; wie oben, 1984

Livre de tablature de luth française: Faksimile-Nachdruck nach dem Manuskript ca. 1620–1630 der Newberry Library, Chicago; Minkoff Reprint, Genève i. Vorb.

Llobet, Miguel: Guitar Works, Faksimile-Ausgabe, herausgegeben von Ronald Purcell, Vol. 1–4; Chanterelle Verlag, Heidelberg 1989

Lohmann, Ludger: Die Artikulation auf den Tasteninstrumenten des 16. bis 18. Jahrhunderts; Gustav Bosse Verlag, Regensburg 1990

Losy, Jan Antonín: Pièces de guitarre, Musica Antiqua Bohemica, No. 38, herausgegeben von Dr. Jan Racek; Editio Artia, Praha 1958

Lumsden, David: a) An Anthology of English Lute Music, 16th century; Schott & Co., London 1954

b) siehe unter »Music for the Lute«

Mace, Thomas: Musick's monument, London 1676, Faksimile-Ausgabe, 2 Vol., herausgegeben von Jean Jacquot und André Souris; Editions du Centre National de la Recherche Scientific, Paris 1966

Manuscrit Barbe: Pièces de luth de différents auteurs en tablature française, Faksimile-Nachdruck nach dem Manuskript ca. 1690 der Bibliothèque National, Paris; Minkoff Reprint, Genève 1984

Manuscrit Béthune: Tablature d'angélique (luth), Faksimile-Nachdruck nach dem Manuskript ca. 1680 der Bibliothèque National, Paris; Minkoff Reprint, Genève 1979

Manuscrit de Königsberg: Faksimile-Nachdruck nach dem Manuskript des Preußischen Staatsarchivs Königsberg; Edition Orphée, Columbus 1989

Manuscrit Milleran: Tablature de luth française, Faksimile-Nachdruck nach dem Manuskript ca. 1690 der Bibliothèque National, Paris; Minkoff Reprint, Genève 1977

Manuscrit Raynaud: Le livre des vers de luth [1575–1620], Faksimile-Nachdruck nach dem Manuskript der Bibliothèque de Méjanes, Aix-en-Provence; Minkoff Reprint, Genève i. Vorb.

Manuscrit Vaudry de Saizenay: Tablature de luth et de théorbe de divers auteurs, 1699, Faksimile-Nachdruck nach dem Manuskript der Bibliothèque de la Ville de Besançon; Minkoff Reprint, Genève 1980

Manuscrit Werl: ca. 1620–1650, o. O. Einführung und Index von Robert Spencer; Minkoff Reprint, Genève 1989

Marchetti, Tomasio: Il primo libro d'intavolatura della chitara spagnola…, Roma 1660; Minkoff Reprint, Genève 1982

Mariz, Vasco: Heitor Villa-Lobos, Ein Komponist aus Brasilien; Peters, Leipzig o. J.

Marsh Lute Book, The: siehe unter »Reproductions of Early Music«

Mason, George: siehe unter Earsden, John

Mason, Kevin: The Chitarrone and Its Repertoire in Early Seventeenth Century Italy; Boethius Press, Wales 1989

Masson, Charles: Nouveau traité des règles pour la composition de la musique, Paris 1705; Minkoff Reprint, Genève 1971

Matteis, Nicola: Le False consonanse della musica per poter' apprendere a toccar da se medesimo la chitarra sopra la parte, London ca. 1680; Minkoff Reprint, Genève i. Vorb.

Mattheson, Johann: »Der neue Göttingische ... Ephorus, wegen der Kirchen-Music ... Nebst dessen angehängtem, merckwürdigen Lauten-Memorial«, Hamburg 1727. Enthält einen Brief von S. L. Weiß an Johann Mattheson, datiert vom 21. März 1723, berichtend über die Veränderung der Lautenstimmung (Scordatur); vgl. RISM, Ecrits imprimés concernant la musique, Band II, S. 562; Henle Verlag, München-Duisburg 1971

Maynard, John: The XII Wonders of the World, 1611; siehe unter »English Lute Songs a) und b)«

Médard, Rémy: Pièces de guitarre, Paris 1676; Minkoff Reprint, Genève 1989

Merchi, Giacomo: »Le guide des écoliers de guitarre«, Paris 1761, zusammen mit »Traité des agréments de la musique exécutés sur la guitarre...«, Paris 1777; Minkoff Reprint, Genève 1982

Mercure: Œuvres de Mercure d'Orleans et de J. Mercure; siehe unter »Corpus des Luthistes Français«

Mersenne, Marin: a) Harmonie universelle, Paris 1637, Faksimile-Ausgabe; Bärenreiter, Kassel (Documenta musicologica)
b) Harmonicorum Libri XII, Paris 1648; Minkoff Reprint, Genève 1973

Mertel, Elias: Hortus musicalis novus, Strasbourg 1615; Minkoff Reprint, Genève 1984

Mertz, Johann Kaspar: Guitar Works, Faksimile-Ausgabe, herausgegeben von Simon Wynberg, Vol. I–IX; Editions Chanterelle, Monaco 1982

Mesangeau, René: Œuvres de René Mesangeau; siehe unter »Corpus des Luthistes Français«

MGG – Die Musik in Geschichte und Gegenwart. Allgemeine Enzyklopädie der Musik, begründet von Friedrich Blume: Artikel *Gitarre, Laute, Vihuela,* Band 5, 8, 13; Bärenreiter, Kassel 1956/60/66
2., neubearbeitete Ausgabe, herausgegeben von Ludwig Finscher, Band 3, 5, 9; Bärenreiter, Kassel/Metzler, Stuttgart 1995/96/98

Milán, Luis: a) Libro de música de vihuela de mano, Valencia 1536; Minkoff Reprint, Genève 1975

b) El Maestro, 1535/36, Vol. I Composizioni per sola vihuela, Vol. II Composizioni per voce e vihuela, aus der Tabulatur übertragen und herausgegeben von Ruggero Chiesa; Edizioni Suvini Zerboni, Milano 1965

c) Libro de música »El Maestro«, aus der Tabulatur übertragen und herausgegeben von Leo Schrade, Leipzig 1927. Nachdruck, Georg Olms, Hildesheim 1967

Minguet e Yrol, Pablo: a) Reglas y advertencias generales…, Madrid 1754; Minkoff Reprint, Genève 1982 (Abb. 48)

b) Reglas y advertencias, Madrid 1752/54/74, Faksimile-Ausgabe; Bärenreiter, Kassel (Documenta musicologica)

Molinaro, Simone: Intavolatura di liuto, libro primo, Venezia 1599, aus der Tabulatur übertragen und herausgegeben von Giuseppe Gullino; Edizioni musicali ditta R. Maurri, Firenze 1963

Montbuysson: Œuvres de Montbuysson; siehe unter »Corpus des Luthistes Français«

Morlaye, Guillaume: a) Premier [-second] livre de tablature de leut, Paris 1552–1558; Minkoff Reprint, Genève 1983

b) Œuvres de Morlaye 1 und 2; siehe unter »Corpus des Luthistes Français«

Morley, Thomas: a) The First booke of Ayres 1600; siehe unter »English Lute Songs a) und b)«

b) The First Book of Consort Lessons, London 1599/1611, rekonstruiert und herausgegeben von Sydney Beck; C. F. Peters Corporation, New York 1959

Morphy, Guillermo: Die spanischen Lautenmeister des 16. Jahrhunderts, Leipzig 1902. Nachdruck; Breitkopf & Härtel, Wiesbaden 1967

Moser, Wolf: Gitarre-Musik, Ein internationaler Katalog, 2 Bände 1973/77. Aktualisierte Neuausgabe in einem Band, 1985; Joachim-Trekel-Verlag, Hamburg

Mouton, Charles: a) Pièces de luth sur différents modes, Livres I/II, Paris ca. 1698; Minkoff Reprint, Genève 1978

b) Œuvres de Charles Mouton; siehe unter »Corpus des Luthistes Français«

Mozzani, Luigi: Opere per chitarra, Faksimile-Ausgabe von A. Gilardino; Bèrben Edizioni musicali, Ancona 1995

Mudarra, Alonso: a) Tres libros de música en cifras para vihuela, Sevilla 1546; Minkoff Reprint, Genève 2000

b) Tres libros de música…: Trancipción y Estudio por Emilio Pujol; Instituto Español de Musicologia, Barcelona 1949

Music for the Lute, aus der Tabulatur übertragen und herausgegeben von David Lumsden; Oxford University Press, London

Vol. 1 Elizabethan Popular Music, 1968

Vol. 2 Francis Cutting: Selected works, 1968

Vol. 3 Francis Pilkington: Complete Works for Solo Lute, 1970

Vol. 4 Robert Johnson: Complete Works for Solo Lute, 1972

Vol. 5 Daniel Bacheler: Selected Works, 1972

Vol. 6 William Byrd, 1976

Vol. 7 Easy Lute Music, 1975

Musique de luth en France au XVIe siècle, La: Herausgegeben von Jean-Michel Vaccaro; Editions du Centre National de la Recherche Scientifique, Paris 1981

Mynshall Lute Book, The: siehe unter »Reproductions of Early Music«

Nagytothy-Toth, Abel: a) Checklist of Guitar and Piano; »The Soundboard«, Vol. III, No. 1, 1976

b) Checklist of concerti for Guitar (Lute) and Orchestra; »The Soundboard«, Vol. III, No. 3, August 1976

c) Checklist of Operas with Guitar; »The Soundboard«, Vol. XI, No. 4, 1984/85

d) Repertoire for Guitar in Chamber Music and Orchestra; Abemusic Ver. 1.0 for MSWorks (floppy-disk), 1999

Narváez, Luis de: a) Los seys libros de Delphín..., Valladolid 1538; Minkoff Reprint, Genève 1980

b) idem: Faksimile-Ausgabe zusammen mit der Übertragung aus der Tabulatur, herausgegeben von Rodrigo de Zayas; Editorial Alpuerto, Madrid 1981

c) idem: Transcripción y Estudio por Emilio Pujol; Instituto Español de Musicologia, Barcelona 1945

Neemann, Hans: a) Die doppelchörige Laute; Hans Neemann Verlag, Fredersdorf/Berlin 1932

b) Alte Meister der Laute, 4 Hefte; Chr. Friedrich Vieweg Verlag, Berlin 1927

c) Lautenmusik des 17./18. Jahrhunderts, Das Erbe deutscher Musik, Reichsdenkmale, Band 12; Henry Litolff's Verlag, unveränderte 3. Auflage, Frankfurt a. M. 1967

d) Alte deutsche Lautenlieder mit Original-Lautensätzen aus dem 16.–18. Jahrhundert; Chr. Friedrich Vieweg Verlag, Berlin o. J.

Nef, Walter: Alte Musikinstrumente in Basel, Band 2 der Schriften des Historischen Museums Basel, 1974

Negri, Cesare: a) Le gratie d'amore, Milano 1602, Faksimile-Ausgabe; Forni Editore, Bologna 1969

b) Nuovo inventioni di balli, Milano 1604; P. J. Tonger Musikverlag, Rodenkirchen/Rhein 1967

Ness, Arthur J.: siehe unter Francesco (Canova) da Milano

Neusidler, Hans: a) Ein Newgeordent künstlich Lautenbuch, [Nürnberg] 1536, Faksimile-Ausgabe; Institutio pro arte testudinis, Serie A, Band 1, GbR-Junghänel-Päffgen-Schäffer, Neuss 1974

b) Der ander Theil des Lautenbuchs, Nürnberg 1536, Teil 2, Faksimile-Ausgabe; wie oben, Serie A, Band 3, 1976

Neusidler, Melchior: Il primo [-secondo] libro: Intabolaturo di liuto, Venezia 1566; Minkoff Reprint, Genève 2000

Newcomb, Wilburn Wendell: a) Studien zur englischen Lautenpraxis im Elisabethanischen Zeitalter; Bärenreiter, Kassel 1967

b) Lute Music of Shakespeare's Time; The Pennsylvania State University Press, University Park 1966

Nickel, Heinz: Beitrag zur Entwicklung der Gitarre in Europa, herausgegeben und eingeleitet von Santiago Navascués; Verlag Biblioteca de la Guitarra, M. Bruckbauer, Haimhausen 1972

North, Nigel: A Handbook for Lutenists; Faber Music, London 1983

Nürnberger Lautenbuch: Handschriftliche Tabulatursammlung 1600. Ausgewählte Werke aus der Bibliothek des Germanischen Nationalmuseums zu Nürnberg (Ms. 33 748), aus der Tabulatur übertragen und herausgegeben von Helmut Mönkemeyer; Friedrich Hofmeister, Hofheim/Taunus 1979

Österreichisches Musiklexikon, herausgegeben von Rudolf Flotzinger. Artikel *Gitarre* von Leo Witoszynskyj, unter Mitarbeit von Konrad Ragossnig, Inge Scholl und Walter Würdinger, Band 2; Verlag der Österreichischen Akademie der Wissenschaften, Wien 2003

Olshausen, Ulrich: Das lautenbegleitete Sololied in England um 1600; Dissertation Frankfurt a. M. 1963

Orientierungsmodelle für den Instrumentalunterricht, herausgegeben von Werner Müller-Bech. Edition für Gitarre in zwei Bänden von Wolfgang Lendle: Unterstufe 1975/ Mittelstufe 1981; Gustav Bosse Verlag, Regensburg

Ortiz, Diego: Tratado de glosas sobre clausulas, Roma 1553, aus der Tabulatur übertragen und herausgegeben von Max Schneider; Bärenreiter, Kassel 1936, Neuausgabe 1961

Osthoff, Helmuth: Der Lautenist Santino Garsi da Parma, Faksimile-Nachdruck der Ausgabe von 1926; Breitkopf & Härtel, Wiesbaden 1973

Pacoloni, Giovanni: Tribus testudinibus ludenda Carmina, Leuven 1564; Minkoff Reprint, Genève 1982

Päffgen, Peter: a) Laute und Lautenspiel in der ersten Hälfte des 16. Jahrhunderts. Beobachtungen zu Bauweise und Spieltechnik, Dissertation Köln 1977; Gustav Bosse Verlag, Regensburg 1978

b) Lautenmusik, Ausgaben und Literatur, Katalog I; Neuss 1977

c) Die Gitarre, Grundzüge ihrer Entwicklung; Schott, Mainz 1988. 2., überarbeitete und erweiterte Neuauflage 2002

Paganini, Niccolò: The Complete Solo Guitar Works, herausgegeben von Giuseppe Gazzelloni; Editions Chanterelle, England 1987

Paixao Ribero, Manoel da: Nova arte de viola…, Coïmbra 1789; Minkoff Reprint, Genève 1985

Paladino, Giovanni Paolo: a) Premier livre de tablature de luth…, Lyon 1560; Minkoff Reprint, Genève 1984

b) Œuvres de J. P. Paladin; siehe unter »Corpus des Luthistes Français«

Partsch, Erich Wolfgang: Karl Scheit, Ein Porträt; Doblinger, Wien 1994

Pellegrini, Domenico: Armoniosi concerti sopra la chitarra spagnuola, Bologna 1650; Minkoff Reprint, Genève 1985

Peppercorn, Lisa M.: Heitor Villa-Lobos, Leben und Werk; Atlantis Verlag, Zürich 1972

Perino Fiorentino: siehe unter Francesco da Milano

Perrichon: Œuvres de Perrichon; siehe unter »Corpus des Luthistes Français«

Perrine: a) Livre de musique pour le lut, Paris 1679; Minkoff Reprint, Genève 1973

b) Pièces de luth en musique, Paris 1680; wie oben, 1983

Phalèse, Pierre: a) Chansons reduictz en tablature de lut, Leuven 1545–1547; Minkoff Reprint, Genève 1984

b) Des chansons gaillardes, paduanes et motetz réduitz en tablature de luth…, Leuven 1547; wie oben, 1991

c) Luculenthum theatrum musicum, Leuven 1568; wie oben, 1983

d) Theatrum musicum … authorum proestantiss., Leuven 1571; wie oben, i. Vorb.

Phalesio, Petro: Hortus Musarum, Lovanii 1552/53; Office International de Librairie, Bruxelles

Piccinini, Alessandro: Intavolatura di liuto et di chitarrone, libro primo, Bologna 1623. Band I: Faksimiledruck. Band II: Übertragung aus der Tabulatur von Mirko Caffagni; Edizioni »Monumenta Bononiensia«, Bologna 1962/65

Pico, Foriano: Nuova scelta di sonate per la chitarra spagnola…, Napoli 1628; Minkoff Reprint, Genève 1982

Pierre, Constant: Les facteurs d'instruments de musique, Paris 1893; Minkoff Reprint, Genève 1971

Pifaro, Marc' Antonio del: Intabolatura de lauto…, Venezia 1546; Minkoff Reprint, Genève 1981

Pilkington, Francis: a) The First Booke of Songs or Ayres 1605; siehe unter »English Lute Songs a) und b)«

b) Complete Works for Lute Solo; siehe unter »Music for the Lute«

Pinel: Œuvres de Pinel; siehe unter »Corpus des Luthistes Français«

Pinnel, Richard Tilden: siehe unter Corbetta, Francesco

Pisador, Diego: Libro de música de vihuela, Salamanca 1552; Minkoff Reprint, Genève 1973

Pocci, Vincenzo: Guide to the Guitarrist's Modern and Contemporary Repertoire, Edition 2002; VP Music Media di Vicenzo Pocci, Roma 2002

Pohlmann, Ernst: Laute, Theorbe, Chitarrone. Die Instrumente, ihre Musik und Literatur von 1500 bis zur Gegenwart, 5., revidierte und ergänzte Auflage; Edition Eres, Lilienthal/Bremen 1982

Porter, Walter: Madrigales and Ayres, 1632; siehe unter »English Lute Songs«

Poulton, Diana: a) John Dowland (Biographie); Faber and Faber, London 1972
b) siehe auch unter Dowland, John

Powroźniak, Józef: Gitarren-Lexikon; Verlag Neue Musik, Berlin 1979

Praetorius, Michael: Syntagma musicum II, »De Organographia«, Wolfenbüttel 1619, Faksimile-Ausgabe; Bärenreiter, Kassel 1958

Prat, Domingo: Diccionario de guitarristas…, Faksimile-Ausgabe der Erstausgabe von Romero y Fernandez 1934; Edition Orphée 1986

Prynne, Michael W.: The Lute and Lute Music; Guitar Review No. 27, New York 1963

Pujol, Emilio: a) Escuela Razonada de la Guitarra, 5 Bände. Band 1 bis 4; Ricordi, Buenos Aires 1956–1971. Band 5 nicht erschienen. Deutsche Ausgabe: »Theoretisch-praktische Gitarrenschule«. Deutsche Übertragung von W. Moser, Band 1 bis 4; Ricordi, München 1978–1988
b) El dilema del sonido en la guitarra; Ricordi, Buenos Aires 1960. Deutsche Ausgabe: »Das Dilemma des Klanges bei der Gitarre«, Übersetzung von W. Moser; Trekel Verlag, Hamburg 1975
c) Tárrega-Ensayo biográfico; Ramos, Alfonso & Moita, Lda., Lisboa 1960
d) siehe auch unter Narváez, Mudarra und Valderrábano

Radino, Giovanni Maria: Intavolatura di balli, per sonar di liuto, Venezia 1592, aus der Tabulatur übertragen und herausgegeben von Giuseppe Gullino; Edizioni musicali ditta R. Maurri, Firenze 1963

Radke, Hans: a) Zum Problem der Lautentabulatur-Übertragung; Acta Musicologica XLIII, 1971
b) Beiträge zur Erforschung der Lautentabulaturen des 16.–18. Jahrhunderts; Musikforschung XVI, 1963; Bärenreiter, Kassel
c) War Johann Sebastian Bach Lautenspieler? Festschrift für Hans Engel zum 70. Geburtstag; Bärenreiter, Kassel 1964, S. 281–289
d) Wodurch unterscheiden sich Laute und Theorbe?, Acta Musicologica XXXVII, 1965

e) Ausgewählte Stücke aus einer Angelica- und Gitarrentabulatur der 2. Hälfte des 17. Jahrhunderts; Akademische Druck- und Verlagsanstalt, Graz 1967

f) Johann Georg Weichenberger – Sieben Präludien, drei Partiten und eine Fantasie für Laute; wie oben, 1970

g) Wolff Jakob Lauffensteiner – Zwei Präludien und fünf Partiten für Laute, wie oben, 1973

h) Theorbierte Laute (Liuto attiorbato) und Erzlaute (Arciliuto), Die Musikforschung, XXV. Jahrgang, 1972; Bärenreiter, Kassel

Raël: Œuvres de Raël; siehe unter »Corpus des Luthistes Français«

Ragossnig, Konrad: a) Gitarrentechnik kompakt; Schott Musik International, Mainz 2001

b) siehe auch unter Österreichisches Musiklexikon

Reese, Gustave: Music in the Renaissance; Edition Norton, New York 1954. Revidierte Ausgabe 1959

Regondi, Giulio: Complete Works for Guitar, Faksimile-Ausgabe, herausgegeben von Simon Wynberg; Editions Chanterelle, Monaco 1981

Reimann, Heinrich: Das deutsche geistliche Lied, zur Laute gesetzt von Ernst Dahlke, Sammlung in 4 Bänden; Edition Simrock, Berlin 1923

Reproductions of Early Music: Musical Sources, Early Music in Facsimile, General Editors: Richard Rastall and Robert Spencer; Boethius Press, Leeds, England/ Killenny, Ireland 1973–1982

Reusner, Esaias: Erfreuliche Lauten-Lust, Breslau 1697, Faksimile-Ausgabe; Zentralantiquariat der Deutschen Demokratischen Republik, Leipzig 1979, Ausgabe für Bärenreiter, Kassel

Reymann, Matthäus: Noctes musicae, Leipzig 1598; Minkoff Reprint, Genève 1978

Rhodes, David: Johann Sebastian Bach in Tablature for Lute, Vol. I: Prelude, Fuga und Allegro, BWV 998. Vol. II: Praeludio con la suite, BWV 996; Prelude Publications, Boston, Massachusetts 1976

Riemann, Hugo: Musiklexikon; B. Schott's Söhne Mainz 1967 (Sachteil), 1959/61 und 1972/75 (Personenteile mit Ergänzungsbänden)

Rippe, Albert de: I) Fantaisies, II) Motets, Chansons, III) Chansons (deuxième partie), Danses; siehe unter »Corpus des Luthistes Français«

RISM: Répertoire International des Sources Musicales (Internationales Quellen-Lexikon der Musik). Serie A, Band 1–14, 1971–1999. Serie B, Band VII: Lauten- und Gitarrentabulaturen, 1978; Bärenreiter, Kassel und G. Henle Verlag, München/Duisburg

Robarts Lute Book, The: siehe unter »Reproductions of Early Music«

Robinson, Thomas: The Schoole of musicke, London 1603, aus der Tabulatur übertragen und herausgegeben von David Lumsden; Editions du Centre National de la Recherche Scientifique, Paris 1971

Romanillos, José L.: Antonio de Torres: Ein Gitarrenbauer – Sein Leben und Werk. Vorwort von Julian Bream; Verlag Erwin Bochinsky , Frankfurt/M. 1990

Roncalli, Ludovico: a) Capricci Armonici sopra la Chitarra Spagnola, Bergamo 1692; Editions Chanterelle, Monaco 1979

b) Capricci Armonici sopra la Chitarra…, aus der Tabulatur übertragen und herausgegeben von Oscar Chilesotti, Milano 1881, Ricordi. Faksimile-Nachdruck der Mailänder-Ausgabe; Forni Editore, Bologna 1969

Rosseter, Philip: A Booke of Ayres 1601; siehe unter »English Lute Songs a) und b)«

Rotta, Antonio: Intabolatura de lauto…, Venezia 1546; Minkoff Reprint, Genève 1982

Ruiz de Ribayaz, Lucas: Luz y norte musical para caminar por las cifras de la guitarra española…, Madrid 1677; Minkoff Reprint, Genève 1972

Sachs, Curt: Reallexikon der Musikinstrumente, Nachdruck der Ausgabe Berlin 1913; Georg Olms, Hildesheim 1964

Saman: Œuvres de Saman; siehe unter »Corpus des Luthistes Français«

Sampson Lute Book, The: siehe unter »Reproductions of Early Music«

Santa Maria, Tomás de: Libro llamado arte de tañer fantasia, Valladolid 1565; Minkoff Reprint, Genève 1973/2000

Santiago de Murcia: Resumen de acompañar la parte con la guitarra, 1714; Faksimile-Ausgabe, Editions Chanterelle, Monaco 1980

Santos, Turibio: Heitor Villa-Lobos and the Guitar, herausgegeben und aus dem Portugiesischen übersetzt von Graham Wade und Victoria Forde; Wise Owl Music, County Cork, Ireland 1985

Sanz, Gaspar: a) Instrucción de música sobre la guitarre española, Zaragoza 1674, Faksimile-Ausgabe; Institución Fernando el Católico, Zaragoza 1966

b) Instrucción de música…, Zaragoza 1697; Minkoff Reprint, Genève 1976

c) Instrucción…, Faksimile-Ausgabe zusammen mit der Übertragung aus der Tabulatur von Rodrigo de Zayas; Editorial Alpuerto, Madrid 1985

Sasser, William: a) The Guitar Works of Fernando Sor, Dissertation, The University of North Carolina 1960; Xerox University Microfilms (Order No. 60-6995), Ann Arbor, Michigan 1961

b) In search of Sor; The Guitar Review No. 26, New York 1962

Scheck, Gustav: Die Flöte und ihre Musik; Schott, Mainz 1975

Scheit, Karl: a) Artikel »Ce que nous enseignent les traités de luth des environs de 1600« in »Le Luth et sa Musique«; Centre National de la Recherche Scientifique, Paris 1957

b) siehe auch unter Partsch, Erich Wolfgang

Schering, Arnold: Aufführungspraxis alter Musik, Nachdruck der Ausgabe 1931, mit einem Geleitwort und Corrigenda-Verzeichnis von Siegfried Goslich; Heinrichshofen's Verlag, Wilhelmshaven 1975

Schlick, Arnolt: Tabulaturen etlicher lobgesang und lidlein uff die orgeln und lauten, Mainz 1512, Faksimile-Ausgabe; Zentralantiquariat der Deutschen Demokratischen Republik, Leipzig 1977, Ausgabe für Bärenreiter, Kassel

Schmall von Lebendorf, Nicolaus: Lautten Tabulatur Buech, 1613, Claves musicae ad fides compositae, Faksimile-Ausgabe, herausgegeben von Jiři Tichota; Editio Cimelia Bohemica, Pragopress, Prag 1969

Schmid, Richard: Zehn Schubert-Lieder zur Gitarre mit einer musikhistorischen Skizze »Franz Schubert als Gitarrist«; Friedrich Hofmeister, Leipzig 1918

Schmitz, Alexander: Das Gitarrenbuch. Geschichte, Instrumente, Interpreten; Wolfgang Krüger Verlag, © 1982 S. Fischer Verlag, Frankfurt a. M.

Scholl, Inge: siehe unter Österreichisches Musiklexikon

Schrade, Leo: siehe unter Milán, Luis

Schulze, Hans Joachim: a) Ein unbekannter Brief von Silvius Leopold Weiß, Die Musikforschung, XXI. Jahrgang 1968; Bärenreiter, Kassel
b) Wer intavolierte Johann Sebastian Bachs Lautenkompositionen?, wie oben, XIX. Jahrgang 1966; Bärenreiter, Kassel

Schweizerische Musikdenkmäler: Band 6: Tabulaturen des XVI. Jahrhunderts, Teil 1, herausgegeben von Hans Joachim Marx; Bärenreiter, Basel 1967

Segovia, Andrés: a) An autobiography of the years 1893–1920; Macmillan Publishing Co., Inc., New York 1976
b) siehe auch unter Bobri, Vladimir; Duarte, John W.; Wade, Graham

Seidel, Ferdinand: Zwölf Menuetten für die Laute samt einer Fantasie von Herrn Baron, Leipzig 1757. Faksimile-Ausgabe, aus der Tabulatur übertragen und für Gitarre bearbeitet von Adalbert Quadt; Breitkopf & Härtel, Leipzig 1969

Senfl, Ludwig: Sämtliche Werke, herausgegeben von der Schweizerischen Musikforschenden Gesellschaft in Verbindung mit dem Schweizerischen Tonkünstlerverein (Arnold Geering und Wilhelm Altwegg), Band VII: Instrumental-Carmina und Lieder in Bearbeitung für Geigen, Orgel und Laute; Möseler, Wolfenbüttel und Zürich 1960

Sibire, Abbé Sébastien-André: La chélonomie, ou le parfait luthier … Brussel 1823; Minkoff Reprint, Genève 1984

Sicca, Mario: La chitarra e gli strumenti a tastiera, »Il Fronimo« , anno primo, No. 1; Edizioni Suvini Zerboni, Milano 1972. Englische Übersetzung: The Guitar and the Keyboard Instruments; Guitar Review No. 39, New York 1974

Sommer, Hermann: a) Die Laute in ihrer musikgeschichtlichen, kultur- und kunsthistorischen Bedeutung; Verlag Ad. Köster, Berlin 1920

b) Lautentraktate des 16. und 17. Jahrhunderts im Rahmen der deutschen und französischen Lautentabulatur – Eine Studie zur Geschichte des musikalischen Unterrichtswesens; Dissertation, Berlin 1923

c) Laute und Gitarre, I. Engelshorns Nachf., Stuttgart 1922

Sor, Fernando: a) The Complet Works for Guitar in Facsimiles of the Original Editions, herausgegeben von Brian Jeffery, Vol. 1–9; Tecla Editions, London 1982

b) Complete Works for Guitar, Faksimile-Ausgabe, herausgegeben von Brian Jeffery, Vol. I–V; Shattinger International Music Corp., New York 1977, distributed by Charles Hansen Music & Books, Inc., New York

c) The New Complete Works for Guitar, Neuausgabe in moderner Notenschrift, Vol. I–XI, herausgegeben von Brian Jeffery; Tecla Editions, London 2001/2002

d) Méthode pour la guitare, Paris 1830; Minkoff Reprint, Genève 1981

e) Gitarre Schule, Faksimile der Erstausgabe von Simrock, Bonn 1830, herausgegeben von Ute und Wolfgang Dix (Selbstverlag), Heiligenhaus 1975

f) Collection complète des œuvres pour guitare, Edition du centenaire, Paris ca. 1825; Minkoff Reprint, Genève 1978

g) Op. 1–20, Faksimile der Erstausgaben, herausgegeben von Frederick Noad; Golden Music Press, New York 1976

h) Seguidillas, for voice and guitar or piano, herausgegeben von Brian Jeffery; Tecla Editions, London 1976

i) More Seguidillas, for two and three voices and guitar or piano; wie oben, 1999

Spiessens, Godelieve: a) Leven en werk van de Antwerpse Luitcomponist Emanuel Adriaenssen (ca. 1554–1604), 2 Bände; Paleis der Academiën, Brussel 1974

b) Luitmuziek van Emanuel Adriaenssen; Monumenta Musicae Belgicae, Band X, Antwerpen 1966

Spinacino, Francesco: Intabolatura de lauto, Libro primo [-secondo], Venezia 1507; Minkoff Reprint, Genève 1978

Stephens, Daphne E. R.: The Wickhambrook Lute Manuscript; Departement of Music, Yale University, New Haven, Connecticut 1963

Straube, Rudolf: Due sonate a liuto solo, Leipzig 1746; Minkoff Reprint, Genève 1985

Strizich, Robert: siehe unter Visée, Robert de b)

Summerfield, Maurice: The Classical Guitar, its evolution, players and personalities since 1800, 4. Auflage; Ashleymark Publishing Company 1996

Sweelinck, Jan Pieterszoon: Opera omnia, vol. 1, The Instrumental Works, herausgegeben von G. Leonhardt, A. Annegarn und F. Noske; Vereniging voor Nederlandse Muziekgeschiedenis, Amsterdam 1968

Tablature de luth française: a) Nach dem Manuskript der Bibliothèque National Paris, 17. Jahrhundert; Minkoff Reprint, Genève i. Vorb.

b) Nach dem Manuskript der Öffentlichen Bibliothek der Universität Basel, 17. Jahrhundert; wie oben

c) Nach dem Manuskript der Bibliothèque National Paris, 1653; wie oben

d) Nach dem Manuskript der Bibliothèque National Paris, 1680; wie oben

Tablature de luth italienne: a) Faksimile-Nachdruck nach dem Manuskript der Bibliothèque National Paris ca. 1505; Minkoff Reprint, Genève 1981

b) Siena Manuskript, nach dem Manuskript des Haags Gemeentemuseum ca. 1560–1570; wie oben, 1988

Tabulae Musicae Austriacae: Kataloge österreichischer Musiküberlieferung:
Band II: Rudolf Flotzinger, Die Tabulaturen des Stiftes Kremsmünster, Thematischer Katalog; Hermann Böhlaus Nachfolger, Wien 1965
Band VIII: Elisabeth Maier, Die Lautentabulaturschriften der Österreichischen Nationalbibliothek (17. und 18. Jahrhundert); Verlag der Österreichischen Akademie der Wissenschaften, Wien 1974

Tappert, Wilhelm: Sang und Klang aus alter Zeit; Verlag Leo Liepmannssohn, Berlin 1906

Taylor, John: Tone production on the Classical Guitar; Musical New Services Ltd., London 1978

Terzi, Giovanni Antonio: Intavolatura di liuto, libro primo, Venezia 1593, Faksimile-Ausgabe; Edizioni »Monumenta Bergamensia«, Bergamo 1964

Tessier, André: siehe unter Gaultier, Denis

Thoene, Helga: Johann Sebastian Bach, Ciaccona – Tanz oder Tombeau?; Dr. Ziethen Verlag, Oschersleben 2002

Thurner, Jakob: Das Lautenbüchlein des Jakob Thurner, um 1520; Faksimile-Ausgabe mit Übertragung aus der Tabulatur von Rudolf Flotzinger; Akademische Druck- und Verlagsanstalt, Graz 1971

Tinctoris, Johannes: Johannes Tinctoris und sein unbekannter Tractat *De inventione et usu musicae* (Neapel zwischen 1480 und 1487). Historisch-kritische Untersuchung von Karl Weinmann. Berichtigte und mit einem Vorwort versehene Neuausgabe von Wilhelm Fischer; H. Schneider Verlag, Tutzing 1961

Tokawa, Seiichi: Über das Problem »J. S. Bachs Lautenkompositionen«, mit einer Beschreibung der in der Bibliothek des Musashino College of Music in Tokio aufbewahrten Originalhandschrift der Suite in E-dur BWV 1006a; Bulletin of Musashino Academia Musicae X, Tokio 1976

Tonazzi, Bruno: siehe unter Gorzanis, Giacomo

Trumbull Lute Book, The: siehe unter »Reproductions of Early Music«

Turnbull, Harvey: The Guitar from the Renaissance to the Present Day; B. T. Batsford Ltd., London 1974

Turnpyn Book of Lute Songs, The: siehe unter »Reproductions of Early Music«

Valderrábano, Enriquez de : a) Libro de música intitulado »Silva de Sirenas«, Valladolid 1547; Minkoff Reprint, Genève 1981

b) wie oben, Trancripción y Estudio por Emilio Pujol; Instituto Español de Musicologia, Barcelona 1965

Valentin, Erich: Handbuch der Instrumentenkunde; Gustav Bosse Verlag, Regensburg 1954

Valerius, Adrianus: Neder-Landtsche Gedenck-Clanck, Haarlem 1626. Faksimile-Ausgabe; Broude Brothers, Ltd., New York 1974

Vallet, Nicolas: Le Secret des Muses, premier livre 1615, second livre 1616; siehe unter »Corpus des Luthistcs Français«

Veilhan, Jean-Claude: Die Musik des Barock und ihre Regeln; Editions Alphonse Leduc, Paris 1977/1982

Verchaly, André: siehe unter »Airs de cour pour voix et luth«

Verovio, Simone: a) Diletto spirituale, canzonette a tre et a quatro voci … con l'intavolatura del cimbalo et liuto, Roma 1586, Faksimile-Ausgabe; Forni Editore, Bologna 1971

b) Lodi della musica a 3 voci … con l'intavolatura del cimbalo e liuto, Roma 1595, Faksimile-Ausgabe; wie oben, 1971

Villa-Lobos, Heitor: siehe unter Mariz, Vasco; Santos, Turibio; Peppercorn, Lisa M.

Virdung, Sebastian: Musica getutscht und ausgezogen, Basel 1511, Faksimile-Ausgabe; Bärenreiter, Kassel 1931

Visée, Robert de: a) Livre de guitarre, Paris 1682. Livre de pièces pour la guitarre, Paris 1686; Minkoff Reprint, Genève 1973

b) Œuvres complètes pour guitare, aus der Tabulatur übertragen und herausgegeben von Robert Strizich; Edition Heugel & Cie., Paris 1969

Wade, Graham: a) Segovia – A Celebration of the Man and his Music; Allison & Busby, London 1983

b) Maestro Segovia; Robson Books, London 1986

c) A New Look at Segovia, His Life, His Music, Vol. 1 & 2 (zusammen mit Gerard Garno); Mel Bay, Pacific, Missouri 1997

d) Distant Sarabandes, The Solo Guitar Music of Joaquín Rodrigo; GRM Publications, Leeds 1996. 2., revidierte Ausgabe 2001

e) Joaquín Rodrigo, A Life in Music, Vol. 1, 1901–1940; GRM Publications, Leeds 2002

f) The Classical Guitar – A Complete History (13 Essays); Balafon/Outline Press, London 1997

g) siehe auch unter Santos, Turibio

Waldner, Luca: siehe unter Grondona, Stefano

Walker, Luise: Ein Leben mit der Gitarre; Musikverlag Zimmerman, Frankfurt a. M. 1989

Weichenberger, Johann Georg: siehe unter Radke, Hans

Weiß, Silvius Leopold: a) 34 Suiten für Laute solo, Faksimile-Ausgabe nach der handschriftlichen Tabulatur, Mus. 2841-V-1 der Sächsischen Landesbibliothek Dresden, mit quellenkundlichen Bemerkungen von Wolfgang Reich; Zentralantiquariat der Deutschen Demokratischen Republik, Leipzig 1977
b) Intavolatura di liuto, 2 Vol., nach dem Manuskript des British Museum, aus der Tabulatur übertragen und herausgegeben von Ruggero Chiesa; Edizioni Suvini Zerboni, Milano 1967/68
c) Sämtliche Werke für Laute in Tabulatur und Übertragung, herausgegeben von Douglas Alton Smith. Die Handschrift London, British Library Add. 30387. Faksimile der Tabulatur Band I/II, Übertragung Band III/IV; C. F. Peters, Frankfurt/London/New York 1983/88/85/90
d) siehe auch unter Mattheson, Johann; Schulze, Hans Joachim

Whistling, Carl Friedrich und Friedrich Hofmeister: a) Handbuch der musikalischen Litteratur, A Facsimile of the 1817 Edition and 10 Subsequent Supplements, Introduction by Neill Ratliff; Garland Publishing, New York/London 1975
(Ein systematisch geordnetes Verzeichnis der von ca. 1790–1826/27 gedruckten Musikalien, musikalischen Schriften und Abbildungen, Leipzig 1817–1826/27)
b) 2., vermehrte und verbesserte Auflage, Leipzig 1828, mit erstem Ergänzungsband, Leipzig 1829. Zweiter Ergänzungsband der von 1829–33 erschienenen Werke, angefertigt von Adolph Hofmeister, ebd. 1834. Dritter Ergänzungsband der von 1834–38 erschienenen Werke, angefertigt von Adolph Hofmeister, ebd. 1839. Faksimiledruck der Ausgaben Leipzig 1828–1838, in 2 Bänden; Georg Olms Verlag, Hildesheim/New York 1975
c) Dritte, bis zum Anfang des Jahres 1844 ergänzte Auflage, bearbeitet und herausgegeben von Adolph Hofmeister, Leipzig 1844/45

Willaert, Adrian: Intavolatura de li madrigali di Verdelotto da cantare et sonare nel lauto, intavolati per Messer Adriano, Venezia 1536; Nationalbibliothek Wien

Willoughby Lute Book, The: siehe unter »Reproductions of Early Music«

Winternitz, Emanuel: Die schönsten Musikinstrumente des Abendlandes, Aufnahmen von Lilly Stunzi; Keysersche Verlagsbuchhandlung, München 1966

Witoszynskyj, Leo: a) Die Vihuela – das klassische Instrument der spanischen Renaissance, Separatum der Festschrift »Zehn Jahre Hochschule für Musik und darstellende Kunst in Graz«; Universal Edition, Wien 1974
b) Vihuela und Gitarre im Spiegel neuer Literatur, Österreichische Musikzeitschrift, Heft 4; Verlag E. Lafite, Wien 1975

c) Die Gitarre in der Kammermusik und der Beitrag Wiens, Österreichische Musikzeitschrift, Heft 12; wie oben, 1976

d) Über die Kunst des Gitarrespiels; Doblinger, Wien 2003

e) siehe auch unter Österreichisches Musiklexikon

Wolf, Johannes: Handbuch der Notationskunde, 2.Teil, Nachdruck der Ausgabe Leipzig 1919; Georg Olms Verlag, Hildesheim 1963

Würdinger, Walter: siehe unter Österreichisches Musiklexikon

Zani de Ferranti, Marco Aurelio: Guitar Works, Vol.1–14, herausgegeben von Simon Wynberg; Editions Chanterelle, Monaco 1989

Zayas, Rodrigo de: The Vihuela: Swoose, Lute or Guitar?, Guitar Review No. 38, New York 1973

Zuth, Josef: a) Das künstlerische Gitarrespiel; Friedrich Hofmeister, Leipzig 1915

b) Simon Molitor und die Wiener Gitarristik um 1800; Anton Goll, Wien 1919

c) Handbuch der Laute und Gitarre; wie oben, 1926

d) Lieder mit Gitarrenbegleitung aus der Zeit von 1820–1850 von Franz Schubert; Edition Strache, Wien-Prag-Leipzig 1929

Quellen zur Generalbasspraxis für Lauteninstrumente[*]

Anonyme Lautenhandschrift: »14 Stücke Hassische Opern Arien auf die Laute«, Ende 18. Jahrhundert

Baron, Ernst Gottlieb: »Historisch-Theoretisch und Practische Untersuchung des Instruments der Lauten«, Nürnberg 1727

Campion, François: »Traité d'accompagnement et de composition«, Paris 1716, zusammen mit »Addition au traité d'accompagnement … du théorbe, de la guitare et du luth«, Paris 1730

Corbetta, Francesco: a) »Varii capricci per la ghitarra spagnola«, Milano 1643

b) »Varii scherzi di sonate per la chitarra spagnola … libro quatro«, Brussel 1648

c) »La guitare royalle«, Paris 1671

Delair, Denis: »Traité d'accompagnement pour le théorbe et le clavessin«, Paris 1690

Fleury, Francis Nicolas: »Méthode pour apprendre facilement à toucher la théorbe sur la basse continue«, Paris 1660

Kapsberger, Johann Hieronymus: »Libro primo di villanelle con l'intavolatura del chitarrone et alfabeto per la chitarra spagnuola«, Roma 1610

---

[*] Sofern von den oben erwähnten Quellenwerken Neudrucke oder Faksimile-Ausgaben vorliegen, sind sie mit Verlagsangaben im Hauptteil der Bibliographie nochmals angeführt.

Kremberg, Jakob: »Musicalische Gemüths-Ergötzung«, Dresden 1689

Mace, Thomas: »Musick's monument«, London 1676

Matteis, Nicola: »The false consonances of musick or instructions for the playing of a true base upon the guitarre«, London 1682

Minguet e Yrol, Pablo: »Reglas y advertencias generales para acompañar sobre la parte con la guitarra, clavicordio, organo, harpa…«, Madrid 1752/54/74

Perrine: »Livre de musique pour le lut«, Paris 1679

Rossi, Salomone: Von fünf Büchern mit mehrstimmigen Madrigalen erhält im 2. Buch die Theorbe die Aufgabe des »basso continuo per sonare in concerto«; vom 3. Buch an schlägt Rossi vor, den Generalbass von allen harmonischen Instrumenten, wie Cembalo, Laute oder Harfe, auszuführen.

Santiago de Murcia: »Resumen de acompañar la parte con la guitarra«, Madrid 1714

Sanz, Gaspar: »Instrucción de música sobre la guitarra española«, Zaragoza 1674

Fachzeitschriften

Gitarre:

Les Cahiers de la Guitare *(Frankreich)*: BP 83, F-94472 Boissy St. Léger, Frankreich
e-mail: ribouillault@cahiers-de-la-guitare.org
Website: http://www.cahiers-de-la-guitare.org

Classical Guitare *(England)*: 1 & 2 Vance Court, Trans Britannia Enterprise Park, Blaydon on Tyne NE21 5NH, England
e-mail: classicalguitar@ashleymark.co.uk
Website: http://www.ashleymark.co.uk/classicalguitar.htm

El Encordado *(Schweden)*: Cervins väg 19D–5tr, SE-163 58 Spånga, Schweden

Fingerstyle Guitar Magazine *(USA)*: 22760 Hawthorne Blvd., Suite 208, Torrance, CA 90505, USA
e-mail: faq@fingerstyleguitar.com
Website: http://www.fingerstyleguitar.com

Il Fronimo *(Italien)*: Edizioni Il Dialogo, 14 Via Orti, 20122 Milano, Italien
e-mail: fronimo@fronimo.it
Website: http://www.fronimo.it

Gendai Guitar Magazine *(Japan)*: 1-16-14 Chihaya, Toshima, Tokyo 171-0044, Japan
e-mail: JDX00153@nifty.ne.jp
Website: http://www.gendaiguitar.com/eng/

Gitarr och Luta *(Schweden)*: Svenska Gitarr och Luta Sällskapet, c/o Jacobsson, Svartviksslingan 71, 161 29 Bromma, Schweden e-mail: gitarrluta@hotmail.com

Website: http://www.tvs.se/katalog/gitarr_luta.html

Gitarre aktuell *(Deutschland)*: Verlag Peter Maier, Postfach 13 07 07, D-20107 Hamburg, Deutschland

Gitarre & Laute *(Deutschland)*: POB 410 411, D-50864 Köln, Deutschland

e-mail: info@gitarre-und-laute.de

Website: http://www.gitarre-und-laute.de

Guild of American Luthiers *(USA)*: 8222 South Park Avenue, Tacoma, WA 98408, USA

e-mail: ordcrs@luth.org

Website: http://www.luth.org/

Guitar Classique *(Frankreich)*: Société Studio Press, 39–41 rue de la Boulangerie, BP 11, 93201 Saint-Denis, Frankreich

Guitarmaker *(USA)*: Association of Stringed Instrument Artisans (A.S.I.A.), 1394 Stage Road, Richmond, VT 05477, USA

e-mail: Luthier@sover.net

Website: http://www.guitarmaker.org/

GuitArt *(Italien)*: 31 Via roma, 83100 Avellino, Italien

e-mail: guitart@guitart.net

Website: http://www.guitart.net

Guitar Player *(USA)*: 411 Borel Avenue #100, San Mateo, CA 94402, USA

Guitar Review *(USA)*: Dept. W, 40 West 25th Street, New York, NY 10010, USA,

e-mail: mail@guitarreview.com

Website: http://www.guitarreview.com

Guitar Toronto Bulletin *(Kanada)*: Guitar Society of Toronto, 9 Gibson Avenue, Toronto, Ontario M5R 1T4, Kanada

e-mail: eli.kassner@utoronto.ca

Website: http://www.guitar-toronto.on.ca

Nova Giulianiad *(Deutschland)*: nur als Ezine im Internet

e-mail: j.sommermeyer@ rol3.com

Website: http://home.t-online.de/home/Rechtsanwalt.Joerg.Sommermeyer/ novagiulianiad.html

Seicorde *(Italien)*: Viale Lombardia 5, 20131 Milano, Italien

e-mail: info@seicorde.it

Website: http://www.seicorde.it

The Soundboard *(USA)*: Guitar Foundation of America, P. O. Box 1240, Claremont, CA 91711, USA

e-mail: gunnar@cyberg8t.com

Website: http://www.guitarfoundation.org/

Zupfmusikmagazin *(Deutschland)*: Bund Deutscher Zupfmusiker, Huulkamp 26, D-22397 Hamburg, Deutschland

Laute:

Deutsche Lautengesellschaft e. V. (Deutschland): c/o Joachim Domning, Prinzen-kamp 9, D-49751 Sögel, Deutschland
    e-mail: Lautengesellschaft@lautengesellschaft.de
    Website: http://www.lautengesellschaft.de
Early Music *(England)*: 70, Baker Street, London W1M 1DJ, England
    e-mail: info@earlymusic.org
    Website: http://www3.oup.co.uk/earlyj
The Galpin Society Journal *(England)*: 2 Quinton Rise, Oadby LE2 5PN, Leicester-shire, England
    e-mail: richard.a.ford@talk21.com
    Website: http://www.music.ed.ac.uk/euchmi/galpin/
Journal of the Lute Society of America *(USA)*: P. O. Box 1328, Lexington, VA 24450, USA
    e-mail: lutesociety@rockbridge.net
    Website: http://www.cs.dartmouth.edu/~lsa/index.html
Lute and Early Guitar Society of Japan (LGS): Adresse in Europa: David van Ooijen, Drebbelstraat 30, 2522 CV Den Haag, Nierderlande
    e-mail: lgs.europe@planet.nl
    Website: http://home.planet.nl/~d.v.ooijen/lgs/
The Lute Society Journal *(England)*: Southside Cottage, Brook Hill, Albury, Guild-ford GU5 9DJ, England
    e-mail: Lutesoc@aol.com
    Website: http://www.lutesoc.co.uk

Meisterwerkstätten für den Bau von Gitarren- und Lauteninstrumenten

Alejandro: Alex van der Horst, Freds Gaten 12, 15134 Södertälje, Schweden
    e-mail: alexvdhorst@hotmail.com
Alkis Guitars: Alkis Efthimiadis, 42 Agoniston Str., 12461 Athens, Griechenland
    e-mail: alkis_athens@hotmail.com
Aram Guitars: Kevin Aram, The Granary, Higher Lake, Langtree, Torrington, N. De-von EX38 8NX, England

e-mail: kev@aramguitars.co.uk

Website: http://www.aramguitars.co.uk

Barber, Stephen and Harris, Sandi: 11a Peacock Yard, London SE17 3LH, England [historische Lauteninstrumente]

e-mail: sb.sh@LutesandGuitars.co.uk

Website: http://www.barber.harris.lutemakers.mcmail.com

Bernabe, Paulino: Calle Loto 15, 28029 Madrid, Spanien

e-mail: bernabe@nexo.es

Website: http://www.bernabe-guitars.com

Braun, Tobias: Sittendorferstraße 16B, A-2531 Gaden bei Mödling, Österreich

Breton, Luc: 1126 Vaux-sur-Morges VD, Schweiz [historische Lauteninstrumente]

Dammann, Matthias: Rotthof 104, D-94152 Neuhaus, Deutschland

Dietrich, Frank-Peter und Markus: Eubabrunner Straße 50, D-08265 Erlbach/Vogtland, Deutschland [auch historische Gitarren- und Lauteninstrumente]

e-mail: gitarre-laute-dietrich@musikwinkel.com

Website: http://www.musikwinkel.com/dietrich.htm

Field, Dominique: 12, rue Lécuyer, 75018 Paris, Frankreich

Fischer, Paul: West End Studio, West End, Chipping Norton, Oxfordshire, England

Fleta, Ignacio y Hijos: Calle Farell 15, Barcelona 08014, Spanien

Friederich, Daniel: 33 rue Sergent-Bauchat, 75012 Paris, Frankreich

Galbraith, Reid: Arlingford Road 10, SW2 2SU London, England [auch historische Lauteninstrumente]

Gee, Michael: 24 Harrowick Lane, Earls Barton, NN6 0HD England

e-mail: MGEE492367@aol.com

Gilbert, John M. und William: 1435 La Honda Road, Woodside, CA 94062, USA

Hannabach, Gerold Karl: Rosenhügel 10a, D-91077 Bubenreuth, Deutschland

e-mail: info@hannabach-instruments.de

Website: http://www.hannabach-instruments.de

Hauser, Hermann und Nachfolger: Clemens-Seidl-Straße 5–7, D-94419 Reisbach/Vils, Deutschland

e-mail: hauser.hermann@t-online.de

Hense, Dieter: 93 Langgasse, D-56329 Hohenstein-Breithardt, Deutschland

Hinves, Jonathan: Carretera de la Sierra 30, 18008 Granada, Spanien

Holzgruber, Bernd: Oberjeserz 10, A-9220 Velden/Wörthersee, Österreich [auch historische Lauteninstrumente]

e-mail: b.holzgruber@nextra.at

Website: http://www.holzgruber-gitarren.at

Humphrey, Thomas: 1167 Bruynswick Road, Gardiner, NY 12525, USA
e-mail: humphrey@ulster.net
Website: http://www.thomashumphrey.com
Imai, Yuichi: 60-16, Nakano 1-Chome, Nakano-ku, Tokyo, 164-0001 Japan
Jean-Mairet, Philippe: Beaulieu 40, CH-3280 Murten/FR, Schweiz
Joie, Jean-Luc: 12, rue François Marceau, F-33200 Bordeaux, Frankreich
e-mail: jean-luc@wanadoo.fr
Kappeler, Samuel und René: Gewerbestrasse 2, CH-4105 Biel-Benken, Schweiz
Kemp, Jeff: P. O. Box 943, Armidale, NSW 2350, Australien
e-mail: jeff@jeffkemp.com
Website: http://www.jeffkemp.com
Kohno, Masaru: Guitar Workschop Sakurai-Kohno, 5-27-20 Nishi-Ikebukuro Toshi-
ma-ku, Tokyo, Japan
e-mail: msakurai@kohno-guitar.com
Website: http://www.kohno-guitar.com
Kresse, Bernhard: Siebachstraße 48, D-50733 Köln, Deutschland
Kwakkel, Bert: Steverinkstraat 54, 7011 JN Gaanderen, Niederlande
e-mail: info@kwakkel.com
Website: http://www.kwakkel.com
Laplane, Joël: 22, rue de l'Eglise Saint-Michel, 13005 Marseille, Frankreich
e-mail: Joel-laplane@yahoo.fr
Lennep, Joël van: 9 Blakeville Road, Rindge, New Hampshire 03461, USA [histori-
sche Lauteninstrumente]
Lopez-Nieto, Marcelino: Calle Ferán Nuñez 17, Ciudad Jardin, 2800016 Madrid,
Spanien
Marín Montero, Antonio: Cuesta del Caidero 1, 18009 Granada, Spanien
Marty, Simon: 186 Corunna Road, Petersham NSW 2049, Australien
e-mail: simonm@cia.com.au
Website: http://www.cia.com.au/simonm/
McGill, Paul: 808 Kendall Drive, Nashville, Tennessee 37209, USA
e-mail: conecaster@aol.com
Website: http://www.Mcgillguitars.com
Oribe, José: 2141 Lakeview Road, Vista, 92084 California, USA
e-mail: OribeG@aol.com
Website: http://www.oribeguitars.com
Panhuysen, Kolia: Hauptstraße 55, D-77963 Schwanau, Deutschland
Ramirez, José (Werkstätte): Calle de la Paz 8, 28012 Madrid, Spanien
e-mail: info@guitarrasramirez.com
Website: http://www.guitarrasramirez.com

224

Rodríguez, Manuel & Sons: Calle Hortaleza 26, 28004 Madrid, Spanien
  e-mail: manuel.jr@guitars-m-r-sons.com
  Website: http://www.guitars-m-r-sons.com
Römmich, Karl-Heinz: D-74586 Frankenhardt-Honhardt, Deutschland
  e-mail: roemmich.gitarrenbau@t-online.de
Romanillos, José Luis & Son: Madrigal, Bakers Hill, Semely, Shaftesbury, Dorset
  SP7 9BJ, England
  e-mail: leeman@lineone.net
Ruck, Robert: 5805 Minder Road, N. E. #3, Poulsbo, Washington 98370, USA
Santiago Marín, Francisco: Calle Santiago 32, 18009 Grananda, Spanien
Sato, Kazuo: Heiligenstraße 27, D-66740 Saarlouis, Deutschland
  e-mail: satoguitar@aol.com
  Website: http://www.gitarrenszene.de/kazuo-sato.html
Schnabl, Gerhard: Am Fasanenholz 10, D-91094 Bräuningshof, Deutschland
  e-mail: Rainer.Schnabl@t-online.de
  Website: http://www.schnabl-gitarrenbau.de
Schneider, Joachim & Söhne: Bergstraße 36, D-08258 Markneukirchen/Vogtland,
  Deutschland
  e-mail: info@schneider-gitarren.de
  Website: http://www.schneider-gitarren.de
Smallman, Greg: P. O. Box 510, Glen Innes NSW 2370, Australien
Southwell, Gary: 12 Chaucer Court Workshops, Chaucer Street, Nottingham NG1
  5LP, England
  e-mail: gary@southwellguitars.com
  Website: http://www.southwellguitars.com
Thomson, Paul: Dundrige Gardens, St. George, Bristol BS5 8SZ, England [histori-
  sche Lauteninstrumente]
Verreydt, Walter: Smoutmolendreef 32, B-2560 Kessel, Belgien
  e-mail: w.verreydt@be.packardbell.org
Waals, Nico Bernard van der: Molenstraat 91, 5317 JE Nederhemert-Noord, Niederlande [historische Lauteninstrumente]

Gitarren- und Lautenbaumeister des 20. Jahrhunderts, die mit ihren hochwertigen Erzeugnissen Eingang in die Geschichte des Instrumentenbaues gefunden haben

Arias, Vicente *(Spanien)*

Bolin, Georg *(Schweden)*

Bouchet, Robert *(Frankreich)*

Contreras, Manuel *(Spanien)*

Corbellari-Kappeler *(Schweiz)*

Esteso, Domingo *(Spanien)*

Fleta, Ignacio *(Spanien)*

Geest, Jacob van de *(Niederlande/ Schweiz)*

Goff, Sir Thomas *(England)*

Hauser, Hermann I/II *(Deutschland)*

Hernández y Aguado *(Spanien)*

Hopf, Dieter *(Deutschland)*

Jakob, Richard und Martin *(Deutschland)*. Seit 1921 tragen ihre Instrumente den Brandstempel »Weißgerber«.

Jordan, Hans *(Deutschland)*

Ramirez, José I/II/III/IV *(Spanien)*

Ramirez, Manuel *(Spanien)*

Rubio, David J. *(England)*

Simplicio, Francisco *(Spanien)*

Velasquez, Manuel *(Spanien/USA)*

Die Liste der Instrumentenbauwerkstätten erhebt keinen Anspruch auf Vollständigkeit und versteht sich ohne besondere Wertung gegenüber hier nicht aufgeführten Firmen.

Internetadressen

Die hier angeführten Internetadressen erheben keinen Anspruch auf Vollständigkeit. Kommerziell ausgerichtete Sites wurden bewusst nicht aufgenommen.

Allgemeines zum Instrumentenbau

List of Notable American Luthiers
    http://www.maui.net/~rtadaki/luthierlist.html
Gitarrenbauer
    http://members.aol.com/OlWiesner/builder.html
Guitarreros en Granada
    http://www.granadainfo.com/spanish/gitarer.htm
Luthiers Around the World
    http://www.cybozone.com/fg/luthier.html
Musikinstrumentenherstellung der Musikstadt Markneukirchen
    http://www. markneukirchen.de/zupf.htm

Luthiers
    http://www.luthiers.free.fr/liensjm.html

Allgemeines zur Gitarre

Classical Guitar and Lute Resources
    http://home.netpower.no/olavt/gitara.html
Classical Guitar Composers List
    http://musicated.com/CGCL/
Classical Guitar Links
    http://members.aol.com/hilfield/hfl_cglinks.html
Classical Guitar Midi Archives
    http://www.info-internet.net/~ffaucher/
Gitaar-vihuela-luit
    http://people.zeelandnet.nl/kvdoorn
Gitarrenszene
    http://www.gitarrenszene.de
Guitar Foundation of America
    http://www.guitarfoundation.org
International Guitar research Archive
    http://www.csun.edu/~igra/
Internet Classical Guitar Resources
    http://www.ga-usa.com/cglists
Just Classical Guitar
    http://www.ga-usa.com/jcg
La Page de la Guitare Classique
    http://myweb.worldnet.net/~matossi/guitare.html
Legato
    http://www.inter-futuro.pt/legato/
Marty's Guitar Web Portal
    http://www.guitarvista.com
The Classical Guitar Aficionados' Page
    http://fly.hiwaay.net/~marklong/class/link.htm
The Classical Guitar Discussion Page
    http://www.theclassicalguitar.co.uk
The Classical Guitar Home Page
    http://www.guitarist.com
The Classical Guitar Home Page in Japan
    http://www.guitar.or.jp/index-e.html

The Classical Guitar Homepage in the Netherlands
    http://home.tiscali.nl/~t996919
The Guitar pre-1650
    http://www.malaspina.com/harp/guitar/guitar.htm
Worldguitarist
    http://www.worldguitarist.com

Allgemeines zur Laute

Deutsche Lautengesellschaft
    http://www.lautengesellschaft.de
New France Lute Society/ Société de Luth de la Nouvelle-France
    http://www.er.uqam.ca/nobel/r14310/Luth/index.html
Société Française de Luth
    http://assoc.wanadoo.fr/soc.fr.luth/contact_f.html
The Galpin Society
    http://www.music.ed.ac.uk/euchmi/galpin/
The Lute Society
    http://www.lutesoc.co.uk
The Lute Society of America
    http://www.cs.dartmouth.edu/~lsa

Kapitel VIII
Bildteil

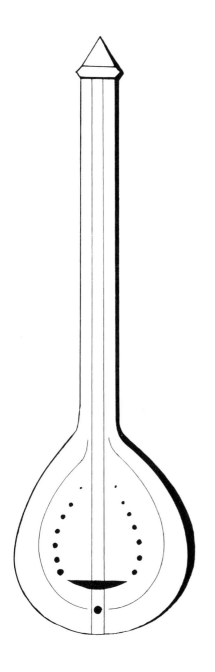

1 Persisch-assyrischer Tanbûr,
  ca. 2500–1500 v. Chr., Rekonstruktion

2 Persische Târ

Zeichnung: Siegfried Tragatschnig

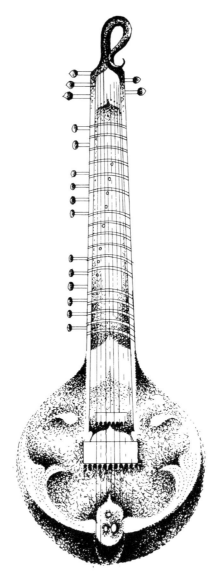

3 Indischer Sitâr, der in seinem Körperbau der *südindischen* Vinâ, dem klassischen Lauteninstrument
   der Inder, ähnelt. Er besitzt einen halbkugelförmigen Korpus, aus dem ein breiter Hals hervorwächst
   und an dessen Oberende auch eine verkleinerte Kalebasse angehängt sein kann, im Gegensatz zur
   urtümlicheren *nordindischen* Vinâ, deren röhrenförmiges Griffbrett (Röhrenzithern) auf zwei gleich
   großen Kalebassen ruht. Die Metallbünde sind verstellbar. Unter den sechs bis acht Griffbrettsaiten
   des Sitârs laufen bis zu zwanzig Bordunsaiten (si = dreißig, also »Dreißigsaiter«). Der Sitâr besitzt
   keine in Notenschrift aufgezeichnete Literatur. Mehr als 90 % des Musikgutes ist Improvisation, die
   sich von Generation zu Generation mit Varianten »mündlich« überliefert.

   Zeichnung: Siegfried Tragatschnig

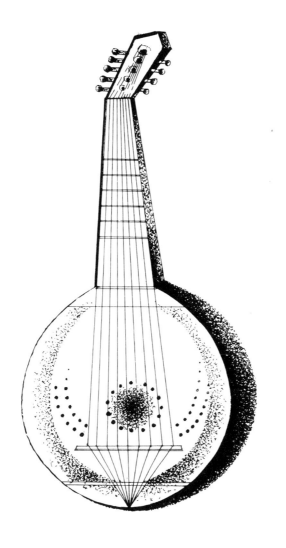

4   Arabische Laute (Al'ud), ca. 1270 n. Chr., Rekonstruktion
Zeichnung: Siegfried Tragatschnig

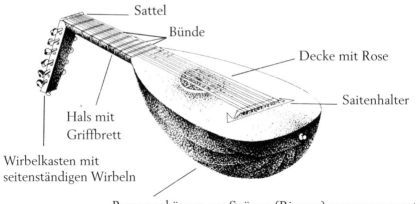

Sattel

Bünde

Decke mit Rose

Saitenhalter

Hals mit
Griffbrett

Wirbelkasten mit
seitenständigen Wirbeln

Resonanzkörper, aus Spänen (Rippen) zusammengesetzt

5   Abendländische Laute, sechschörig
     Zeichnung: Siegfried Tragatschnig

6   Johannes Rehm, zwölfchörige Theorbenlaute, Füssen 1607

7   Matteo Sellas, vierzehnchörige Theorbe, Italien 1638; Vorder-, Seiten- und Rückansicht

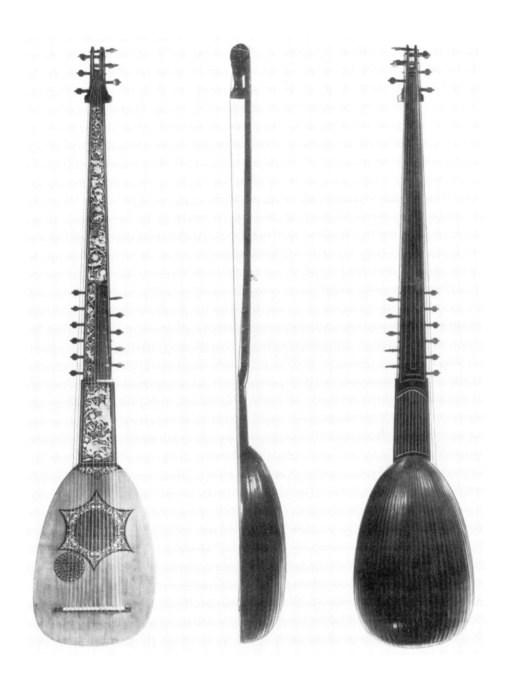

8   Chitarrone, Venedig 17. Jahrhundert, mit sechs Chören über dem Griffbrett und sechs freischwin-
genden Bordunen; Vorder-, Seiten- und Rückansicht

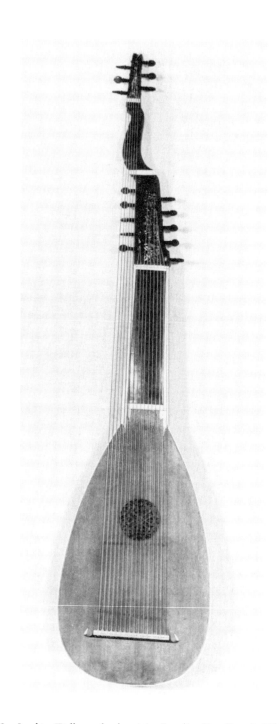

9   Joachim Tielke, sechzehnsaitige Angelica (Angélique), 1704

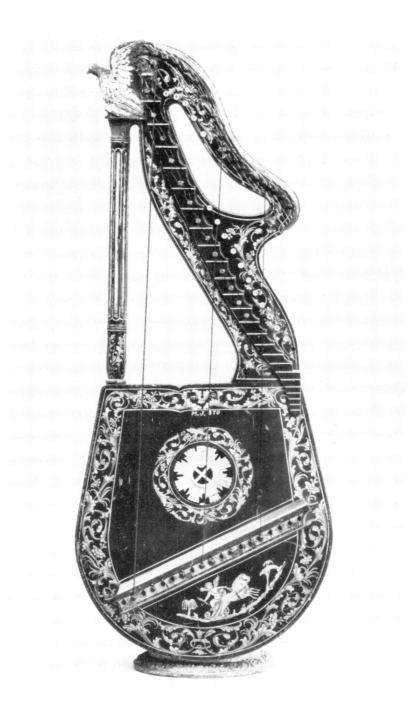

10 Edward Light, Lautenharfe, neuzehnsaitig, in diatonischer Stimmung von es–b², London um 1820

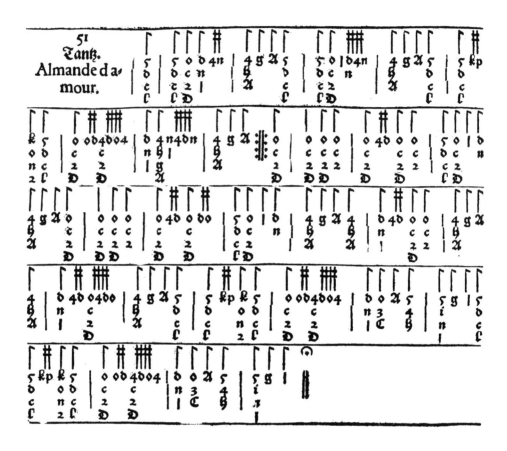

11a Matthäus Waissel, »Tantz Almande d'amour« für sechschörige Renaissance-Laute; deutsche Tabulatur, aus »Tabulatura continens insignes et selectissimas quasque cantiones, quatuor, quinque et sex vocum, testudini aptatas …«, Frankfurt a. d. Oder 1573

Tantz
Almande
d'amour

11b   Matthäus Waissel, »Tantz Almande d'amour«, Übertragung in moderne Notenschrift von Dieter
       Kirsch; Abdruck mit freundlicher Genehmigung

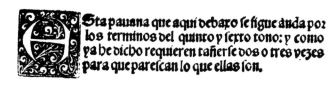

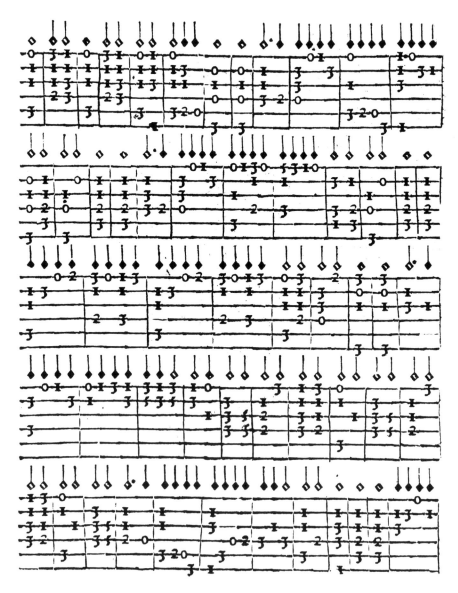

12   Luis Milán, Pavana del quinto y sexto tono aus »El Maestro«, Valencia 1535/36; spanische Tabulatur für sechschörige Vihuela, Ausschnitt

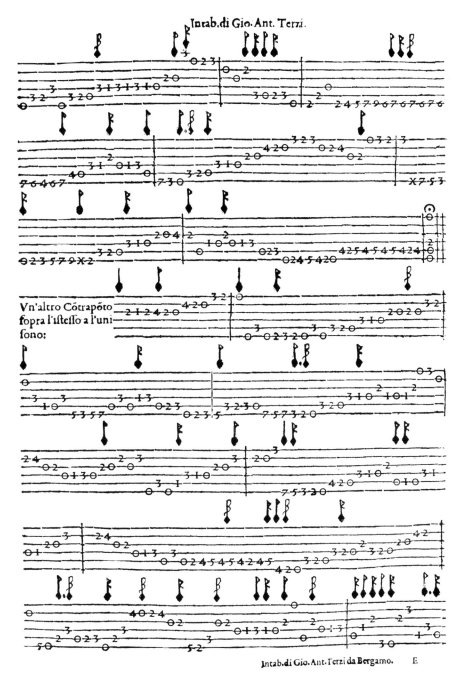

13   Giovanni Antonio Terzi, aus »Intavolatura di Liuto«, Libro primo, Venedig 1593; italienische Tabulatur für sechschörige Laute

14 John Dowland, Queen Elizabeth her Galliard, französische Tabulatur für siebenchörige Renaissance-Laute; aus Robert Dowland, »Varietie of Lute Lessons«, London 1610

15   Silvius Leopold Weiß, Passacaglia für dreizehnchörige Barocklaute, französische Tabulatur

16   Johann Sebastian Bach, erste Notenseite des autographen Konzepts der Suite g-Moll, BWV 995, mit den Takten 1–42 des Präludiums

17   Johann Sebastian Bach, erste Notenseite der Tabulatur Johann Christian Weyrauchs mit der Fuge g-Moll, BWV 1000, Takt 1–48; französische Tabulatur

TABVLATVRA

CONTINENS INSIGNES ET
SELECTISSIMAS QVASQVE
Cantiones, quatuor, quinq, et fex Vo-
cum, Teftudini aptatas, vt funt: Præambula: Phan-
tafiæ: Cantiones Germanicæ, Italicæ, Gallicæ,&
Latinæ: Paffemefi: Gagliardæ; & Choreæ,

In lucem ædita

PER

MATTHÆVM WAISSELIVM

BARTSTEINENSEM BORVSSVM.

FRANCOFORDIÆ AD VIADRVM, IN OFFICINA

IOANNIS EICHORN. ANNO M. D. LXXIII.
Cum gratia, & Priuilegio Cæfareæ Maieftatis.

18   Matthäus Waissel, Titelblatt mit Lautenspielerin aus »Tabulatura continens insignes et selectissi-
       mas …«, Frankfurt a. d. Oder 1573; »Frau Musica auf der Rasenbank«, Holzschnitt aus der Werk-
       stätte von Lukas Cranach d. J.

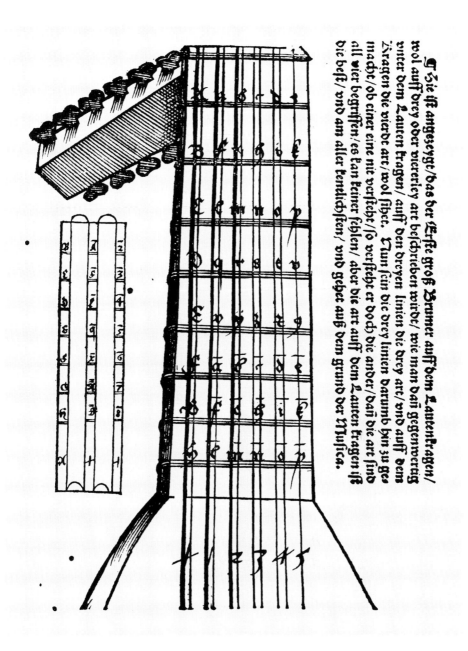

19   Hans Neusidler, »Lautenkragen« aus »Ein new künstlich Lautenbuch«, Nürnberg 1544

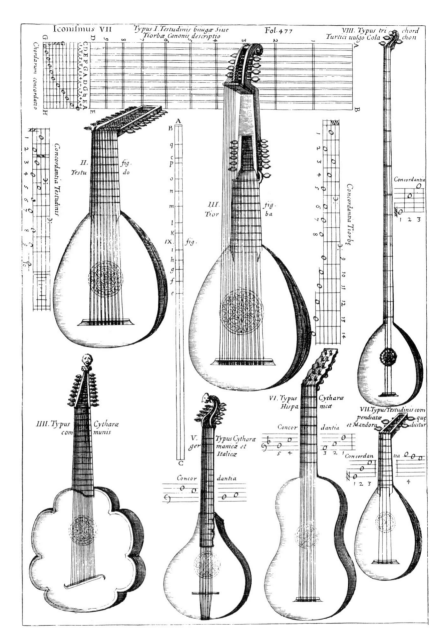

20   Athanasius Kircher, Tafel aus »Musurgia Universalis«, Rom 1650

Fig.   II   Zehnchörige Laute   VII   Mandora
       III   Elfchörige Theorbe   VIII Colachon (Colascione),
       IV   Cithara communis (Pandora)   ein in Süditalien behei-
       V   Cithara germanica et italica (Cister)   matetes Lauteninstrument
       VI   Cithara hispanica (fünfchörige Gitarre)   vom Tanbûr-Typus

248

21   Hans Judenkünig, die Laute spielend, aus dem Titelblatt »Ain schone kunstliche underweisung…«,
Wien 1523

22   Francesco da Milano, Porträt aus der Hand eines unbekannten Meisters, Italien 16. Jahrhundert

23   Sebastian Ochsenkun, Porträt aus dem »Tabulaturbuch auff die Lautten«, Heidelberg 1558 (Abbildung aus Franz Julius Giesbert, *Schule für die Barocklaute*, B. Schott's Söhne, Mainz 1939/40)

24   Silvius Leopold Weiß, Stich von Bartolomeo Folin nach einem Gemälde von Balthasar Denner

Ernst Gottlieb Baron
Candidatus Juris

25 Ernst Gottlieb Baron, Porträt-Titel aus »Untersuchung des Instruments der Lauten«, Nürnberg 1727

NOBILIS ET CLARISSIMVS DOCTOR IOANNES BAPTISTA BESARDVS CIVIS BISVNTINVS AC LL.

ET PALLADE ET PHOEBO

Anne.

1617

ECHO.
ECH.
Anne Besardus hic est? Sic est. Quid opuscula suades,
Illa feram? An censes digna Latere? ECH Tere.

Lucas Kilian Aug ad vivum delineavit et sculp

26   Jean-Baptiste Besard, gemalt und gestochen von Lucas Kilian, Augsburg

27 Denis Gaultier, die Laute spielend, im Kreise seiner Schüler und Freunde, Tuschezeichnung aus dem Codex »La Rhétorique des Dieux«, um 1655

28   Christian Gottlieb Scheidler, Porträt des »letzten Lautenisten«, gemalt von Johann Xeller, Frank-
      furt 1811–1813

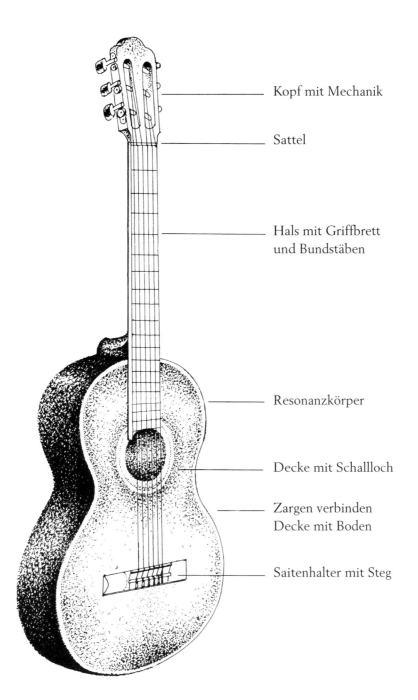

Kopf mit Mechanik

Sattel

Hals mit Griffbrett
und Bundstäben

Resonanzkörper

Decke mit Schallloch

Zargen verbinden
Decke mit Boden

Saitenhalter mit Steg

29   Klassische Gitarre
       Zeichnung: Siegfried Tragatschnig

30   Ghiterra (Ghiterna, Gitterne, Guitarra latina), mittelalterliches Gitarreninstrument, Kopie nach
historischen Modellen

31   Guitarra Saracenica, Kopie nach historischen Modellen

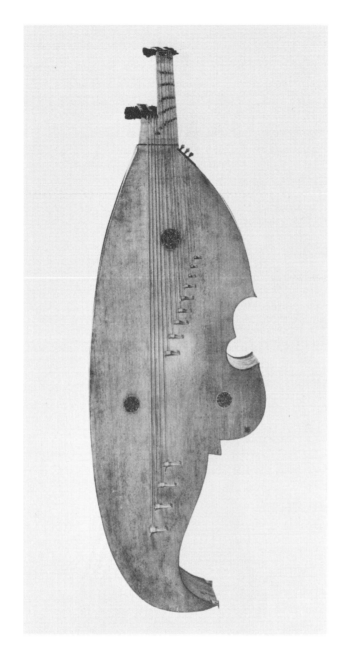

32   Gotische Basscister (Basslaute?), ungewöhnliches Format mit zwei Knickkragen; Deutschland (?)
      14./15. Jahrhundert

33   Wohl Giovanni Railich, fünfchörige Gitarre, Padua um 1675

34   Chitarra battente, sechschörig, wahrscheinlich Italien 17. Jahrhundert

35   Antonio Stradivari, fünfchörige Gitarre, Cremona 1688

36   Alexandre Voboam, Doppelgitarre, Paris 1690

37   Johann Georg Staufer, Gitarre aus den Nachlass Franz Schuberts, mit der Handschrift des Liedes
      »Das Dörfchen«, das am 27. August 1822 mit Gitarrenbegleitung im Theater an der Wien erklang
      (vgl. Zuth, Handbuch, S. 246)

38a   Grobert, Paris um 1800 (?), so genannte »Paganini-Gitarre«, die der Künstler anlässlich eines
Pariser Aufenthaltes von Grobert geliehen erhielt und sie, auf der Decke signiert, zurückgab.
Später wurde die Gitarre Hector Berlioz überreicht, der sie ebenfalls mit seinem Namenszug
versah, ehe er sie dem Pariser Conservatoire stiftete.

38b   Gitarre aus dem Besitz Carl Maria von
       Webers. Die einzige heute bekannte Auf-
       nahme des im Zweiten Weltkrieg verloren
       gegangenen Instruments, das zuletzt das
       Musikinstrumenten-Museum (Staatliches
       Institut für Musikforschung, Preußischer
       Kulturbesitz) in Berlin verwahrte, stammt
       aus dem Katalog »Sammlung alter Musik-
       instrumente bei der Königlichen Hoch-
       schule für Musik zu Berlin« von Curt
       Sachs (Beschreibender Katalog Nr. 723,
       Berlin 1922, Tafel 18). In Spalte 168 be-
       schreibt Sachs das Instrument, gibt jedoch
       keinen Namen des Erbauers an, so dass an-
       genommen werden muss, dass die Gitarre
       nicht signiert war. Sachs' Datierung lautet
       »gegen 1800«. Mit Genehmigung des
       Staatlichen Instituts für Musikforschung,
       Preußischer Kulturbesitz, Berlin, und un-
       ter Benützung der von Herrn Dr. Walter
       Thoene freundlicherweise zur Verfügung
       gestellten Unterlagen

39   J. P. Michelot, sechssaitige Lyragitarre (Lyre), Paris nach 1800; aus dem Besitz des Schubert-
Sängers Johann Michael Vogl

40   Antonio de Torres, sechssaitige Gitarre, Sevilla 1883; das klassische Modell für den Gitarrenbau
      seit dem Ende des 19. Jahrhunderts (Mensur 65 cm)

41   Arpeggione (Streichgitarre oder Guitare d'amour), sechssaitig, Österreich (?) 1851

42 Luis Milán, aus dem Titelblatt zu »Libro de música de vihuela … El Maestro«, Valencia 1535/36; Orpheus, die Vihuela spielend

43 Guillaume Morlaye, vierchörige Gitarre (Guiterne); Titelblatt zu »Le premier livre de chansons …«, Paris 1552

44 Guillaume Morlaye, französische Tabulatur für vierchörige Gitarre aus »Le premier livre de chansons …«, Paris 1552

LE
PREMIER LIVRE DE
CHANSONS, GAILLARDES, PAVANNES,
Branſles, Almandes, Fantaiſies, reduiƈtz en tabulature de Guiterne
par Maiſtre Guillaume Morlaye ioueur de Lut.

A PARIS.
De l'Imprimerie de Robert GranIon & Michel Fezandat, au Mont
S. Hylaire, à l'Enſeigne des Grandz Ions.
1552.
Auec priuilege du Roy.

43

44

antaſie

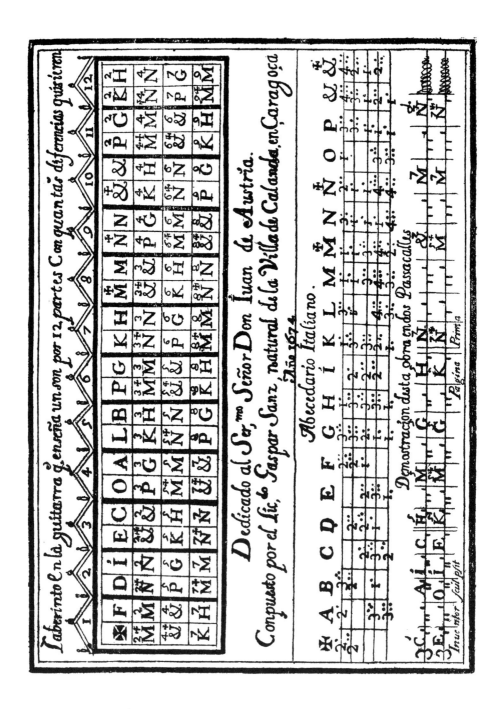

45   Gaspar Sanz, »Abecedario« für fünfchörige Gitarre aus »Instrucción de música sobre la guitarra española«, Zaragoza 1674

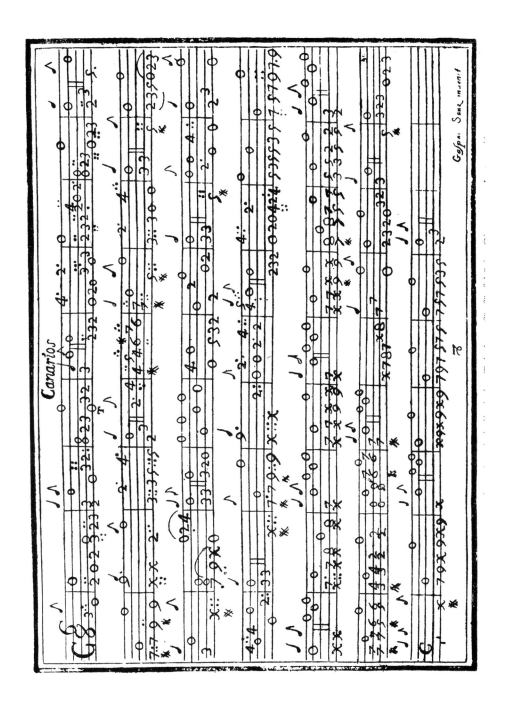

46   Gaspar Sanz, »Canarios« in italienischer Tabulatur für fünfchörige Gitarre aus »Instrucción de
      música sobre la guitarra española«, Zaragoza 1674

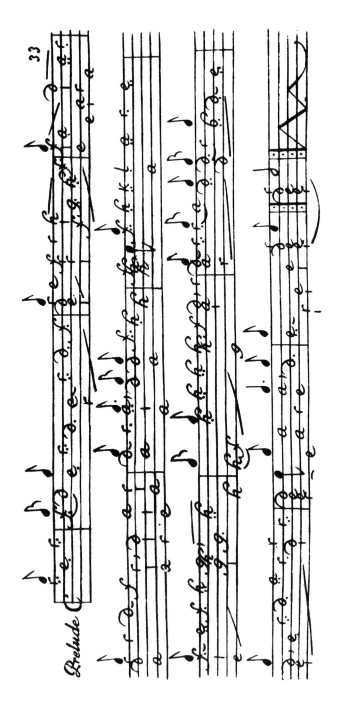

47   Robert de Visée, »Prélude« in Tabulatur für fünfchörige Gitarre aus »Livre de pièces pour la guittarre«, Paris 1686

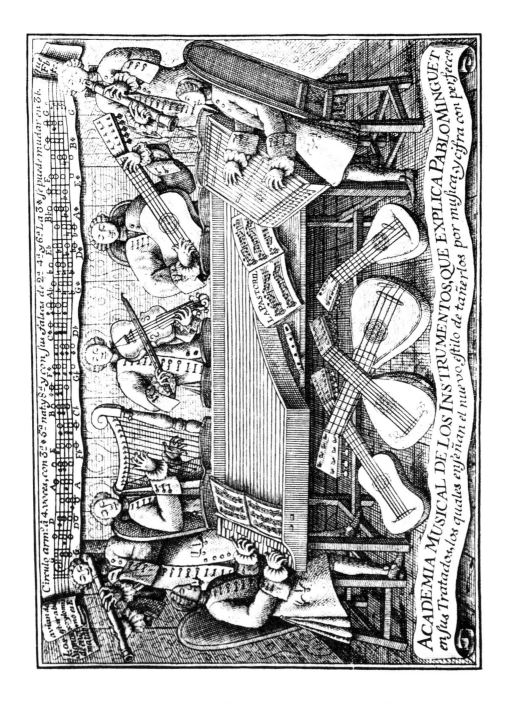

48   Pablo Minguet e Yrol, »Eine musikalische Akademie« aus »Reglas y advertencias generales«, Madrid 1754

49   Francesco Corbetta, Porträt aus »Varii scherzi di sonate per la chitarra spagnola«, Brüssel 1648

50   Dionisio Aguado, Lithographie aus »Nuevo método de guitarra«, Madrid 1843, mit dem von
      Aguado erfundenen »Tripodion« zur körperfreien Haltung der Gitarre, die einen resonanzreiche-
      ren Klang gewährleisten sollte

51   Fernando Sor, Stich von M. N. Bate nach dem Porträt von J. Goubaud

52   Mauro Giuliani, Stich von Jügel nach dem Porträt von Stubenrauch

53   Francisco Tárrega

54   Andrés Segovia und Heitor Villa-Lobos

55   Andrés Segovia, Aufnahme aus dem Jahre 1960 (mit Genehmigung von Polydor International GmbH, Hamburg)

280

54

55

56 Unbekannter Meister, Musizierende Engel mit Harfe, Laute und Gitarre; Ausschnitt aus der »Darstellung Jesu im Tempel«

57   Wenzel von Olmütz (Ende 15. Jahrhundert), Lautenschlägerin; Kupferstich

58   Hans Burgkmair d. Ä. (1473–1531), »Musica Canterey« aus der Holzschnittfolge »Kayser Maxi-
milians I. Triumph«; am unteren Teil des Wagens Apoll mit Fidel, die Musen mit Oliphant, Fidel,
Gitarre (Quinterne), Posaune, Tamburin, Positiv, Schellenreif, Doppelflöte

59 Meister der so genannten Tarocchi-Karten (um 1465), Terpsichore, ein Gitarreninstrument mit
    hölzernen Bünden spielend; Kupferstich

60   Marc Antonio Raimondi (um 1470–vor 1534): Der Dichter Philoletes von Bologna (1466–1538),
      die Gitarre (Viola da mano?) spielend; Kupferstich

61 Tobias Stimmer (1539–1582), Quinternspielerin aus der Holzschnittfolge der neun Musen

Humorum guttas mater cùm Terra recepit ;
Foeta parit nitidas fruges, arbustaque laeta,
Et genus humanum, parit omnia secla ferarum :
Pabula dum praebet, quibus omnes corpora pascunt,

Et dulcem ducant vitam, sobolemque propagent:
Vnde etiam maternum nomen adepta es t .
Luxuriem ergo caue partis quae parcere nescit,
Donorumque Dei, quae Terra haec gignit, abusum.

Marten de Vos figurauit
Crispin de Passe sculp: et excud:

62   Marten de Vos (um 1531–1603), »Terra«, aus einer Allegorienfolge der vier Elemente: Musizierendes Paar mit Laute, Zinken, Cister, Violine, Querflöte; Kupferstich

In the engraving, the following handwritten text appears:

Fortuna per defpett
Me fec, volar la robba co i dinar,
La patria abbandonar,
E de CARLO CANTV me fec BVFFETT.
Ma po mudo conceit.
Quando da ZAN me mess a recitar.
Come CARLO incontrai fortuna auuersa
Come BVFFETT la prouo a la
rouersa.

63   Stefano della Bella (1610–1664): Der italienische Komödiant Charles Cantú, gen. Buffet, mit vierchöriger Gitarre (»Chitarrino« oder »Chitarra Italiana«); Stich

64   Jean François de Troy (1679–1752), »L'aimable Accord«, Trio mit Querflöte, Chitarrone und
Viola da braccio; Stich mit Text von Clair de Tournay

65   Charles Eisen (1720–1780), »Le Concert champêtre«: Musizierende Gesellschaft mit Sängerin,
      Gitarre, Querflöte, Dudelsack und Laute; Radierung

66 Francisco José de Goya (1746–1828), aus den »Caprichos«: *Bravissimo*. Der Esel verkörpert
Karl IV., der Affe mit Gitarre seinen Minister Prince de la Paix, von dem das Gerücht ging, er
werbe durch intime Konzerte um des Königs Gunst; Radierung und Aquatinta

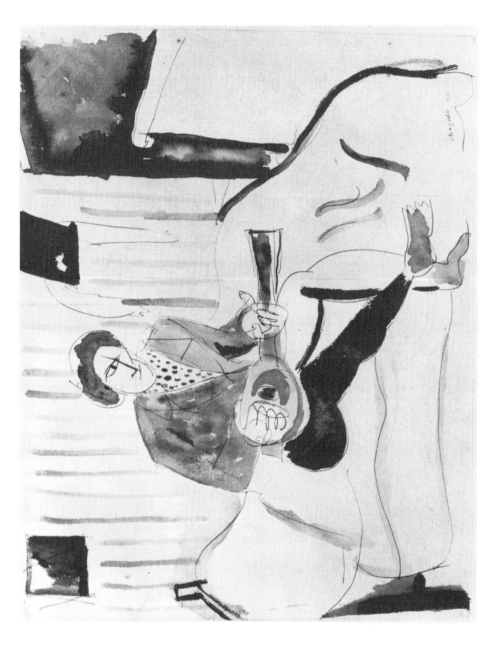

67   Marc Chagall (1887–1985), »Lautenspieler«; Feder, Aquarell
      © 1977, Copyright by ADAGP, Paris, & Cosmopress, Genève

68   Juan Gris (1887–1927), »Guitare et clarinette« (1920); Öl auf Leinwand
      © 1974, Copyright by ADAGP, Paris, & Cosmopress, Genève

Bildnachweis

Die Wiedergabe der Abbildungen erfolgte mit freundlicher Genehmigung der unten genannten Bibliotheken, Museen und Archive:

Archiv des Wiener Schubertbundes: Abb. 37
Ashmolean Museum, Oxford: Abb. 35
Bayerische Staatsbibliothek, München: Abb. 11a, 18, 27
Biblioteca Ambrosiana, Milano: Abb. 22
Biblioteca Central, Barcelona: Abb. 48
Bibliothek der Gesellschaft der Musikfreunde, Wien: Abb. 52
Bibliothèque Nationale, Paris: Abb. 47
Bibliothèque Nationale, Paris, Cabinet des Estampes: Abb. 51
Bibliothèque Royale de Belgique, Bruxelles: Abb. 16
British Museum, London: Abb. 15
Cosmopress, Genève: Abb. 67, 68
EMI/Electrola, Köln, Sammlung Thomas Binkley: Abb. 30, 31
Germanisches Nationalmuseum, Nürnberg: Abb. 6, 10, 33, 34, 41
Historisches Museum, Frankfurt/Main: Abb. 28
Kunsthistorisches Museum, Wien: Abb. 32, 36, 39
Musée Instrumental du Conservatoire National de Musique, Paris: Abb. 7, 8, 38a, 40
Museo Nacional de Escultura, Valladolid: Abb. 56
Musikbibliothek der Stadt Leipzig: Abb. 17
Öffentliche Bibliothek der Universität Basel: Abb. 13, 14, 19, 20, 21, 24, 26, 37, 45, 46
Öffentliche Kunstsammlung Basel: Abb. 68
Österreichische Nationalbibliothek, Fond Albertina, Wien: Abb. 57–67
Polydor International GmbH, Hamburg: Abb. 55
Sammlung Haags Gemeentemuseum, Den Haag: Abb. 12, 42
Schott Musik International, Mainz: Abb. 23
Staatliches Institut für Musikforschung Preußischer Kulturbesitz, Musikinstrumenten-Museum, Berlin: Abb. 38b
Stadtbibliothek (Vadiana), St. Gallen: Abb. 43, 44
Verlag René Kister, Genève: Abb. 54
Wissenschaftliche Allgemeinbibliothek, Musiksammlung, Schwerin: Abb. 9

Zeichnungen:
Siegfried Tragatschnig, Klagenfurt: Abb. 1, 2, 3, 4, 5, 29

Abkürzungen

a) Instrumente:

Bc	Basso continuo
Blfl	Blockflöte
Cb	Cembalo
Cor	Cornetto (italienischer Zink)
Fg	Fagott
Fl	Querflöte
Gi	Gitarre
Ha	Harfe
Instr-Ens	Instrumetal-Ensemble
Kl	Klavier
Klar	Klarinette
Ka-Orch	Kammerorchester
Kb	Kontrabass
Lt	Laute
Mand	Mandoline
MI	Melodie-Instrument
Ob	Oboe
Orch	Orchester
Org	Orgel
Pos	Posaune
Sch	Schlagwerk
St	Stimme
Str	Streicher
Str-Orch	Streichorchester
Strqu	Streichquartett
StrTrio	Streichtrio
Trp	Trompete
Va	Viola
Vc	Violoncello
Vl	Violine
Zy	Zymbal

b) Verlage:

A	Amphion Editions Musicales, Paris
AB	Aldo Bruzzichelli, Florenz
AC	Antigua Casa, Sherry-Brener, Chicago
AG	Musikverlag Aux Guitares, Basel
AL	Alphonse Leduc, Paris
AM	Anderssons Musikförlag, Malmö
AMA	AMA Verlag, Brühl

AMP	Associated Music Publishers, Inc., New York, London
AP	Antiqua Publications, Manhattan Beach, California
ARM	Ariel Music Publications, New York
BÄR	Bärenreiter, Kassel
B & B	Bote & Bock, Berlin
BE	Bèrben Edizioni musicali, Ancona
B & H	Breitkopf & Härtel, Wiesbaden, Leipzig, Paris
BHL	Boosey & Hawkes, Ltd., London
BM	Belwin-Mills, New York, London, Berlin
BMP	Brazilliance Music Publishing, Inc., Hollywood
B & VP	Broekmans & van Poppel Publishers, Amsterdam
BY	Editores Barry, Buenos Aires
CA	Editorial Cadencia, Madrid
CEM	Clifford Essex Music Co., Ltd., London
CH	J. & W. Chester, Ltd., London
CHA	Editions Chanterelle, Heidelberg/Monaco
CHD	Charles Hansen Distributor, New York
CM	Consortium Musical (Pierre Noël), Paris
CO	Columbia Music Co., Washington
CRZ	Musikverlag Cranz, Mainz
D	Editions Durand & Cie., Paris
DIX	Ute und Wolfgang Dix, Heiligenhaus
DMIC	Dansk Musik Informations Center, København
DN	Donemus, Amsterdam
DO	Ludwig Doblinger, Wien
DM	Les Editions Doberman-Yppan, Québec
DV	Deutscher Verlag für Musik, Leipzig
E	Anton J. Benjamin/N. Simrock/D. Rahter, Hamburg
EA	Editorial Alpuerto, Madrid
EAR	Ediciones Armónico, Barcelona
EE	Edition Eulenburg, Adliswil/Zürich
EFM	Editions Françaises de Musique, Paris
EJR	Ediciones Joaquín Rodrigo, Madrid
EL	Editoriál Lagos, Buenos Aires
EM	Edition Modern, München
EMA	Edition Metropolis, Antwerpen
EMB	Editio Musica, Budapest
EMM	Ediciones Musicales, Madrid
EMR	Editions Minkoff Reprint, Genève
EMT	Editions Musicales Transatlantiques, Paris
EMX	Edition Margaux – Verlag Neue Musik, Berlin
EO	Editions Orphée, Inc., Columbus, Ohio
EP	Edition Peters, Frankfurt am Main
EPM	Edition Preissler, München
ES	Edition 7, Salzburg
ESM	Edizioni Southern Music, Mailand

ESZ	Edizioni Suvini Zerboni, Mailand
FA	Faber Music, Ltd., London
GB	Gérard Billaudot, Paris
GG	Gendai Guitar Co., Ltd., Tokyo
GM	General Music, Boston Music Company, USA
GS	G. Schirmer, Inc., New York
GWP	Guitar Workshop Publications, Theodore Presser Co., Colorado
H	Heinrichshofen/Otto Heinrich Noetzel, Wilhelmshaven
HC	Heugel & Cie., Paris
HE	Hänssler Edition, Neuhausen-Stuttgart
HG	Musikverlage Hans Gerig, Köln
HL	Editions Henry Lemoine, Paris
HMC	Helicon Music Corporation, USA
HN	Editions Henn, Genève
HO	Editions Musicales Hortensia, Paris
HS	Hermann Schmidt, Frankfurt am Main
IA	Instrumenta Antiqua, Inc., San Francisco
JM	J. Maurer, Brussel
K	Albert J. Kunzelmann, Adliswil (CH) und Lotterstetten/Waldshut (D)
LC	Lute Corner, A. Schlegel, Menziken, Schweiz
LEU	F. E. C. Leuckart/Chr. Friedrich Vieweg, München
MC	Moeck Verlag, Celle
ME	Editions Max Eschig, Paris
MER	Edizioni musicali mercurio, Rom
MFH	Musikverlag Friedrich Hofmeister, Hofheim am Taunus
MNS	Musical New Services, Ltd., London
MÖ	Möseler Verlag, Wolfenbüttel
MP	Macmillan Publishing Co., New York/London
MR	Musica Rara, Monteux, Frankreich
MS	Musikverlag Hermann Schneider, Wien
MY	Mercury Music Corporation, New York
NM	Niederösterreichische Musikedition, Wien
NO	Novello & Co., Sevenoaks, Kent
NS	N. Simrock, Hamburg
ÖBV	Oesterreichischer Bundesverlag, Wien
OPH	Ut Orpheus Edizioni, Bologna
OT	Opera Tres, Madrid
OUP	Oxford University Press, London
OZ	Les productions d'Oz, Saint-Romuald, Québec
PA	Paterson's Publications, Ltd., London
PM	Peer Musikverlag GmbH, Hamburg
PP	Panton, Prag
PR	PRIM-Musikverlag, Darmstadt
PW	Polskie Wydawnictwo Muzyczne, Krakau
R	G. Ricordi & Co., Mailand (München, Buenos Aires, London, Paris)
RL	Robert Lienau, Berlin-Lichterfelde

S	Hans Sikorski, Hamburg
SA	Editions Salabert, Paris
SCH	Schott Musik International, Mainz
	B. Schott's Söhne, Mainz
	Schott and Co., Ltd., London
	Schott Frères, Brüssel
	Edition Schott, Mainz
SI	Sirius Verlag, Berlin
SID	Sidem, Editions Henn, Genève
ST & B	Stainer & Bell, London
TE	Tecla Editions, London
TK	Joachim-Trekel-Musikverlag, Hamburg
TO	P. J. Tonger, Köln
UE	Universal Edition, Wien (Australia Pty., Ltd.)
UME	Union Musical Española, Madrid
V & F	Verlag Vogt & Fritz, Schweinfurt
VT	Muziekuitgeverij Van Teeseling, Nijmegen
WH	Wilhelm Hansen Musik Forlag, København
YO	Ediciones Musicales Yolotl, Mexico. Auslieferung: Editions Chanterelle, Heidelberg
Z	Wilhelm Zimmermann, Frankfurt am Main
ZA	G. Zanibon, Padua

c) Sonstige:

a.a.O.	am angegebenen Ort: die mit dieser Abkürzung versehenen Titel sind in der Bibliographie mit ausführlichen Hinweisen (Herausgeber, Verlag, Erscheinungsjahr usw.) enthalten
f.	folgende [Seite]
ff.	folgende [Seiten]
i. Vorb.	in Vorbereitung
Ms.	Manuskript
NA	Neuausgabe
o.J.	ohne Jahreszahl
o.O.	ohne Ortsangabe
op. cit.	opus citatum
S.	Seite
vgl.	vergleiche

Namenregister

Die *fett gedruckten* Zahlen beziehen sich auf die im Literaturverzeichnis (S. 153–190) angeführten Komponisten, mit Angaben über Titel, Besetzung und Verlage der zitierten Werke.

Kursiv notierte Zahlen bezeichnen Eigennamen in den Texten des Bildteils (S. 229–294).

Hochgestellte Zahlen in Kleindruck verweisen auf die entsprechenden Fußnoten.

A

Ablóniz, Miguel   100, **155**
Abondante, Giulio   191
Abreu, Antonio   66
Abreu, Eduardo   100
Abreu, Sergio   100
Absil, Jean   107, **170**
Adler, Guido   127[105], 204
Adlung, Jakob   56
Adriaenssen, Emanuel   20, 42, 191, 215
Ager, Klaus   107, **160, 170**
Agricola, Johann Friedrich   52
Agricola, Martin   84[74], 191
Aguado, Dionisio   66, 88, 90, 92, 96, 128,
   153, 155, 156, 161, 166, 191, *277*
Alard, Jean Delphin   **156, 164**
Albéniz, Isaac   94, **160, 164, 166, 170,**
   173, 175
Albert, Heinrich   93[90], 95, 100, **154**
Albrechtsberger, Johann Georg   **183**
Alcazar, Miguel   100
Alejandro   222
Alfons X., der Weise (Alfonso
   el Sabio)   63
Alfonso, Nicolás   100
Alison (Allison), Richard   191, 199
Alkis, Efthimiadis   222
Almeida, Laurindo   99
Alton Smith, Douglas   218
Altwegg, Wilhelm   214
Amadeus Guitar Duo   106
Amat, Juan Carlos (Joan Carles)   71, 80,
   191
Ambrosius, Hermann   107
Amsterdam Guitar Trio   107
Amy, Gilbert   107, **189**

Ancelet   191
Angerer, Paul   107, **181**
Anglés, Higinio   195
Anido, Maria Luisa   97
Annegarn, A.   215
Anonymus (Anonymi)   **157, 158, 170,**
   174, 175
Apel, Willi   60, 191
Apostel, Hans Erich   107, **166, 173, 181**
Aram, Kevin   222
Arbeau, Toinot   131f., 141
Arcadelt, Jacob   43
Arcas, Julián   92, 92[88], 96[93], 191
Arias, Vicente   226
Arnold, Malcolm   107, **166, 183**
Artner, Norbert   107, **183**
Artzt, Alice   100
Asencio, Vicente   107, **160, 166**
Assad, Odair   100, 107
Assad, Sergio   100, 107
Assimakopoulos, Evangelos   100
Attaingnant, Pierre   20, 37, 41, 132, 134,
   138, 142, 192, 202
Attey, John   192, 199
Auric, Georges   107, **166**
Aussel, Roberto   100
Azabagić, Denis   100
Azpiazu, José de   100, **154**

B

Bacarisse, Salvador   107, **183**
Bach, Carl Philipp Emanuel   53, 117, **175,**
   176, 181
Bach, Johann Christian   83, **170, 175**
Bach, Johann Sebastian   16[3], 17, 25, 27,
   47–56, 51[45], 83, 95, 116, 118, 120f.,

303

313

Sachregister

Musik für Gitarre
Music for guitar
Musique pour guitare

herausgegeben von /
edited by / éditée par
Konrad Ragossnig

SCHOTT
www.schott-music.com